EDITORIAL

Ξ Michael Lühmann/Matthias Micus

»Januskopfig« sei es, ein »an die Wand genageltes Datum« – mit diesen und anderen Termini kennzeichnen unsere Autoren jenes Jahr 1979, dem sich die vorliegende Ausgabe der *INDES* widmet. 1979 wird in den Beiträgen charakterisiert als eine Zäsur, in der die Bruchzonen der Moderne in globaler Perspektive offen durchscheinen und sich die Umbrüche in die Gegenwart so deutlich zeigen wie kaum einmal sonst in der Nachkriegsgeschichte.

Das ist durchaus nicht selbstverständlich, ja, im Gegenteil mutet es sogar verblüffend an. Sorgt doch die Angabe von Zäsuren und mithin die Vorstellung, historische Prozesse würden sich durch exakte Datierungen begrenzen lassen, durch die Angabe präziser Zeitpunkte, zu denen das eine plötzlich neu und sogleich voll entfaltet entsteht und etwas anderes komplett und folgenlos verschwindet, unter seriösen Historikern zumeist nur für Kopfschütteln. Die Geschichtswissenschaft denkt in langen Linien, sie weiß um die Zählebigkeit etwa von Einstellungen und Mentalitäten sowie um die weit ausgreifenden Vorgeschichten und Folgewirkungen konkreter gesellschaftlicher, kultureller, ökonomischer und politischer Phänomene, deren tatsächliche Anfänge und Abschlüsse zumeist allenfalls näherungsweise bestimmbar im Nebulösen verbleiben.

Mehr noch: Auch breitere Epocheneinteilungen, die auf allzu enggefasste Datumsangaben verzichten, differieren je nach der Perspektive des Betrachters. Konjunkturzyklen richten sich nicht nach der Bestandsdauer einer politischen Ära, die wiederum keineswegs synchron mit kulturellen Umbrüchen verläuft. Vollends diffus wird das Bild, wenn mit Reinhart Koselleck jede Gegenwart als eine Mauer aus verschiedenen, übereinander lagernden Zeitschichten aufgebaut vorgestellt wird. Daraus folgt dann, dass – salopp gesagt – verschiedene Bevölkerungsgruppen in ein und demselben Moment in unterschiedlichen Zeiten leben können, die einen in ihren Existenzweisen moderner, die anderen traditioneller.

Insofern keinesfalls überraschend stellte die Frage, ob und wenn ja in welcher Art und Weise das Jahr 1979 als Zäsur betrachtet werden könne, für eine ganze Reihe unserer Autoren eine Herausforderung dar. Auch 1979 ist ein Jahr, welches einerseits durchaus konturiert ist durch weltumspannende Umbrüche und aufsehenerregende Ereignisse; das dabei dennoch in einem teils paradoxen Wechselspiel zwischen kontinuierlichem Wandel und radikalem

Bruch changiert. Zäsuren, das zeigt sich auch in den Texten dieser Ausgabe von *INDES*, sind für die Strukturierung des Geschichtsprozesses hilfreich, vielleicht gar unentbehrlich, insofern sich mit ihnen Schneisen in die unübersehbare Fülle historischen Faktenmaterials schlagen, Einzelereignisse verbinden und bündeln, ordnende Zusammenhänge herstellen und Komplexitäten reduzieren lassen – Zäsuren mithin sind nützlich, sie sind andererseits aber nichtsdestotrotz auch problematisch. Für beides lässt sich Martin Sabrow als Gewährsmann aufführen, der historische Zäsuren als ebenso herausragende wie verschwommene Größe der Verständigung über die Vergangenheit bezeichnet, deren historiografische Beliebtheit in einem umgekehrten Verhältnis zu ihrer begrifflichen Klarheit stehe.

Gleich drei Autoren – Franz Walter, Frank Bösch und Anselm Doering-Manteuffel – widmen sich in ihren Texten der Vermessung des Jahres in nationaler, globaler und historischer Perspektive. In kaum einem anderen Jahr werde die Gleichzeitigkeit des Ungleichzeitigen so offensichtlich wie in diesem, so Franz Walter. Währenddessen geht Frank Bösch der Frage nach, ob und inwiefern die Umbrüche von 1979 die prägenden Themen der Gegenwart etabliert haben. Das Konzept der Zeitbögen von Anselm Doering-Manteuffel, der um das Jahr 1979 herum den Beginn eines neuen, heute noch andauernden, wenngleich aktuell womöglich vor seinem Ende stehenden Zeitabschnitts diagnostiziert, weist in eine ähnliche Richtung.

Dabei, und dies macht 1979 besonders reizvoll, sind die in diesem Jahr stattfindenden Umbrüche in die Gegenwart ein nachgerade weltgeschichtliches Phänomen. Die iranische Revolution, deren Hintergründen sich Katja Föllmer intensiv widmet, und die These der Modernität des Islamismus, die Severin Caspari diskutiert, verdienen Aufmerksamkeit nicht zuletzt ob ihrer Relevanz für ein verändertes, in der heutigen öffentlichen Wahrnehmung dominantes Erscheinungsbild »des« Islam. Sie lassen sich ebenso von 1979 aus deklinieren wie die Umbrüche in der östlichen und westlichen Hemisphäre, in der DDR, der Bundesrepublik und in Westeuropa, beispielsweise der europaweite Aufstieg der Grünen, dessen Anfänge Claus Leggewie im beschaulichen Stadtstaat Bremen verortet. Jürgen-Peter Schmied anhand Sebastian Haffners »Preußen ohne Legende« und Habbo Knoch anhand der 1979 ausgestrahlten Fernsehserie »Holocaust« widmen sich dem Wandel bundesrepublikanischer Geschichtsbilder, derweil Franz Walter Karl Carstens als einen aus der Zeit gefallenen Mann portraitiert – der gerade deshalb den Anforderungen seiner Zeit gerecht zu werden vermocht habe.

Auch mit der vorliegenden *INDES* wird das Jahr 1979 nicht abschließend beurteilt werden können. Vielmehr sollen die vorliegenden Deutungen und

Analysen die diesbezügliche Debatte vor allem weiterführen, durchaus fokussiert auf Fragen, denen sich ohne überragende prophetische Gabe vorhersehbar auch künftige Forschungen noch widmen werden. Jener Fragestellung etwa, wo die skizzierten Umbrüche des Jahres 1979 in die Gegenwart weiterwirken – und wo sie, zumindest in Teilen, ausgehend zum Beispiel von der Krise des Finanzmarktes 2008, neuer weltweiter Unordnung gewichen und in der post-internationalen Wiederkehr nationalstaatlicher Denk- und Präferenzmuster zu einem Abschluss gekommen sind.

Nicht minder abgeschlossen, ja abschließbar ist ferner die Debatte über die universitären Perspektiven des akademischen Mittelbaus und die Interventionsmöglichkeiten der Entscheidungsträger in Politik und Universitätspräsidien. Und mit Eckhard Jesse setzen wir unseren Diskussionsstrang zu Zustand und Perspektiven der geisteswissenschaftlichen Fächer fort, in diesem Fall mit Blick auf die Politikwissenschaft.

INHALT

 INDES, 2016–1, S. 4–5, © Vandenhoeck & Ruprecht GmbH & Co. KG, Göttingen, 2016, ISSN 2191-995X

SCHWERPUNKT:
1979

INTERVIEW

»EIN AN DIE WAND GENAGELTES SYMBOLDATUM«

EIN GESPRÄCH ÜBER ZÄSUREN, ZEITBÖGEN, DIE KRISE DES FORTSCHRITTS UND DEN NEOLIBERALISMUS

Ξ Anselm Doering-Manteuffel

Bezogen auf das Jahr 1979 wird gelegentlich von einer »Zeitenwende« gesprochen, die damaligen Ereignisse sollen »Umbrüche in die Gegenwart« markieren. Wie ist der Blick des Zeithistorikers auf ein einzelnes, aus dem Geschichtsverlauf herausgelöstes Jahr? Wie sinnvoll erscheint dieser – zunächst – isolierte Blick auf eine Gesellschaft?

Das Jahr 1979 eignet sich sehr gut, um die vielfältigen Veränderungen, die sich von der Mitte der 1970er bis in die 1980er Jahre ereignet haben, konzentriert auf den Punkt zu bringen. Unter rein kalendarischen Gesichtspunkten ist das Jahr 1979 zwar nicht sonderlich interessant; aber als ein, wenn man so will, an die Wand genageltes Symboldatum, als Chiffre für einen grundlegenden Wandel halte ich das Jahr 1979 für sehr reizvoll. Denken Sie nur an den Einmarsch der UdSSR in Afghanistan, die islamische Revolution Khomeinis, den NATO-Doppelbeschluss und, etwas später zwar, nichtsdestotrotz in denselben Gesamtzusammenhang gehörend, 1981 die Ermordung des ägyptischen Präsidenten Anwar al-Sadat als Hoffnungsträger einer ägyptisch-israelischen Aussöhnung. Das Jahr 1979 beendete die nur relativ kurz währende liberale Ära der internationalen Beziehungen, die 1964/65 einsetzte und bis 1979/80 reichte. Begleitet wurde dieser Epochenbruch von weiteren ökonomischen und politischen Zäsuren, etwa der zweiten Ölpreisanhebung, verstanden als zweiter Ölpreisschock, und den Regierungsübernahmen von Margaret Thatcher in Großbritannien und Ronald Reagan in den USA, erstere 1979, letztere 1980. Sie waren und sind bis heute die politischen Protagonisten des sogenannten *Neo-Conservatism,* der in Europa später als Neoliberalismus bezeichnet und Karriere machen wird. Nicht zuletzt bedeutet 1979 aber auch gesellschaftlich und innenpolitisch das Ende der liberalen Ära. 1977 erlebte die Bundesrepublik mit dem Deutschen Herbst die höchste Eskalationsstufe des RAF-Terrorismus, zugleich herrschte damals – noch – ein bisweilen blinder Glaube an den Fortschritt. Die Veränderungen um 1979 beenden die bis dahin gültige gesellschaftliche, politische sowie wirtschaftliche Fixierung auf das Mantra der Modernisierung. Ab 1980 wird von Fortschritt dann so gut wie überhaupt nicht mehr gesprochen. Parallel stieg bereits seit 1975 die Arbeitslosigkeit, gepaart mit zunehmender Inflation infolge der Ölpreiserhöhung und stagnierender Wirtschaftsleistung kommt es zur sogenannten Stagflation, also einer der keynesianischen Lehre entgegenstehenden Simultaneität von Inflation und Stagnation. Das gilt übrigens für die gesamte westliche Hemisphäre; die späten 1970er Jahre sind insofern ökonomisch geprägt von einer internationalen Stagflationskrise.

Was überwiegt denn im Rückblick: die deutschlandweiten oder die internationalen Veränderungsimpulse?

Im Umfeld dieses Datums bzw. Jahres 1979 zeigen sich weitestgehend internationale Krisenphänomene und Reaktionen auf den Wandlungsdruck in den Gesellschaften, mit Rückwirkungen auf innergesellschaftliche Befindlichkeiten. Lassen Sie mich den Zeitraum nochmals über das Jahr 1979 hinaus weiten: 1982/83 vollzieht sich, als gewissermaßen stereophone Ergänzung zu Thatcher und Reagan, der Übergang von der sozial-liberalen Regierung Helmut Schmidts zur konservativ-liberalen Regierung Helmut Kohls. Während die Regierung Schmidt noch im sozialliberalen Selbstverständnis des sogenannten sozialen Konsenses aufgehoben gewesen war, warf die Regierung Kohl diesen Konsens zwar nicht sofort und gänzlich über Bord; sie ließ aber einem dem Zeittrend entsprechenden Neoliberalismus bald ziemlich freie Bahn. Parallel hierzu setzte, korrespondierend mit der Krise des Fortschrittsdenkens, in den Medien eine unübersehbare und massive Klage ein über das Waldsterben. Die Debatte um den sauren Regen und das Waldsterben, genauer: die Forderung eines wirksamen Gegensteuerns, erlangte eine außerordentliche öffentliche Aufwertung – sie war kulturell von erheblicher Bedeutung. Und dann explodierte 1986 in der Ukraine der Tschernobyl-Reaktor! Kurzum: Fortschrittsdenken und Modernisierungspathos sind erst einmal suspendiert. Ulrich Beck wird später schreiben, die Moderne sei reflexiv geworden. Ich füge hinzu, um 1979 wird nicht zuletzt die Liberalisierung reflexiv – sowohl auf der Ebene der internationalen Beziehungen als auch innergesellschaftlich, wirtschaftlich, milieukulturell. In der Bundesrepublik wenden sich die neuen sozialen Bewegungen nun verstärkt gegen die Überbeanspruchung von Ressourcen, Stichwort: Umwelt. Bis dahin sind sie auf Emanzipation und Liberalisierung aus gewesen, im Bereich von Verhaltensformen und Sexualität sowie im Generationenverhältnis. Seit 1979 stehen die Zeichen auf Restriktion, vor allem in den ökologischen Bereichen. Wir sollten auch nicht unterschätzen, dass Aids im Jahr 1980 ins Bewusstsein tritt. Von da an ist auf der Ebene des Sexualverhaltens außerhalb der Ehe, also in sonstigen partnerschaftlichen Verhältnissen, die Zeit der völlig selbstverständlichen emanzipativen Offenheit vorbei.

Vor dem Hintergrund des bisher Gesagten: Welche Bedeutung besitzt das Jahr 1979 im Vergleich zu anderen, ähnlichen Zäsuren? Was ist mit 1945, 1968, 1989?

Es hat einige Berechtigung, die Zeit nach 1945 mit Blick auf die west- ebenso wie auch die ostdeutsche Gesellschaft anhand einiger zentraler Wendejahre zu durchmessen. So bilden in beiden deutschen Staaten die Jahre 1957/58 einen tiefen Einschnitt: Mit der Durchsetzung der Jugendweihe wird in der DDR der protestantisch-bürgerliche Konfessionalismus marginalisiert und die sozialistische Gesellschaftsordnung endgültig installiert, während mit der absoluten Mehrheit Konrad Adenauers die Politik der Westintegration endgültig zur bundesrepublikanischen Staatsräson wird.

Als zweite Zäsur kann man 1979 nennen. Mit diesem Datum ist eine Epoche samt ihrer Selbstverständnisse und Selbstverständlichkeiten, insbesondere einem kontinuierlichen Aufschwung, niedriger Arbeitslosigkeit, steigenden Einkommen, gesellschaftlichen Liberalisierungen und politischer Entspannung, zu Ende gegangen. Etwas breiter gefasst, gilt für die Phase 1975–80 ganz grundlegend, so haben wir in unserem Forschungsprojekt »Nach dem Boom« herausgearbeitet, dass es sich um eine zentrale Umbruchphase im späten 20. Jahrhundert handelt: weg vom traditionellen, auf der Expansion des produzierenden Sektors basierenden System des Wirtschaftsaufschwungs, den Jahrzehnten des Wirtschaftswunders, hin zur Dominanz der Finanzindustrie und zum Durchbruch des Finanzmarktkapitalismus, der durch politische Interventionen kaum zu regulieren ist und sich mehr oder weniger autonom entwickelt. Ein drittes und letztes symbolisches Jahr ist 1995. Die Auflösung des Ost-West-Gegensatzes ist so weit fortgeschritten, dass die Ostblockländer jetzt der Finanzindustrie nicht nur ausgeliefert sind, sondern sich ihr auch selbsttätig anverwandeln, teils radikal. Der ebenfalls 1995 erfolgende Durchbruch der Digitalisierung – Stichwort: Internet – markiert so gesehen das Jahr des Durchbruchs der Globalisierung.

Das sind die drei Nachkriegszäsuren: 1957/58, 1979 und 1995. Es stellt sich vielleicht die Frage, wo 1968 bleibt. Aber ich halte den ganzen Hype um 1968 für völlig übertrieben. 1968 steht in einem funktionalen Verhältnis zur internationalen gesellschaftlichen Liberalisierung. Wenn schon, dann ist 1964 das treffendere Jahr. In diesem Jahr nimmt ein wichtiger Teil jener Prozesse an Fahrt auf, die in den Jahren 1975–80 ihren Abschluss finden.

Diese Zäsuren – 1957/58, 1979 und 1995: Stehen die nicht aber schief zu Ihren Zeitbögen, mit denen Sie jüngst den Geschichtsverlauf unterteilt haben?

Das stimmt.

In welchem Verhältnis stehen dann die Zeitbögen zu den genannten Zäsuren? Intuitiv würde man doch denken, eine Zäsur beginne oder beende einen Zeitbogen …

Nein. Das Konzept der Zeitbögen bezieht sich ja nicht auf die Nachkriegsgeschichte, sondern auf das gesamte 20. Jahrhundert: von seinen Anfängen im späten 19. Jahrhundert bis zu seinem Ende in den Finanzmarktkrisen um das Jahr 2008 herum. Es geht mir darum, das Jahrhundert in seinen konstruktiven wie destruktiven Prozessen angemessen zu beschreiben, ohne immer nur auf die Zäsuren der im engen Sinne politischen Geschichte zu schauen, also 1914, 1918/19, 1933, 1945 usw. Diese Daten der Politikgeschichte schlagen nicht nur biografische Einheiten auseinander, sie schlagen auch und vor allem strukturelle Prozesse und kulturelle Dynamiken auseinander. So erklären sich die Zeitbögen, deren Ankerpunkte, wenn man sich das 20. Jahrhundert als Bogenbrücke vorstellt, nicht ausschließlich, aber nicht zuletzt auch wirtschaftlich begründet werden. Darüber hinaus argumentiere ich entlang der Transformationsgeschichte von Liberalismus, liberalem Denken und liberaler Politikorganisation.

Der erste Zeitbogen beginnt demnach im ausgehenden 19. Jahrhundert, 1880–90, und endet, meiner Vorstellung nach, um 1930 mit der Weltwirtschaftskrise. Mitteleuropa ist hochindustrialisiert, zugleich überspannt der erste Zeitbogen eine Phase in Westeuropa, in der insbesondere in England die Krise des traditionellen Liberalismus aus dem 19. Jahrhundert durchschlägt und die alte Bürgerlichkeit letztlich verschwindet. Der zweite Zeitbogen setzt dann, wie gesagt, um 1930 ein und endet nach meiner Vorstellung 1975. Das ist insofern provokant, als ich den Nationalsozialismus und das Dritte Reich und den Holocaust in einen Zusammenhang mit dem Wiederaufbau und dem sozialen Konsens der Bundesrepublik stelle. Das begründet sich darin, dass 1930 in den beiden Zentralstaaten der Weltwirtschaftskrise – den

Vereinigten Staaten und dem Deutschen Reich, beide besonders stark betroffen von Massenarbeitslosigkeit – sehr ähnliche Reaktionsmuster aufgerufen wurden, um die Krise in den Griff zu bekommen. Das ist in den USA der *New Deal* und auf der deutschen Seite die Mobilisierung der Volksgemeinschaft, auch als Produktionsgemeinschaft. Dabei ist die nationalsozialistische Variante eine radikal anti-individualistische, wohingegen die amerikanische in der Tendenz programmatisch sozial-liberal oder konsensual ist. Im Zweiten Weltkrieg kämpfen diese beiden Staaten und Systeme dann gegeneinander, es gewinnt das amerikanische Modell. Über den Marshallplan als ökonomisches Wiederaufbauprogramm mit klaren Vorgaben, zuvörderst der Verbindung von parlamentarischer Demokratie und Marktwirtschaft, breitet es sich später konzeptionell über Europa aus, wozu auch die vielen deutschen Remigranten beitragen. Auf diese Weise strömen die konzeptionellen Vorstellungen des *New Deal*-Liberalismus in der Form des sozialen Konsenses in die Wiederaufbauzeit ein. Das umreißt in etwa den zweiten Zeitbogen von 1930 bis 1975. Der dritte Bogen setzt schließlich mit der Krise des traditionellen Industriesystems und des sozialen Konsenses sowie der schwindenden Dominanz der keynesianischen Wirtschaftsordnung um 1975–80 ein und spannt sich dann bis zur Finanzmarktkrise. Prägend ist hier der Primat der radikalen Subjektivierung bei gleichzeitiger Ablösung des montanindustriellen Industriesystems durch die Finanzindustrie.

Was wirtschaftspolitisch aufgehen mag, muss etwa kulturgeschichtlich nicht passen – abhängig vom Blickwinkel variieren Epochenzuschnitte, zudem fransen sie an den Rändern aus, bilden sich Überlappungen am Anfang und Ende. Dennoch gehen auch Ihre Zeitbögen von fundamental unterschiedlichen politischen, gesellschaftlichen, kulturellen und ökonomischen Ordnungsvorstellungen aus …

Lassen Sie mich vorweg eine Bemerkung machen. Wenn ich zum Beispiel primär oder ausschließlich kulturhistorisch argumentieren würde, dann wäre die Zeit zwischen 1966 und 1968 eine klare Zäsur. Ich argumentiere aber eher von einer politökonomischen oder demokratietheoretischen Seite her. Überhaupt muss man sich meiner Ansicht nach davon lösen, dass eine Zäsur oder ein Zeitbogen etwas zu hundert Prozent beendet oder vollständig neu beginnen lässt. Erst wenn man fluktuierende Übergänge mit hineindenkt, kann aus Zeiteinteilungen ein tragfähiges Argument werden, erst dann kann man auch für das Jahr 1979 von einer Zäsur sprechen. Dies ist auch der Grund für meinen Widerstand gegen die politischen Zäsuren, weil die häufig so betrachtet werden, als gehe hier etwas abrupt zu Ende. Am 31. Dezember hört etwas auf, am 1. Januar beginnt etwas Neues: Das gibt es in der

Geschichte niemals. Wir haben etwa in unseren Forschungsprojekten hier in Tübingen schon weit vor der Idee der Zeitbögen einen Gesamtzusammenhang unterstellt, der von den 1920er Jahren bis in die 1970er Jahre reicht. Dieser Zusammenhang geht von einer für das 20. Jahrhundert wesentlichen Altersgruppe aus: den zwischen 1900 und 1910 Geborenen, die in den 1920er Jahren in das öffentliche Leben eintreten und in den 1970er Jahren von der gesellschaftlichen Bühne abgehen. In Deutschland umfassen diese Jahrgänge die Generation des Unbedingten, die radikalen SS-Protagonisten – aber nicht nur. Ihre Angehörigen teilen alle die Erfahrungen der Zeit nach dem Ersten Weltkrieg, die Erlebnisse des Zweiten Weltkriegs und der Nachkriegszeit, ganz egal, ob sie Amerikaner, Briten, Deutsche, Franzosen oder anderer Nationalität sind. Und sie gestalten ihre Gegenwarten vor dem Hintergrund der eigenen Lebenserfahrung, die alle politischen Zäsuren überwölbt oder unterläuft.

Lassen Sie uns noch einmal zurückkommen auf die durchgreifenden Veränderungen um 1979. Vielfach wird für diese Zeit vom Ende des blinden Fortschrittsglaubens gesprochen. Ist der Fortschritt, als Begriff, Vorstellung und Realität, um 1979 suspendiert worden?

Der zeitlich ältere Gebrauch des Terminus Fortschritt war an bestimmte Vorstellungen gebunden, die in irgendeiner Weise auch im sozialdemokratischen, im sozialistischen oder marxistischen Denken angelegt sind. Unter Fortschritt wurden gesellschaftliche Entwicklungen verstanden, die im Sinne einer allgemeinen Verbesserung der Lebens- und Arbeitsbedingungen dem Menschen dienten. Das kommt aus der Tradition des klassischen Liberalismus und wurde dann durch Marx überhöht. Dieser Fortschrittsbegriff im Sinne eines gerichteten historischen Prozesses verschwindet im Verlauf der späten 1970er Jahre aus der öffentlichen Kommunikation; deswegen würde ich ihn immer in Anführungsstriche setzen. Was seither Fortschritt ohne Anführungsstriche ist, sagen wir ab den 1980er Jahren, ist eine hochgradig beschleunigte Entwicklung der technischen und ökonomischen Modernisierung, verbunden mit mehr als nur dem Gefühl einer erheblichen Zunahme des Veränderungstempos. Wenn wir den Bereich der Digitalisierung und der Computertechnologien betrachten, dann sind die 1980er Jahre das Anbahnungsjahrzehnt, bevor man in der Mitte der 1990er Jahre das *World Wide Web* bereits greifen kann. Die 1980er Jahre sind ein Jahrzehnt gewaltigen technischen und enormen wirtschaftlichen Fortschritts. Nur: Es wird nicht davon gesprochen. Der Begriff des Fortschritts ist in der öffentlichen Kommunikation so gut wie nicht mehr vorhanden.

Das ist für mich ein Symptom dafür, dass es ein bewusstseinsberührendes, politisch und ideologisch grundiertes Verständnis von Fortschritt gegeben hat, welches aber um 1979 bereits weitgehend in der Defensive war. Und dann gab es einen realen Faktor des Fortschritts, der aber nicht mehr bewusstseinsprägend wirkte im Sinne eines Fortschrittsdenkens, also dieser traditionellen Vorstellung einer linearen Höherentwicklung der Gesellschaft, sondern sich erschöpfte im faszinierten Blick auf die rasante Entwicklung der digitalen Welt auf der einen und die ebenso zügellose Entwicklung des Finanzmarktes auf der anderen Seite – beides verbunden mit einem Zuwachs an Möglichkeiten, schnell und viel Geld zu verdienen. Insofern ist der Fortschritt nicht weg. Allerdings verschwindet das Bewusstsein von Fortschritt und taucht erst in den 1990er Jahren in den Köpfen der Protagonisten und Profiteure des Finanzmarktes wieder auf.

Die Krise der Fortschrittsidee in Verbindung mit technologischen Quantensprüngen, ein Unbehagen an der Modernisierung bei extremer Beschleunigung des sozialen Wandels: Ist das eine singuläre Erscheinung am Ende der 1970er Jahre? Oder gibt es hier, wenn man das Fin de Siècle mit dem Jahrtausendwechsel vergleicht, gewisse Gemeinsamkeiten?

Mit Blick auf die Jahrhundertwenden, die um 1900 und jene um das Jahr 2000, gibt es eine starke Parallelität. In der Hochindustrialisierung, die in den 1880er Jahren beginnt, setzt eine immer weiter zunehmende Beschleunigung sozialer und kultureller Transformationen ein. Das führt dazu, dass die Mitlebenden häufig nicht mehr wissen, ob das, was gestern noch verbindlich gewesen ist – bspw. das soziale, das räumliche, das berufliche Umfeld –, morgen noch Gültigkeit besitzt oder ob das alles im Schwinden begriffen ist. Hieraus folgen Gegenreaktionen, seitens der Lebensreformbewegung und – am prominentesten – der Jugendbewegung, die versuchen, aus diesem beschleunigten Veränderungsprozess auszusteigen. Daraus entwickelt sich im kulturellen Bereich der sogenannte Antihistorismus: eine intellektuelle und ideelle Bewegung, die den liberalen Fortschrittsgedanken zugunsten eines Ausstiegs aus der Geschichte und der Fixierung auf die absolute Geltung der Gegenwart suspendiert. Dieses Denken zieht sich durch den Ersten Weltkrieg hindurch und erreicht seinen Höhepunkt in den 1920er Jahren. Auch in den späten 1990er Jahren des 20. Jahrhunderts gibt es eine solche Phase des nun *Posthistoire* genannten Glaubens an ein Ende der Geschichte, zugespitzt bei Francis Fukuyama, der den – inzwischen widerlegten – endgültigen Sieg des Westens verkündet. Die Weltgeschichte, so heißt es jetzt, hat ihr evolutionäres Ziel erreicht. Und denjenigen, die das Veränderungstempo, den Niedergang der Traditionsindustrien, die Digitalisierung und Vermarktlichung der Lebensform verbunden mit einem starken Vorrang des individuellen Ich vor dem gemeinschaftlichen Wir in einer sozialen *Community* – denjenigen, die das alles nicht wollen und sich davon überfordert fühlen, denen bleibt ebenso wie um 1900 nur der Rückzug, der Ausstieg aus dem Mitvollzug der Beschleunigung. Auf der einen Seite also sehen wir Beschleunigung – das kann man als Fortschritt bezeichnen, wenn man dies will – und auf der anderen Seite gleichzeitig eine Reaktion darauf, den Ausstieg aus den real gegebenen Fortschrittsdynamiken der jeweiligen Zeit. Das eine, die Hochgeschwindigkeit, schließt nicht aus, dass die Leute aussteigen, vor einem Jahrhundert ebenso wenig wie heute. Sehr viel im Umfeld der Grünen und überhaupt der sozialen Bewegungen etwa basiert letztlich, in Reaktionen auf beschleunigte Veränderungen, hierauf und markiert Versuche, in irgendeiner Art und Weise sozialkulturelle Inseln des Anhaltens zu bilden.

Fortschrittskritik und Ausstieg scheinen, Sie deuten es an, ein überzeitliches Phänomen zu sein. Was die Lebensreform und die Jugendbewegung oder auch die Anthroposophie um die Jahrhundertwende waren und was sich in Impulsen zum Ausstieg aus dem Industriezeitalter im Rahmen der Ökologiebewegung in den 1970er Jahren niederschlug: Knüpfen daran modische Zeittrends wie zum Beispiel das urbane Gärtnern, letztlich das ganze Themenspektrum des Do-it-yourself, die Wiederkehr von Genossenschaften und kleinen Kombinaten, die wieder anfangen, gemeinwohlorientiert und dem Allmende-Gedanken verhaftet Dinge anders zu machen – knüpfen die daran nahtlos an?

Das halte ich für sehr wichtig, und es ist meiner Ansicht nach auch unbestreitbar. Es handelt sich um Reaktionen auf die radikale Individualisierung und Subjektivierung, um die Suche nach anderen, neuen Orientierungsmustern und eine Gegenbewegung zu jener Ideologie, die aus dem Finanzmarktkapitalismus hervorgegangen ist: Jeder steht als Subjekt, als Individuum im ewigen, allumfassenden Wettbewerb. Dabei kann das Individuum ein Mensch sein, eine Firma oder ein Konzern. Dieses jeweilige Subjekt befindet sich grundsätzlich im permanenten Wettbewerb mit anderen. Wettbewerb ist etwas anderes als Konkurrenz. Im Wettbewerb kann immer nur einer gewinnen, vorne steht der Sieger – und die anderen zählen nicht. Gegenstrategien dazu werden im kirchlich-sozialen Spektrum formuliert, im anthroposophischen Milieu der Modernisierungsskeptiker, nicht zuletzt bei den Esoterikern, die eine richtige Hochkonjunktur erlebt haben, die sich erst seit Kurzem langsam wieder abschwächt. Und im Bereich der ökologischen Landwirtschaft gibt es eine nicht bloß unbewusste Rückbesinnung, sondern eine ganz dezidierte Neuhinwendung zu Gemeinschaftsböden. Dabei sind diese neuen Gemeinschaften obendrein vollkommen modern und gerade nicht restaurativ oder gar reaktionär – was sichtbar wird etwa an der selbstverständlichen Nutzung sämtlicher Kommunikationsmöglichkeiten und Vernetzungsmöglichkeiten der digitalen Revolution. Sie versuchen nur, der radikalen Subjektivierung, der Vereinzelung des Menschen und seinem »Verschleiß« im ökonomischen Verwertungsprozess zu entrinnen. Hinzu kommen auf der persönlichen Ebene finanzielle Engpässe, die einen zusätzlichen Reiz ausüben mögen, Dinge zu tun, die nicht viel Geld kosten und jeden Menschen partizipieren lassen, wo etwas gemeinsam angebaut, organisiert, erwirtschaftet wird. Diese Art der emotionalen, sozialen und kulturellen Unterstützung hat Michael Walzer mit seinem Kommunitarismus in den 1990er Jahren populär gemacht. Hier sehen wir eine mögliche Reaktion auf die frühen Formeln des Neokonservatismus.

Sind der Neokonservatismus und ein reflexiv gewordener Liberalismus dann die zentralen Signa jener Phase nach 1979? Und wie passt der Siegeszug des Wirtschaftsliberalismus zu der Defensive, in welche der gesellschaftskulturelle Freisinn zeitgleich gerät?

Wenn man bezogen auf 1979 sagt, dass seinerzeit gesellschaftliche und kulturelle Liberalisierungen erkennbar reflexiv geworden sind oder zu werden beginnen, dann läuft dergleichen nicht automatisch und schon gar notwendig auf eine Renaissance des Konservatismus hinaus. Liberal und konservativ sind ja nicht die einzig existierenden Gegenbegriffe. Die Art der Liberalisierung in den 1960er Jahren, nach dem Motto »Es geht alles nach vorne«: Das war tatsächlich Fortschrittsdenken in Reinform. Emanzipation und Selbstverwirklichung, die individuellen Entfaltungsmöglichkeiten: Das alles ist außerordentlich wichtig und wird in dieser Bedeutung auch gesellschaftlich akzeptiert, und zwar bis in die Rechtsprechung, die Umgangsformen und nicht zuletzt die Paarbeziehungen hinein. Wenn das alles 1979 reflexiv wird, dann folgt daraus nicht zwangsläufig ein konservativer Rückschwung. Es heißt nur, dass stattdessen etwas anderes entsteht. Innerhalb der neuen sozialen Bewegungen bspw. wird zwar einerseits immer noch von Emanzipation und Selbstverwirklichung gesprochen; andererseits aber tritt neben die neugewonnene Permissivität ein überkommen geglaubtes Verbotsdenken. Diese oder jene Dinge, tönt es nun, dürfen nicht mehr gemacht, bestimmte Schwellen nicht überschritten werden. Die Stichworte lauten: Ökologie, Abgase, Waldsterben, Umweltverschmutzung ganz allgemein. In einem solchen Moment entsteht ein neues Modell der Restriktivität, das nicht zwangsläufig konservativ ist, aber einem anderen Verständnis der Verbesserung der Welt anhängt, als es für die industrielle und chemisch-technische Moderne des zweiten Zeitbogens typisch ist. Das bedeutet – nochmals – keineswegs, dass eine reflexiv gewordene Liberalisierung in einen neuen Konservatismus mündet. Die Leute in den neuen sozialen Bewegungen sind nicht konservativ. Sie sind grün, sie sind stark engagiert und pflegen einen Lebensstil, der die unbekümmerte Grenzenlosigkeit infrage stellt. Insofern ist das, was dann in der Liberalisierung der 1960er/70er Jahre reflexiv wird, nicht konservativ, sondern es kann durchaus weiter in die Zukunft weisen und auf Zukunftsgestaltung abzielen. Wie man die derartigen Denkmuster und Verhaltensweisen freilich klassifizieren soll, das wiederum ist zwischen unseren Disziplinen, der Politik- und der Geschichtswissenschaft, noch keineswegs ausgemacht.

Wie verhält es sich denn aber nun mit dem Neoliberalismus?

Zunächst wird man die Tatsache zur Kenntnis nehmen müssen, dass auf der amerikanischen Seite von *Neo-Conservatism* und auf der europäischen von Neoliberalismus gesprochen wird. Das hängt realhistorisch damit zusammen, dass in den Vereinigten Staaten die Begriffe Liberalismus und Liberale als Bezeichnungen für eine politische Richtung und deren Anhänger nicht üblich sind. Die linksliberale Partei nennt sich Demokratische Partei. Deswegen wird in den USA der Wandel von der Industriegesellschaft zum Finanzmarktkapitalismus schlicht als eine neue Form von Konservatismus bezeichnet. In England existieren die Begriffe Neoliberalismus und Neokonservatismus meinem Wissen nach hingegen relativ gleichwertig nebeneinander.

Viel entscheidender aber scheint mir, dass wir bis heute nicht wirklich wissen, was mit Neoliberalismus eigentlich gemeint ist. Sollte das so sein, dann ist der Terminus Neoliberalismus nur ein Etikett, das auf gesellschaftliche, politische und wirtschaftliche Phänomene geklebt wird, ohne dass man sie erklären könnte. Und wenn dies wiederum zutreffen sollte, dann müsste man die Frage stellen, ob denn der Neoliberalismus überhaupt eine neue Form von Liberalismus in der Tradition des europäischen Liberalismus seit der Aufklärungsepoche ist. Da kann man auch skeptisch sein. Man könnte sagen, der Finanzmarktkapitalismus mit seinem Durchbruch ab 1995–2000 stellt eine Rückkehr zum Manchesterliberalismus dar. Da bin ich allerdings skeptisch. Oder man sagt, dieser Durchbruch einer neuen Form des Neoliberalismus ist etwas Neues und bedarf der begrifflichen Bestimmung. Dann wäre Neoliberalismus bis jetzt tatsächlich nur ein

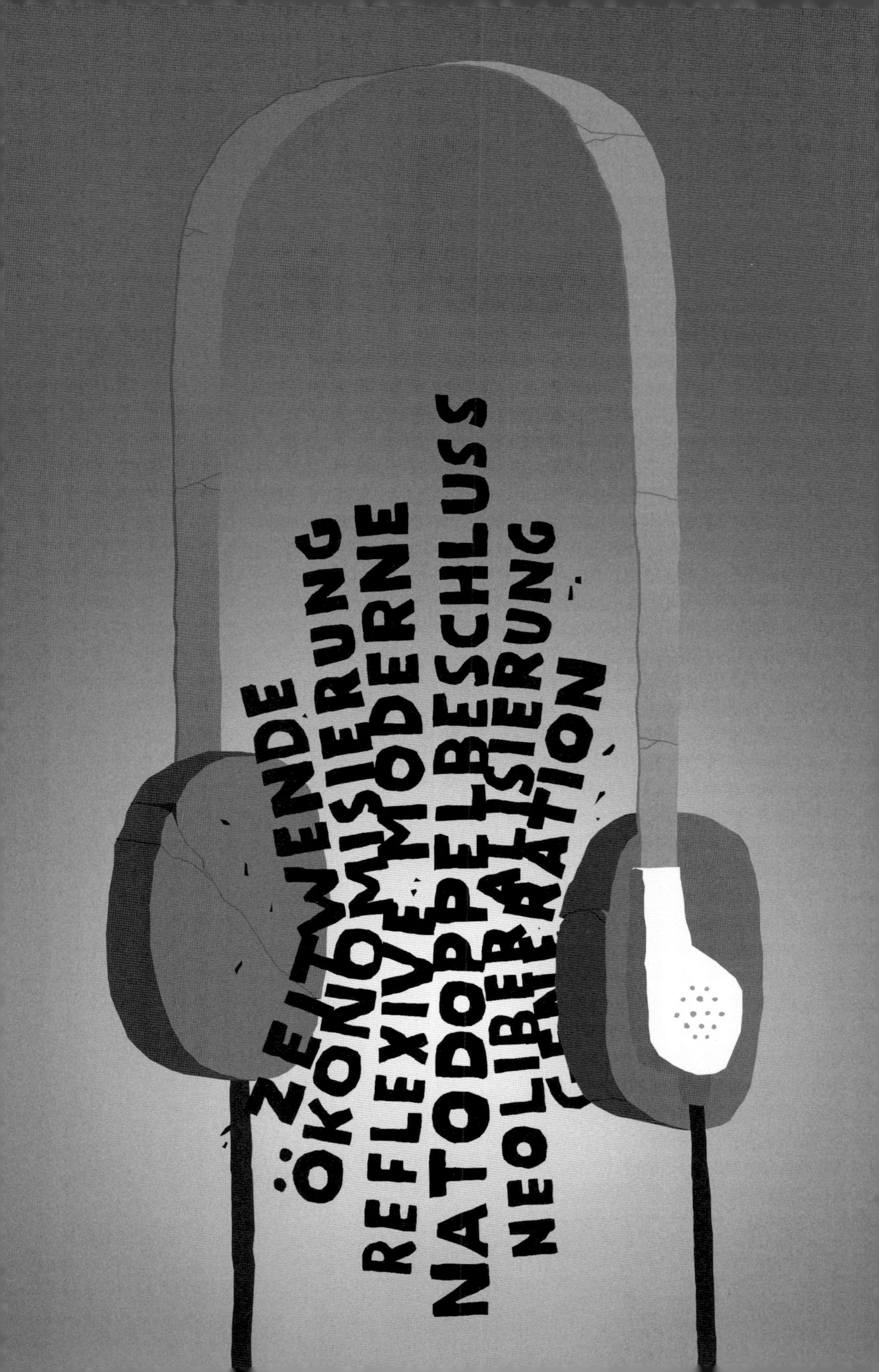

Schlagwort derjenigen, die ihn kritisch verwenden – eine Art zeitgenössischer Kampfbegriff, um etwas zu adressieren, das man kritisiert. Die Frage: »Ist der Neoliberalismus eine neue Form des westlichen Liberalismus oder stellt er ein neues Phänomen dar?«, diese Frage ist meiner Ansicht nach bis heute ungelöst. Und sollte der Neoliberalismus etwas Neues sein, so wäre zu klären, ob es sich bei ihm um eine Ideologie handelt, die in die Leerstelle hineintritt, die das Ende des Ost-West-Konflikts mit dem Wegfall der antithetischen Ideologien des Westens und des Ostens gerissen hat. Wenn der Neoliberalismus in diese Leerstelle des Ideologiesystems hineinstoßen sollte, würde sich des Weiteren die Frage stellen: Gibt es eine Gegenideologie? Und wo wäre sie aufzufinden, im Islamismus etwa? Ein Ethnologe würde diese These vermutlich bestreiten.

Sind diese Fragen auflösbar? Und wer könnte sie auflösen?

Bis heute sind das alles Fragen, welche die Sozialwissenschaften und die Zeitgeschichte nicht beantworten können. Die Fragen nach dem Ideologiecharakter und dem Vorhandensein einer Gegenideologie legen eine Zusammenarbeit nahe. Beide Seiten, die Sozialwissenschaften einerseits, die Zeitgeschichte andererseits, können komplementäre Beiträge leisten bei der Vermessung der Lebens- und Arbeitswelten von Arbeitnehmern in einer neuen industriellen Gesellschaft, die primär von der Finanzwelt und nicht mehr von den produzierenden Industrien geprägt wird. Da sind die Soziologen mit der Erhebung der Sozialdaten unsere Partner; allerdings können die Soziologen nicht sehr weit zurückdenken, weil ihre Sozialdaten meistens einen Zeitraum von nicht mehr als 15 Jahren umfassen. Historiker brauchen längere Zeiträume, um erklären zu können. Da wird es für uns oder zwischen der Soziologie und der Geschichtswissenschaft schwierig. Zwischen Politologen und Zeithistorikern gibt es dort Reibungspunkte, wo die Politologen vorgegebene Trends fortzuschreiben und Zukunftsprognosen abzugeben versuchen. Diese Gefahr besteht besonders dann und insofern, wenn Politologen in Forschungsprogramme gegossene Erkenntnisinteressen der Politik bedienen. Das ist für Zeithistoriker kaum einzulösen. Insofern muss man für jeden Einzelfall sehen, ob sich die Disziplinen sinnvoll ergänzen, sodass angeraten ist, gemeinsame Forschungsvorhaben anzustoßen, bei denen die Fächer zusammenkommen. Die Sozialwissenschaften ebenso wie die Zeitgeschichte sind gehalten, im Rahmen ihrer jeweiligen Methodik, Wege und Möglichkeiten zu finden, um die Abkehr von der keynesianischen Wirtschafts- und Sozialkultur des sogenannten sozialen Konsenses und ihre Ablösung durch einen radikalen Subjektivismus und eine entfesselte Wettbewerbslogik in der Zeit von 1974 bis 1978 erstens zu beschreiben und zweitens anhand der fachspezifischen Quellen zu analysieren. Soziologen haben, plakativ gesprochen, Zahlenreihen; Politologen bedienen sich der Meinungsforschung; und die Historiker setzen sich auseinander mit dem, was zeitgenössisch zu fassen ist: mit Presseartikeln, Interviews und anderen Quellen. Die verschiedenen Zugänge müsste man, wiederum im Einzelfall, deklinieren und voneinander abgrenzen.

Können die Fächer voneinander auch etwas lernen?

Ich zumindest empfinde den Umgang zwischen Politologie und Geschichtswissenschaft als reizvoll. Die Politologie hat die Stärke und oftmals auch die Aufgabe, tatsächlich erkennbare Trends in die Zukunft weiterzudenken. Und dazu hat sie auch gewisse Methodiken entwickelt. Die haben wir nicht; unser Wissen endet mit der klaren Aussage, dass das, was heute ist, aus dem oder jenem Grund entstanden ist. Das können wir erklären. Aber wie es weitergeht, können wir nicht sagen – oder sollten zumindest die Finger davon lassen.

Welche offenen Fragen lassen sich, als Essenz dieses Gesprächs, über 1979 hinaus noch stellen?

Worüber wir noch gar nicht gesprochen haben, das ist, wie sich eigentlich der Prozess der radikalen Subjektivierung und Individualisierung auf die Demokratie, die real existierende parlamentarische Demokratie, auswirkt. Das ist ein höchst wichtiges Thema. Die amerikanische Politologin Wendy Brown behauptet, der Neoliberalismus zerstöre die Demokratie. Bei Colin Crouch liest sich das ähnlich. Welche Folgen hat das veränderte Sozialverhalten, das sich vor allem bei den Jüngeren in einer Entbindung von den Parteien und einem Rückgang kontinuierlicher politischer Partizipationsbereitschaft niederschlägt? Das ist ja auch kein konservativer Effekt, sondern etwas völlig Neues. Wir wissen aber noch gar nicht, wie wir das Neue benennen sollen. Das ist intellektuell sehr reizvoll; mit Blick auf das gesellschaftliche Zusammenleben empfinde ich zugleich ein gewisses Unbehagen.

Wenn Sie in Ihren Arbeiten von dem liberalen Ordnungsmodell als dem in den Großkonflikten der letzten hundert Jahre im globalen Maßstab jeweils siegreichen sprechen, das sich in jedem der drei Zeitbögen gegenüber wechselnden Gegenmodellen durchgesetzt habe, dem monarchischen im Ersten Weltkrieg, dem faschistischen im Zweiten Weltkrieg, dem sowjetkommunistischen im Kalten Krieg, …

… zumindest vorherrschend, nicht unbedingt siegreich …

… und das sich auszeichnet vor allem durch die Marktwirtschaft und die Demokratie; wenn außerdem demokratische Ordnungen bisher stets in Verbindung mit dem Herrschaftsgefüge des Nationalstaats gedacht worden sind: Folgt daraus dann, dass wir vor dem Hintergrund der auch von Ihnen konstatierten Erosion nationalstaatlicher Autonomie und Regelungsmacht aktuell an einem Punkt stehen, an dem das liberale Ordnungsmodell nach seinem vermeintlich endgültigen Triumph über sämtliche seiner Gegner vor seinem eigenen Ende steht?

Das können wir noch nicht wissen. Auszuschließen ist es nicht. Im Moment spricht ja wieder vieles dafür, dass wir in eine ziemlich nationalistische Phase eintreten. Das ist auch keine konservative, sondern das wäre wiederum eine neue Phase einer nationalistisch unterfütterten Intoleranz oder Veränderung des Toleranzpotenzials in der Gesellschaft. Ob die Prinzipien der Liberalität, wie wir sie kennen, aufrechterhalten werden können, das ist offen. Und zwar ist diese Form des Liberalismus, der Liberalität, gebunden an die unangetastete Existenz von Rechtsstaatlichkeit, an die Existenz des staatlichen Rahmens, der für die Gesellschaft den Ordnungsrahmen darstellt. Und innerhalb dieses Rahmens gilt die Verbindlichkeit nicht nur von Recht und Gesetz, sondern einer funktionsfähigen Ordnung, in der sich die Leute nach ihrer Selbstbestimmung zurechtfinden und entfalten, sich emanzipieren können. Ob das so erhalten bleibt, können wir derzeit nicht absehen. Der staatliche Rahmen erscheint auch deshalb fluktuierend, weil wir nicht wissen, welcher der dominierende ist: der nationalstaatliche oder der europarechtliche oder der europapolitische. Darüber kann man meiner Ansicht nach noch nicht viel sagen. Aber die Veränderungen in der parlamentarischen Demokratie durch den Rückgang der Unterstützung für die Parteien oder der Parteimitgliedschaften – konkret: wenn eine Partei wie die SPD bei derzeit knapp über zwanzig Prozent pendelt –: Was eigentlich heißt das alles?

Das Interview führten Michael Lühmann und Matthias Micus.

Prof. Dr. Anselm Doering-Manteuffel, geb. 1949, ist Professor für Neuere Geschichte und Direktor des Seminars für Zeitgeschichte der Universität Tübingen (1991 bis 2016). Seine Arbeitsschwerpunkte liegen im Bereich der deutschen Geschichte des 20. Jahrhunderts, des transatlantischen Ideentransfers und der zeithistorischen Analyse der Vorgeschichte der Gegenwart.

VON DER GLEICHZEITIGKEIT DES UNGLEICHZEITIGEN

DAS JANUSKÖPFIGE JAHR 1979

Ξ Franz Walter

Nein, auch das Jahr 1969, als Willy Brandt Kanzler wurde, war nicht einfach für sämtliche Bürger der Bundesrepublik Deutschland ein Jahr des Aufbruchs, der lang ersehnten Gesellschaftsreformen und Demokratisierungsschübe. Schließlich waren die Parteien der neuen sozialliberalen Koalition gerade auf 48,5 Prozent der Wähler gekommen. Auf die Parteien rechts davon waren hingegen rund zwei Prozent mehr Stimmen entfallen. Aber als kulturell allmählich dominierender Trend in den stimmungsprägenden Schichten des Landes waren der Gestaltungs- und Veränderungsoptimismus, die Demokratisierungsverve und der Drang nach neuen, entspannten Beziehungen auch zu den Ländern des Ostens doch unschwer zu identifizieren. Zwanzig Jahre später, am Ende des Jahres 1989, wurde der pralle Optimismus noch deutlicher zur Schau gestellt. Immerhin hatte man im Herbst den Fall der Mauer, die friedlichen und erfolgreichen Emeuten in Osteuropa gegen die in jeder Beziehung erstarrte Nomenklatura des Staatskommunismus erlebt. Zum Interpreten dieses Moments wurde der amerikanische Politologe Francis Fukuyama, der die Ergebnisse des Jahres gewissermaßen hegelianisch zur gelungenen Bilanz der Erfahrungen des 19. und 20. Jahrhunderts ontologisierte: als finalen Sieg des Liberalismus, des Parlamentarismus, der Freiheit, auch des sozialstaatlichen Ausgleichs, des Westens schlechthin, während dessen Gegner – Faschisten, Kommunisten, neuerdings auch islamische Fundamentalisten – eine unumkehrbare Niederlage hatten hinnehmen müssen.[1]

Und 1979, der Jahrzehntabschluss, der zwischen 1969 und 1989 lag? Wie präsentierte sich das geistige Klima in diesem Jahr in der Bundesrepublik? Anders als zehn Jahre zuvor und auch anders als eine Dekade später sehr viel weniger kess zuversichtlich, viel durchwachsener, erheblich unsicherer, was

1 Vgl. Francis Fukuyama, The End of History?, The National Interest, Summer 1989, URL: http://www.wesjones.com/eoh.htm [eingesehen am 21.01.2016]; Ders., The End of History and the Last Man, New York 1992.

INDES, 2016-1, S. 21–34, © Vandenhoeck & Ruprecht GmbH & Co. KG, Göttingen, 2016, ISSN 2191-995X

Dasein und Zukunft anging. Die Gradlinigkeit eines rundum segensreichen und die Individuen beglückenden Fortschrittsprozesses war den Bundesbürgern in diesem Jahr besonders zweifelhaft geworden. Doch war 1979 deshalb nicht ein exponiertes Jahr rückwärtsgewandter Sentimentalitäten oder entschlossen agierender gesellschaftlicher Reaktionäre. Dergleichen gab es zwar, aber sie standen nicht im Zentrum der wirksamen Kräfte. 1979 begann viel Neues. Von diesem Jahr gingen Strömungen aus, welche die großen Themen der Republik hernach determinierten, bis heute, bis hinein ins Jahr 2016.

ASYLBEWERBER, GRIECHENLAND, PARTEIENSPLITTERUNG

1979 sprachen die Sozialdemokratin Anke Fuchs, Staatssekretärin im Bundesministerium für Arbeit und Sozialordnung, und ihr Bundeskanzler Helmut Schmidt erstmals dezidiert davon, dass es falsch wäre, weiter anzunehmen, die Bundesrepublik sei kein Einwanderungsland.[2] Ende 1979 lag die Zahl noch unbearbeiteter Asylanträge bei rund 50.000. Daneben ging man von rund 250.000 bis 350.000 illegalen Armutsmigranten aus. Seinerzeit artikulierten Gewerkschafter ihre Sorge, dass die »Hodschas und Mullahs« gewissermaßen die Horsts und Wolfgangs bald zahlenmäßig übertreffen würden, dass ein »islamischer Staat im Staate« zu entstehen drohe.[3] Die politische Linke zeigte sich insbesondere gegenüber den Flüchtlingen und Vertriebenen aus Vietnam, den sogenannten *Boatpeople,* kaltherzig. Schließlich war man zehn Jahre vorher noch mit dem Ruf »Ho-Ho-Ho-Chi-Minh« durch die Straßen gerannt und hatte Unterstützungsgelder für den Vietcong gesammelt – vor dem die *Boatpeople* nun flohen, was sie für linke Gruppen anrüchig, zumindest nicht zum Adressaten einer freundlichen Willkommenskultur machte.[4]

1979 war ebenfalls das Jahr, in dem der Beitritt Griechenlands zur Europäischen Gemeinschaft beschlossen und ratifiziert wurde. Es fehlte nicht an Kritikern dieser Entscheidung, die auf die technologischen Defizite, die höchst bescheidene Produktionsrate und das im Gegenzug üppige Inflationsniveau hinwiesen. Die Europäische Gemeinschaft, so orakelten bereits seinerzeit die Skeptiker, könnte mit der Integration Richtung Hellas über kurz oder lang die eigene Existenz riskieren.[5]

Ende 1979 einigten sich die NATO-Staaten offiziell auf den Doppelbeschluss zur Verhandlung bzw. Stationierung von Mittelstreckenraketen. Bekanntlich gilt die spätere Stationierung von *Pershings* und Marschflugzeugen seit 1989/90 als entscheidende Ursache für den Kollaps der Sowjetunion und der anderen Staaten des Warschauer Pakts; wenngleich Ende der 1970er Jahre die Urheber des NATO-Beschlusses eine solche Zielsetzung empört und subjektiv vermutlich aufrichtig scharf zurückgewiesen hätten.

2 Vgl. o. V., Kardinal Ratzinger fragen, in: Der Spiegel, 27.08.1979.

3 Zit. nach o. V., Wahre Quellen, in: Der Spiegel, 31.12.1979.

4 Vgl. Marion Gräfin Dönhoff, Völkerwanderung des zwanzigsten Jahrhunderts, in: Die Zeit, 27.07.1979.

5 Vgl. Marin Paschke u. Petra Ebel-Skvarilova, Die Erweiterung der Europäischen Union bis zur sogenannten Osterweiterung, in: Marian Paschke u. Constantin Iliopolus (Hg.), Die Osterweiterung der Europäischen Union. Zur Anpassung des Zivil- und Wirtschaftsrechts in ausgewählten MOE-Staaten an das Recht der EU, Hamburg 2006, S. 11–70, hier S. 30f.

Innenpolitisch markiert 1979 den Beginn des Endes der Konzentration des Parteienwesens, vor allem auf die beiden großen Volksparteien, die bei den Bundestagswahlen 1976 ihren Zenit mit einem Stimmenanteil von 91,2 Prozent der Wähler, den Union und SPD auf sich vereinen konnten, erlebt hatten. Nun aber tauchte mit den Grünen ein neuer Wettbewerber auf dem Parteienmarkt auf, dem 1979 zum ersten Mal der Einzug in ein Länderparlament, in die Bremer Bürgerschaft, gelang.[6] Der Erfolg der Grünen indizierte, dass eine neue Problemlage von den alten Parteien nicht rechtzeitig entdeckt und politisch angemessen verarbeitet worden war.[7] Und auch in den sozialen Bezirken insbesondere urbaner Quartiere hatte sich etwas verändert, was die neue Partei begünstigte, die klassischen Formationen indes in der folgenreichen Dimension der Mehrheits- und Koalitionsbildung ignorierten.

Die neuen Phänomene wurden 1979 noch gerne mit Parolen aus den traditionellen Schlachtordnungen zu bändigen versucht. »Freiheit versus Kollektivität« tönte es aus der Union gegen die Konkurrenten von links; »Wohlstand statt Ausstieg aus der Industriegesellschaft« lautete das sozialdemokratische Motto, wenn die neu aufkommenden Grünen delegitimiert werden sollten. All das waren in erster Linie rhetorische Figuren der Unsicherheit und Verlegenheit. Ungewissheit und Unübersichtlichkeit wurden so zu Chiffren der eher diffusen Bewusstseinslage von 1979 ff. Theo Sommer beklagte in der *Zeit* den Souveränitätsverlust der bürgerlichen Gesellschaft, die aus Angst die »Freiheit zu Tode schützen« wolle. Argumente für diese Wahrnehmung konnte er einige liefern.[8]

Auf der anderen Seite nahm der selbstbewusste Gebrauch von Freiheitsrechten jenseits von punktueller Delegation und Elektion 1979 wieder kräftig zu. Die Mitwirkung an Demonstrationen und in Selbstinitiativen stieg (auch in den nächsten Jahren) nach einer Zeit der Depression und Zurückhaltung erneut an. Die Tendenzen der Zeit also waren nicht so eindeutig. Sie überlappten sich, widersprachen sich, verliefen quer zueinander. Man mag 1979 als ein janusköpfiges Jahr ansehen, in dem eine verwirrende Gegenläufigkeit die leicht erkennbare Vernunft oder Räson eines einförmigen Zeitgeistes überwog.

GLEICHZEITIGKEIT DES UNGLEICHZEITIGEN

Ein Jahr also der besonders ausgeprägten »Gleichzeitigkeit des Ungleichzeitigen«.[9] Vor vier Jahrzehnten hatte dieser Begriff in intellektuellen bundesdeutschen Diskussionen noch Konjunktur. Aber er blieb doch nur Metapher und Aperçu, war Schlagwort und kein theoretisches Paradigma. Die damals an der Universität hegemonial gewordenen Sozialhistoriker der Bielefelder Schule bezogen die Formel von der »Gleichzeitigkeit des

6 Vgl. Rolf Zundel, Signal für Bonn? Bremens Grüne und die Bundesrepublik, in: Die Zeit, 12.10.1979.

7 Früh schon scharf definiert von Claus Offe, Zwischen Bewegung und Partei, in: Otto Kallscheuer (Hg.), Die Grünen – letzte Wahl, Berlin 1986, S. 44.

8 Theo Sommer, Bewahren, um erneuern zu können, in: Die Zeit, 25.05.1979; für die Gegenwart argumentiert ähnlich Claus Leggewie, Der Weg in den Angststaat, in: Frankfurter Allgemeine Zeitung, 06.01.2016.

9 So zur »geistigen Situation«, wenn auch nur en passant, schon Jürgen Habermas, Einleitung, in: Ders. (Hg.), Stichworte zur ›Geistigen Situation der Zeit‹, 1. Band: Nation und Republik, Frankfurt a. M. 1979, S. 7–35, hier S. 33.

Ungleichzeitigen« zwar zuweilen auch in Essays oder Akademieansprachen ein; doch als anspruchsvolles und taugliches Analysekonzept erkannten die meisten es nicht an.[10] Zu kryptisch, zu unscharf, lautete das Monitum. Im Übrigen dürfte ihnen, die ganz überwiegend Prediger der Modernitäts- und Fortschrittsdoktrinen waren[11], in der Philosophie der Ungleichzeitigkeit einfach zu viel Rückwärtsgewandtheit und Vergangenheitsverständnis mitgeschwungen haben.

Der Philosoph der »Gleichzeitigkeit des Ungleichzeitigen« war natürlich Ernst Bloch, der die Formel in seinem 1935 in der Emigration erschienenen Werk »Erbschaft dieser Zeit« bekannt zu machen versucht hatte. Zu dieser erhofften Publizität kam es indes erst, als Bloch 1961 aus Leipzig floh, in Tübingen eine Gastprofessur erhielt und sein Buch im Frankfurter Suhrkamp Verlag neu veröffentlichen konnte.[12] In den 1920er Jahren, als einige Aufsätze aus der späteren »Erbschaft dieser Zeit« bereits veröffentlicht worden waren, hatten ebenso der Kunsthistoriker Wilhelm Pinder und der Soziologe Karl Mannheim am Beispiel der unterschiedlichen Generationserfahrungen, die in einer formal gleichen Zeit zur Koexistenz heterogener, ja disparater Bewusstseinslagen, Identitäten und Rationalitätsvorstellungen führten, mit Überlegungen zur Gleichzeitigkeit des Ungleichzeitigen auf das Problem aufmerksam gemacht.[13] Ungleichzeitigkeiten waren in der Weltgeschichte nichts Neues; aber über lange Zeit bestanden singulare und abweichende Kulturen, Religionen, Erfahrungen überwiegend regional getrennt voneinander, begegneten sich nicht im gleichen Raum, lebten nicht im unmittelbaren Nebeneinander. Das änderte sich fulminant erst durch demografische Mobilitäten, Migrationsschübe, Flüchtlingswellen.

Jugend als Träger von Ungleichzeitigkeitsdeutungen aufgrund neuer Erfahrungen spielte ebenso bei Bloch eine wesentliche Rolle, neben den Bauern und dem alten Mittelstand, auf welche er als Zeitgenosse der großen Demokratiekrise in den 1920er/30er Jahren besonders achtete, um die Affinität dieser Schichten zu Bewegungen erklären zu können, die ihre Anhängerschaften mit Vergangenheitsversprechen elektoral dynamisch erweiterten. Dass vier Jahrzehnte später, in den 1960er/70er Jahren, die tiefe Differenz in den Generationserfahrungen abermals eine schwer zu leugnende Ursache für die extreme gesellschaftliche Unruhe und Polarisierung gewesen ist, lässt sich sicher mit dem Hinweis illustrieren, dass in diesem Jahrzehnt die ökonomisch, politisch, auch kulturell nach wie vor stark dominierende Kriegsgeneration (oder, allerdings sehr viel weniger, die der Emigration) herrschte, nun aber in voller Wucht ein geburtenstarker Jahrgang mit Nachkriegssozialisation und gänzlich verändertem Wertehimmel nach vorne drängte.[14]

10 Eine Ausnahme etwa Wolfgang Hardtwig, Deutschlands Weg in die Moderne. Politik, Gesellschaft und Kultur im 19. Jahrhundert, München 1993, S. 10 ff.

11 Vgl. etwa Paul Nolte, Hans-Ulrich Wehler. Historiker und Zeitgenosse, München 2015, S. 50 f.

12 Vgl. Ernst Bloch, Gesamtausgabe in sechzehn Bänden, 4. Band: Erbschaft dieser Zeit, Frankfurt a. M. 1962.

13 Vgl. Wilhelm Pinder, Das Problem der Generation in der Kunstgeschichte Europas, München 1961, S. 41; Karl Mannheim, Das Problem der Generationen, in: Kölner Vierteljahreshefte für Soziologie, Jg. 7 (1928), H. 2, S. 163 f.

14 Sehr scharfsinnig herausgearbeitet hat das Peter Graf Kielmansegg, Nach der Katastrophe. Eine Geschichte des geteilten Deutschland, Berlin 2000, S. 328 ff.

Bloch selbst war keineswegs ein purer Parteigänger der Zukunft und Verächter rückwärtsgewandter Mentalitäten. Vielmehr entdeckte er in der Vergangenheit noch nicht »Abgegoltenes«, was für Befreiungsbewegungen nutzbar und motivierend sein mochte.[15] Vergangenheiten sah Bloch nicht simpel als Barriere oder Bremse für eine gesellschaftliche Höherentwicklung, sondern als ein viel zu wenig beachtetes Depot bislang unterdrückter oder nicht wahrgenommener historischer Möglichkeiten.[16]

Einer der wenigen Historiker, der – ohne expliziten Bezug auf Bloch – die Ungleichzeitigkeitsperspektive fruchtbar machte, war Reinhart Koselleck – zwar ebenfalls in der Geschichtswissenschaft an der Bielefelder Universität tätig, aber doch mit ganz originären Positionen. In seiner Aufsatzsammlung »Zeitschichten« legte er dar, dass historische Zeiten sich aus mehreren qualitativen Temporalschichten zusammensetzen, die aufeinander verweisen können, aber nicht vollständig voneinander abhängig sein müssen. Diese Zeitschichten können unterschiedlich weit zurückreichen, eine differente Tiefe ausweisen und sich in abweichenden Geschwindigkeitsausmaßen transformieren. »Das Angebot verschiedener Zeitschichten erlaubt es, verschiedene Wandlungsgeschwindigkeiten zu thematisieren, ohne in die Scheinalternative linearer oder kreisläufiger Zeitverläufe zu verfallen.«[17] In der Neuzeit kam diesem Phänomen eine besondere Bedeutung zu, da hier die chronologische (und man möchte hinzufügen: chronische) Gleichzeitigkeit des politisch und sozial Ungleichzeitigen Konfliktlagen zuhauf produzierte.

SCHILLERNDER KONSERVATISMUS

Auf den ersten Blick wirkt das Jahr 1979 gar nicht sonderlich vielschichtig oder widersprüchlich. Es war das Jahr des Bundeskanzlers Helmut Schmidt, der auf dem Zenit seiner Popularität stand, in den Jahren 1978/79 dadurch bei Landtagswahlen seiner Partei einen Zuwachs an Wähleranteilen bescherte – was Regierungsparteien in Bonn bei Zwischenwahlen eher selten gelang. Das Ansehen Schmidts zu erklären, fällt nicht besonders schwer. Er war der Mann für Notfälle, ein idealer, entschlossener, energisch handelnder Krisenmanager. Der Bedarf nach einem solchen Führungstypus hatte sich nach 1973/74 sprunghaft erhöht; Schmidt erfüllte die Erwartung, die man in ihn gesetzt hatte, beeindruckte durch seinen scharfkantigen, auf Entscheidung und Vollzug zielenden Stil mit einer guten Portion autoritärem Gestus auch klassische Alt-Konservative gehobener Bürgerlichkeit. Sein von ihm chronisch eifersüchtig belauerter Rivale, Willy Brandt, fiel 1979 über Monate wegen Krankheit aus. Fast schien es in diesem Jahr, als ob Schmidt mithilfe seines *Troubleshooters* Hans-Jürgen Wischnewski

15 Hierzu auch Heinz B. Heller, »Ungleichzeitigkeiten«. Anmerkungen zu Ernst Blochs Kritik des »Massenfaschismus« in »Erbschaft dieser Zeit«, in: Gesellschaft für Exilforschung (Hg.), Exilforschung. Ein Internationales Jahrbuch, Band 1, München 1983, S. 342–358.

16 Vgl. Beat Dietschy, Gebrochene Gegenwart. Ernst Bloch. Ungleichzeitigkeit und das Geschichtsbild der Gegenwart, Frankfurt a. M. 1988, S. 273 f.

17 Reinhart Koselleck, Zeitschichten. Studien zur Historik, Frankfurt a. M. 2000, S. 26.

gar die SPD stärker disziplinieren könnte.[18] Schmidts politisches Credo war im Grunde einfach gestrickt: Der Staat hatte sich auf seine Kernfunktion zu besinnen; also alle Mühen darauf zu richten, für die Sicherheit der Bürger zu sorgen, daneben deren Interesse an Wohlstand in den Mittelpunkt des exekutiven Tuns zu richten. Visionen, Sinnstiftungen, Identitätsangebote gehörten hingegen nach Schmidts fester Überzeugung nicht in den Zuständigkeitsbereich des Staates.

Im Kern war Schmidt mit seiner Staatsphilosophie ein säkularisierter Konservativer. Aber dieser Konservatismus konnte Ende der 1970er Jahre nicht mehr kohärent sein. Die Sicherung des Wohlstands fand natürlich den Beifall der Mehrheit der Deutschen. Aber bot etwa die Technik, deren Fortschritt in der Weiterentwicklung Voraussetzung für Wachstum und Wohlfahrt bildete, auch wirklich Sicherheit für das Leben der Bundesbürger? Da wuchsen die Unsicherheiten der sicherheitsorientierten Deutschen. Als am 28. März 1979 im Kernkraftwerk Three Mile Island ein schwerer Reaktorunfall bekannt wurde, kletterte die Zahl von Skeptikern und entschiedenen Gegnern der Atomenergie in Westdeutschland sofort in die Höhe. Als in der zweiten Hälfte des Jahres 1979 fast täglich über einen weiteren rasanten Anstieg der Erdölpreise geschrieben wurde, stiegen die Zustimmungswerte zur Kernenergie wieder merklich an.[19] Die Sicherheitslogiken und Erwartungen koinzidierten nicht mehr unbedingt miteinander, was wiederum Unsicherheitsgefühle verstärkte und beschleunigte.

Solche Labilitäten liefern in der Regel den Dünger für die Herolde des Konservatismus, für die Künder des Stabilitätsversprechens. Tatsächlich formierte sich der seit »1968« heftig irritierte Konservatismus wieder neu und eroberte unverkennbar Terrain zurück. Nach Jahren der Demokratisierungs- und Partizipationsappelle, des politischen Bekennertums unter dem Signum von Emanzipation und Mündigkeit war ein großer Teil zunächst begeisterter Fahnenträger des Sozialliberalismus, verstört zudem durch die Vielzahl von Krisen seit 1973, der Mobilisierungsimperative müde geworden. Der Zyklus von Emanzipationsschüben und anschließenden Phasen der Ruhebedürftigkeit war historisch wohlbekannt. So witterten die zuvor sich geradezu stigmatisiert wähnenden Konservativen Morgenluft. Sie hatten seit 1974 dort angesetzt, wo damals in der gesellschaftlichen Mitte die ärgsten Reformzweifel aufgetaucht waren: in der Schul- und Bildungspolitik. Im Jahr 1978 erregten sie – etwa Hermann Lübbe, Nikolaus Lobkowicz, Robert Spaemann – Aufsehen durch ihren Kongress »Mut zur Erziehung« in Bonn-Bad Godesberg. Die Konservativen hatten seit einigen Jahren erstmals wieder den Eindruck, vom Wind des Zeitgeistes getragen zu werden, endlich als Widersacher der

18 Vgl. Franz Walter, Führung in der Politik. Am Beispiel sozialdemokratischer Parteivorsitzender, in: Zeitschrift für Politikwissenschaft, Jg. 7 (1997), H. 4, S. 1287–1336, hier S. 1311.

19 Vgl. o. V., Still verdunsten, in: Der Spiegel, 20.08.1979.

»linken Irrlehren« nicht mehr allein zu stehen, sondern Partner und Verbündete vorzufinden. Mitte Oktober 1979 gipfelte die Renaissance des Konservatismus in der Gründung des Studienzentrums Weikersheim, das als *think tank* rechten Denkens unter dem Patronat des früheren christdemokratischen Ministerpräsidenten von Baden-Württemberg, Hans Karl Filbinger, stand. Auch in der Politik selbst schien sich 1979 der Durchbruch des Konservatismus erfolgreich zu vollziehen. Als Präsident des Bundestages amtierte nun der CSU-Mann Richard Stücklen, zum Bundespräsidenten hatte die Bundesversammlung Karl Carstens gewählt; und als Kanzlerkandidaten der Union schickte die Bundestagsfraktion von CDU/CSU Franz Josef Strauß ins Rennen.

Das nahmen viele als den Vormarsch des rechten Flügels der Christlichen Union im Machtbereich der Bundesrepublik wahr. Andererseits aber konnte etwa Filbinger die Funktion eines Präsidenten der konservativen Denkfabrik von Weikersheim deshalb wahrnehmen, weil er neuerdings über viel Zeit verfügte – da er, durchaus wider Willen, die aktive Politik an der Spitze von Bundesland und Partei hatte quittieren müssen, erst 1978 als Ministerpräsident, dann 1979 ebenfalls als Chef der CDU in Baden-Württemberg. Filbinger verkörperte die Variante des sturen, unbelehrbaren, rechthaberischen, gefühlsarmen Konservatismus, der gegenüber der gesellschaftlichen Mitte – Ruhebedarf hin, Reformmüdigkeit her – der 1970er Jahre keine Zugkraft mehr entfaltete und zunehmend abstieß. Die Konservativen seiner Fasson hatten sich mittlerweile trutzig, aber auch seltsam wehleidig in ihrer Wagenburg eingerichtet, verbittert wetternd gegen Linke und Sozialliberale, die alle großen Traditionen und Werte verraten hätten: den christlichen Glauben und die eheliche Treue, Familiensinn, Anstand und Ordnung. An allem sollte die permissive Haltung und Wühlarbeit von Roten und Libertären schuld gewesen sein. Und so fielen auch die Empfehlungen und Lösungswege aus dem moralischen Abseits hilflos voluntaristisch aus: mehr Respekt gegenüber Eltern und Pfarrern, Resistenz gegen sexuelle Versuchung, Askese, Fleiß, Gottesfurcht und Bindungsbereitschaft.

Bindung war ein großes Wort im Jahr 1979 – was gewiss nach Jahren der Entstrukturierung kollektiver Gefüge und Regeln ein neues Bedürfnis nach Zugehörigkeit und Kohäsion signalisierte. Aber die Konservativen alter Schule führten ihre Debatten darüber rein defensiv, meist als quengelnden Vorwurf gegen die ungeliebten Modernisten.[20] Demgegenüber fiel die Erörterung dieser Modernisten, sehr exemplarisch personifiziert durch Ralf Dahrendorf, weit nachdenklicher und reflexiver aus. Auch Dahrendorf entdeckte den großen Wert von Bindungen, die er begrifflich als »Ligaturen« fasste.[21] Dass viele Ligaturen in den 1960er Jahren gelockert und abgestreift werden mussten,

20 Hierzu sehr scharfsinnig Rolf Zundel, Strauß und die Neue Rechte, in: Die Zeit, 23.11.1979.

21 Siehe Ralf Dahrendorf, Lebenschancen, Frankfurt a. M. 1979.

dass erst dadurch den Einzelnen Freiheitsräume, bis dahin unbekannte Zuwächse an Optionen ermöglicht wurden, daran hatte Dahrendorf auch eine Dekade später weiterhin keine Zweifel. Doch deutlicher als zuvor war ihm klar geworden, dass ohne Ligaturen Individuen hilflos durch den Wald von Optionen irrten, dass vielen mithin oft genug geistige Kompasse und Orientierungsmuster fehlten. Hierin sah der Soziologe eine entscheidende Ursache für Anomien und Pathologien der modernen Gesellschaft nach dem Ende allseits anerkannter Bindungen. Wer das beklagte, hatte allerdings auch über Märkte sowie deren inneren Drang nach immer neuen Konsumbegehrlichkeiten und neuen Produkten, über demnach wünschenswert volatile, mithin strukturell bewegliche Konsumbürger zu reden. Mit dem Lamento über den Anschlag der Linken auf die guten, überlieferten Werte war nicht geholfen.

Insofern konstituierte sich jenseits des alten Konservatismus eine Modernitätsskepsis in einer neuen, jungen und seinerzeit als alternativ charakterisierten Generationenkultur. Einiges davon wurde als Fortsetzung der Achtundsechzigerbewegung angesehen; aber deutlich zu konstatieren war auch der innere Bruch innerhalb dieser Strömung.[22] 1979 fanden zukunftsoptimistische linksradikale Revolutionsprojektionen kaum noch Anhänger in den jugendbewegten Szenen der Bundesrepublik. Die kommunistischen Kader hatten ausgedient; intime Gemeinschaften für ein »anderes Leben im Hier und Jetzt« ersetzten sie nun. Dadurch kamen Fragen und Themen, wie sie in früheren Jahrzehnten eher für genuine Konservative typisch gewesen waren, in eine Lebenswelt hinein, die sich selbst durchaus als »links« verstand. Im gewissermaßen ruralen Teil der Alternativbewegung entdeckte und kultivierte man nun Heimat, bearbeitete zeitweilig in versuchter Harmonie mit der Natur die Scholle, identifizierte sich auch mit der Region – alles Teilelemente der großen Suche nach Sinn und Identität.[23] Die materielle Sicherstellung oder Saturierung durch den seit Anfang der 1970er Jahre kräftig ausgebauten Sozialstaat reichte ihr nicht. Im Gegenteil – und auch hier traf sie sich mit Alt- wie Neukonservativen – kritisierte sie am Sozialstaat dessen Anonymität, die zentralistische Bürokratisierung und Passivstellung der Bürger.

NEUE PROBLEME, NEUE AKTEURE, NEUE PARTEI

Das wurde zu einem Milieu der neuen Partei, der Grünen. Überhaupt war interessant, wie sehr sich auch diese Partei, die sich als gänzlich neuer Typus politischer Organisation verstand und vielfach als postmoderne Konfiguration gekennzeichnet wurde, geradezu klassisch nach Art der Parteienbildung des 19. Jahrhunderts begründet hatte. Erst war der soziale Protest, dann folgte ein Milieu von spezifischen Organisationen mit einer Vielzahl

22 Hierzu auch Andreas Rödder, Die Bundesrepublik Deutschland 1969–1990, München 2004, S. 64 ff.

23 Vgl. o. V., Heimat – unter grüner Flagge, in: Der Spiegel, 23.07.1979.

tragender Assoziationen und bald Vorfeldorganisationen für die sich anschließende Parteiformation.[24] Der Unterschied zum Parteibildungsprozess des 19. Jahrhunderts: Das Milieu reichte lebenszyklisch nicht sonderlich weit; es vererbte sich nicht über Generationen fort, sondern verschwand diesmal gewissermaßen mit dem Ende der Adoleszenzphase der Gründungsakteure.

Folglich ging die 1979 oft vorgetragene Sorge, dass eine gleichsam parallelgesellschaftliche Subkultur im Kontrast zur offiziellen bundesdeutschen Gesellschaft heranwachse, fehl. 1979 war nicht das Jahr des kollektiven Ausstiegs einer ganzen akademischen Kohorte, auch nicht der sich vertiefenden Separierung in »zwei Kulturen«, wie es der damalige Wissenschaftssenator von Berlin, Peter Glotz, seinerzeit mutmaßte. Eher lässt sich 1979, in Bezug auf die jugendlichen Kritiker der bundesdeutschen Politik, als Jahr des Einstiegs begreifen. Seit dem 17. April 1979 erschien *die tageszeitung* täglich. Am 10. Juni 1979 traten Grüne, als »Sonstige politische Vereinigung DIE GRÜNEN« firmierend, zur Europawahl erstmals bundesweit an, kamen auf 3,2 Prozent – und erhielten über die Parteienfinanzierung ein hübsches Sümmchen von 4,5 Millionen Mark, mit dem die weitere Parteibildung und Parlamentarisierung gut voranzutreiben waren. Am 7. Oktober 1979 gelang der Bremer Grünen Liste der Einzug in die Bremische Bürgerschaft. Die »Aussteiger« hatten eine politisch-parlamentarische Repräsentanz gefunden, genauer: geschaffen, was die Reintegration in die – sich verändernde – bundesdeutsche Bürgerlichkeit erleichterte und forcierte. Dass die Grünen keine Partei radikalisierter Antibürgerlichkeit vom extremen Rand waren, hatte 1979 die »Forschungsgruppe Wahlen« schon klar erkannt. Ihre Zahlen und Interpretationen belegten eindringlich, dass die Grünen die Partei nicht zuletzt der von den sozialliberalen Regenten durch die Bildungsexpansion kräftig mitproduzierten Mitte aus (künftigen) pädagogischen, betreuenden, beratenden, insgesamt humandienstleistenden Berufen waren.[25]

DIE DEREGULIERUNG DES »MODELL DEUTSCHLAND«

Allein, der Bundeskanzler mochte sich nicht darauf einlassen. Zumindest in dieser Frage war er Opfer seiner beträchtlichen Ressentiments.[26] Was Schmidt nicht kannte oder partout nicht mochte, was ihm verstiegen oder gar gefühlsbeladen erschien, war ihm zuwider, regelrecht verhasst – ob nun dialektisch redende Intellektuelle, krawallige Achtundsechziger oder 1979 eben Grüne und Alternative. Zuletzt ist man über diese erhebliche politische Schwäche Schmidts großzügig hinweggegangen. Aber es war schon eine analytisch-strategische Fehlleistung besonderer Güte, die auch in die Zukunft reichende Bedeutung der neuen gesellschaftlichen Konfliktlinien, etwa um

24 Vgl. Hans-Joachim Veen, Die Grünen als Milieupartei, in: Hans Maier u. a. (Hg.), Politik, Philosophie, Praxis, Stuttgart 1988, S. 454 ff.

25 Vgl. o. V., Rot einfärben, in: Der Spiegel, 12.11.1979 und o. V., Grüne nach Bonn?, in: Der Spiegel 15.10.1979.

26 Hierfür viele Beispiele in: Klaus Harpprecht, Schräges Licht. Erinnerungen ans Überleben und Leben, Frankfurt a. M. 2014, S. 416 ff.

die Ökologie, auszublenden und die – nochmals: in die Zukunft reichende – Relevanz der neuen akademisch sozialisierten Schichten für die Politisierung dieser *Cleavages* zu verdrängen.[27] Hier fehlte Helmut Schmidt in der Tat, worüber Willy Brandt reichlich verfügt hatte.

Dabei setzte sich Helmut Schmidt 1979 selbst als Aussteiger aus der laufenden Entwicklung der Informationsgesellschaft in Szene. In der Medien- und Informationstechnologie glänzte das Kabinett Schmidt keineswegs als Pionier des sonst gerne als unvermeidlich deklarierten Fortschritts. Ein Dorn im Auge war dem Kanzler vor allem das Fernsehen. Als insbesondere das freidemokratisch geführte Innenministerium die Weichen für die flächendeckende Einführung privater Kabelsender stellen wollte, machte Schmidt mit ungewöhnlichem Furor dagegen mobil und blockierte vorerst die geplanten Schritte zur Verkabelung der Republik. Man dürfe nicht in Gefahren »hineintaumeln«, so der Bundeskanzler, »die akuter und gefährlicher sind als die Kernenergie«.[28] Was das Gefahrenpotenzial der Atomkraft anging, so hätten ihm wohl mehrere Sozialdemokraten widersprochen; aber in der Furcht, dass in der neuen Kabelzeit die Deutschen zu einem fernsehsüchtigen, allmählich verdummenden Volk herabsinken würden, folgten Schmidt viele Genossen, denen das sonst politisch eher schwerfiel. Selbst eine Initiative zur Änderung des Grundgesetzes schlossen die Sozialdemokraten 1979 nicht aus, um die Bürger – deren Mündigkeit sie doch in der Frühlingszeit des Sozialliberalismus lauthals postuliert hatten – vor Reizüberflutungen zu schützen.

Eher zur Nachhut gehörte die Bundesrepublik Ende der 1970er Jahre auch in der Telefontechnologie. Ständig beschwerten sich Kunden, dass die Anschlüsse nicht zügig gelegt würden, dass sie sich in den Abendstunden oder am Wochenende – als es preiswertere Tarife für Ferngespräche gab – stundenlang die Finger wund wählten, ohne mit dem gewünschten Gesprächspartner den Kontakt herstellen zu können. Die in der Schmidt-Ära spürbar gestiegene Nachfrage nach dem Telefon war von der Bundesregierung und dem Management der staatlichen Bundespost »völlig falsch eingeschätzt« und »viel zu spät erkannt« worden.[29] Fernmeldetechnisch hatte man auf bald überholte Technologien gesetzt. Allein bei den Gebührensätzen stand Deutschland an der Spitze.

Man konnte es so sehen: Das eher starre korporatistische »Modell Deutschland«, das Schmidt terminologisch kreiert hatte, zeigte 1979 – als die Republik noch halbwegs befriedet war – einen Mangel an Innovation, Dynamik, Elastizität und postindustriellem Mut. Fortgesetzte Subventionen für den wirtschaftshistorisch unzweifelhaft gestrigen Montanbereich waren keine Lösung für eine Vitalisierung der ökonomischen Kultur. Aber für das, was

27 Vgl. überzeugend Erhard Eppler, Links leben. Erinnerungen eines Wertkonservativen, Berlin 2015, S. 174.

28 Zit. nach o. V., Privat-TV: »Gefährlicher als Kernenergie«, in: Der Spiegel, 01.10.1979; vgl. auch o. V., Fast wie Gorleben, in: Der Spiegel 09.07.1979.

29 O. V., Telephon: »Milliarden sinnlos verpulvert«, in: Der Spiegel, 10.09.1979.

an Liberalisierungswellen und Marktschöpfungen nach Auffassung einer neuen nach-keynesianischen Generation von Wirtschaftswissenschaftlern anstand, war Schmidt nicht der richtige Mann. Dafür hingegen taugten bestens, ohne sich das selbst bewusst zu machen, seine verachteten Gegner der späten 1970er Jahre: die Alternativen, Ökos, Grünen, Revoluzzer, welche er allesamt in Verdacht hatte, mit ihren Aktionen und Zielsetzungen den Wohlstand der Deutschen aufs Spiel zu setzen. Das Gegenteil war der Fall. Der Kapitalismus in Deutschland brauchte eine Entkrustungskur, einen radikalen Bruch mit den Fossilien der aus dem 19. Jahrhundert überlieferten Industriegesellschaft – und mit der dieser zugrunde liegenden Wertebasis verpflichtender, hierarchisch aufgebauter Kollektivzusammenschlüsse und Großorganisationen. Die Kulturrevolteure konnten das besser leisten als jede andere soziale Kraft.[30]

Denn schließlich: Die Emanzipation aus verfestigten Strukturen, die Befähigung zur Partizipation, Hedonismus statt altbürgerlicher Sparsamkeit, die Ermutigung zu starker Individualität und Authentizität, Entgrenzung und Deregulierung überlieferter Disziplinvorstellungen, das war ihr Programm – und es lag ganz auf der Linie des modernen, flexiblen, auf fortwährende Konsumtionssprünge programmierten Kapitalismus. Der postfordistische Kapitalismus brauchte nicht nur den ökonomischen Neoliberalismus, um die Begrenzungen der Marktdynamiken zu beseitigen. Zuvor oder begleitend benötigte er außerdem den libertären Liberalismus auf dem Gelände der Einstellungen und Alltagswerte. Dazu aber war die Deregulierung der früher verbindlichen, so neue Beweglichkeit beschränkenden Normen aus den straff geführten Assoziationen politischer Milieus und konfessioneller Institutionen zwingend. Der Kapitalismus vereinnahmte und kommerzialisierte ohne die geringsten Ängstlichkeiten, was sich an Unzufriedenheit im Protestgebaren, in Kleidung, Musik, Freizeitverhalten, Lebensstilen schlechthin neu und eben nur scheinbar oppositionell artikulierte. Auch Proteste dienen den Märkten als Seismografen und als Künder neuer Nachfragen. Die Märkte nutzten die von früheren Ligaturen gelösten neuen Bedürfnisse und Begehrlichkeiten als Elixier einer bis dahin nicht erlebten Produkterweiterung.

1979 aber war auch für den ökonomischen Neoliberalismus im engeren Sinn ein weichenstellendes Jahr. In diesem Jahr setzte ein enormer Anstieg des weltweiten Zinsniveaus ein.[31] Die Renditeinteressen des Besitzbürgertums waren auf den Kapitalmärkten leichter zu befriedigen als durch Produktions- und Investitionspolitik. Dadurch aber bröckelte der Kitt bundesdeutscher Sozialstaatlichkeit, auch der Kooperationsidee von Arbeitnehmern und Arbeitgebern. In den ersten drei Jahrzehnten der Bundesrepublik spielten

30 Vgl. hierzu auch Axel Schildt u. Detlef Siegfried, Deutsche Kulturgeschichte. Die Bundesrepublik von 1945 bis zur Gegenwart, München 2009, S. 333.

31 Hierzu und im Folgenden Fritz W. Scharpf, Sozialdemokratische Krisenpolitik in Europa, Frankfurt a. M. 1987, S. 184 f.

Metaphern wie »wir sind alle eine große Familie« und »sitzen alle im gleichen Boot« bis hin zu »steigen die Gewinne der Unternehmer, dann wächst auch der Wohlstand der Beschäftigten« eine entscheidende integrative, konfliktmindernde Rolle. Ab 1979 bis in das frühe 21. Jahrhundert erlebte man die Realität dann anders: Die Gewinnmargen schoben sich weit nach oben, Löhne und Gehälter hinkten weit und zunehmend hinterher; an der Existenz der Massenarbeitslosigkeit änderte sich nichts.

Das Wohlergehen der einen war nicht mehr zugleich Voraussetzung für materielle Verbesserungen der anderen. Die Kapitalbesitzer verknüpften sich nicht mehr strategisch zwingend mit Wachstum und Beschäftigung. Wichtiger war ihnen, dass die auf den Kapitalmärkten erzielten Gewinne nicht durch eine zupackende Steuerpolitik des Staates erheblich geschmälert wurden. Dafür steuerpolitisch zu sorgen, erwarteten sie nun von den Freien Demokraten, die sich immer mehr vom Sozialliberalismus der frühen 1970er Jahre verabschiedeten und in den nächsten Jahrzehnten ganz zur Steuersenkungspartei mutierten. Hätte die Christliche Union 1979 nicht ausgerechnet Franz Josef Strauß zum Kanzlerkandidaten nominiert, dann wäre der Lager- und Koalitionswechsel der FDP schon 1980 gewiss nicht ausgeschlossen gewesen.

ABSCHIED VON LEIBHOLZ

Zwischen die Räder dieser neuen Entwicklung kam die SPD als Volkspartei, die sie fortan in Deutschland überwiegend auch nicht mehr war und wurde. Natürlich tat sie sich damit schwer, dass ihre großen Traditionsreviere, die sie im 19. Jahrhundert hatten entstehen und danach gedeihen lassen, spätestens mit den 1970er Jahren schrumpften und ihre einst imposante volkswirtschaftliche Bedeutung weithin verloren. Der Niedergang der Textil-, Werft-, Montan- und Schwerindustrie generell stand dafür.

1979 aber konnte die Sozialdemokratie noch einmal, stärker als ihr christdemokratisches Gegenüber, Volkspartei sein – in dem Sinne, dass sich die großen Debatten dieser Zeit, über die Friedenspolitik, die Atomenergie und die Instrumente staatlicher Wirtschaftsbeeinflussung, in ihren Reihen abspielten, nicht oder nur kaum hingegen in der CDU/CSU. Die meisten Politologen hielten diesen Zustand gar für eine Deformation, zumindest für eine Anormalität in einer parlamentarischen Republik. In einem intakten Parlamentarismus müssten sich die wesentlichen politischen Kontroversen politisch kontrastierend in gegensätzlichen Programmangeboten von Regierungsparteien hier, Oppositionsparteien dort niederschlagen. 1979 aber hatten Anhänger und Gegner der Raketenstationierung oder der Kernkraft sich nicht nach diesem Schema sortiert, sondern sich zwieträchtig vor allem innerhalb der SPD gesammelt, während die oppositionellen Unionsparteien in den zentralen Kontroversen um Reaktoren und Raketen auf der Seite des sozialdemokratischen Bundeskanzlers standen.

Bemerkenswerterweise war dies in der Logik des in der Konstituierungsphase der Bundesrepublik prägenden Verfassungsrechtlers des Parteienrechts, Gerhard Leibholz – von 1951 bis 1971 denkbar einflussreich im Zweiten Senat des Bundesverfassungsgerichts am Werk –, keineswegs widersinnig, sondern geradezu mustergültig. Die Sozialdemokraten verkörperten geradezu den vorausgesetzten Parteientypus dieses Verfassungsrechtlers, auf den die Parteienfinanzierung in der Bundesrepublik hauptsächlich zurückging. Mit dem Niedergang der SPD ging auch die Erschütterung der Reputation der Parteienlehre von Leibholz einher – wenngleich ein solcher Bezug nicht thematisiert wurde.

Der Antiliberalismus bildete den Ausgangspunkt der Lehre Leibholz' zum modernen Staatswesen im massendemokratischen Zeitalter.[32] Die liberale Ära hielt Leibholz seit den 1920er Jahren für abgelaufen, ihre Philosophie für historisch gescheitert. Nicht mehr liberale Honoratioren, die in ergebnisoffenen Diskursen die parlamentarische Bühne suchten, konnten Motoren politischer Willensbildung sein; dafür hatte sich das »Volk« längst zu sehr emanzipiert und sich zu kraftvoll in das politische Feld begeben. Dort allerdings konnte es nur in Gestalt der Parteien Wirkung auf die Politik und damit auf den Staat nehmen.[33] Denn allein die Parteien waren, so Leibholz, in der Lage, die Aktivbürger zu aktionsfähigen Gruppen zusammenzufassen und deren Willen gleichsam in rationaler Form in den Staat zu transferieren.

Parteien waren dabei mehr als nur Zwischenglieder. Sie waren die Repräsentanten des Volkswillens schlechthin, die Vollzugsinstanz der *Volonté générale*, über die sich die Identität von Volk und Staat herstellte.[34] Im Parteienstaat erfüllte sich Leibholz zufolge die moderne Demokratie.[35] Parteien wirkten demnach nicht nur am politischen Willensakt mit; allein in ihrem Binnenraum konnte er sich vollziehen. Im Grunde kam es in letzter Konsequenz, wie Leibholz ausführte, auf Wahlen gar nicht mehr an. Denn die Demokratie entfaltete sich eben in den Parteien – und auch das war denkbar, vielleicht sogar wünschenswert: in der einen und einzigen großen Volkspartei. Jedenfalls: Die Partei ersetzte ihm das Parlament. Die Volksvertreter durften sich im Parteienstaat nicht als freie, dem ganzen Volk verpflichtete und dem eigenen Gewissen unterworfene Parlamentarier fühlen. Die Abgeordneten waren nur noch Beauftragte ihrer Parteien, hatten deren Willen im parlamentarischen Plenum lediglich registrieren zu lassen.

32 Siehe Gerhard Leibholz, Das Wesen der Repräsentation unter besonderer Berücksichtigung des Repräsentativsystems, Berlin 1929.

33 Vgl. Ders., Der Parteienstaat des Bonner Grundgesetzes, in: Recht, Staat, Wirtschaft, Jg. 3 (1951), S. 99–125, hier S. 99 ff.

34 Vgl. Ders., Die freiheitliche und egalitäre Komponente im modernen Parteienstaat, in: Führung und Bildung in der heutigen Welt, Stuttgart 1964, S. 247 ff.

35 Vgl. hierzu Ders., Das Wesen der Repräsentation und der Gestaltwandel der Demokratie im 20. Jahrhundert, Berlin 1966, S. 211.

Nicht ganz wenige Sozialdemokraten seit Bebels Zeiten haben ähnlich gedacht und Politik betrieben. Aber eben dadurch waren die »Keime der Entfremdung des Volkes« von ihnen und ihrer Partei gelegt, die in den folgenden Jahrzehnten dann zu einer üppigen Vegetation schrillster Parteienverdrossenheit führte. Die SPD bekam das in der Schlussphase der Regierung von Helmut Schmidt mit größerer Vehemenz zu spüren – mehr zumindest als die CDU/CSU, welche lange die soziale und kulturelle Vielfalt, auch die Überspannung durch antagonistische Konflikte im Inneren, schließlich die Hybris weitreichender politischer Ansprüche in viel geringerem Maße innerparteilich aushalten musste, kurz: weit weniger dem Parteientypus von Leibholz entsprach.

PARADOXE FÖRDERUNG DES ISLAMISMUS

Als dann noch die letzten Tragpfeiler der Entspannungspolitik in die Brüche gingen, verlor die sozialliberale Koalition die entscheidende integrative Klammer ihrer Existenz. Das geschah in den letzten Monaten 1979, als die historische Überlappung heterogener Zeitschichten einen Kulminationspunkt erreichte. Im November hatten studentische Revolutionsgarden im Iran die Angehörigen der amerikanischen Botschaft als Geiseln genommen, Weihnachten 1979 folgte der Einmarsch der Sowjetunion in Afghanistan. Für die amerikanische Politik war damit das Ende der *Détente* evident. Helmut Schmidt und einige andere europäische Staatschefs hätten zwar gerne den mitteleuropäischen Raum aus der neuen Eiszeit herausgehalten, aber der amerikanische Präsident Jimmy Carter demonstrierte jetzt, gewiss nicht zuletzt aus Ratlosigkeit, Entschlossenheit und Härte. Man zog in den »Zweiten Kalten Krieg«; wenngleich die Konstellation mit den binären Strukturen des ersten Kalten Krieges nichts mehr zu tun hatte.[36]

1979 war eine neue, alte geistig-politische Kraft in die Spannungsarenen der Weltpolitik eingetreten: der fundamentalistische Islam. In Afghanistan aber kämpfte »der Westen« noch in gewohnter Manier gegen den »kommunistischen Osten«. Unterstützt wurden dafür die extremen Mudschaheddin; 25.000 Kriegsfreiwillige überwiegend aus arabischen Ländern zogen mit Unterstützung u. a. der CIA in den Krieg gegen die »gottlosen« Marxisten-Leninisten.[37] Zu ihnen gehörte auch Osama Bin Laden.[38] Seither sind 37 Jahre vergangen; die Probleme haben sich weiter, man mag sagen: dramatisch zugespitzt.

36 Hierzu Ulrich Herbert, Geschichte Deutschlands im 20. Jahrhundert, München 2014, S. 936 ff.

37 Vgl. Bernd Stöver, Der Kalte Krieg 1947–1991. Geschichte eines radikalen Zeitalters, München 2007, S. 410 ff.

38 Vgl. Berndt Georg Thamm, Fundamentalismus. Gotteskrieger tragen Terror nach Europa, URL: https://www.gdp.de/gdp/gdp.nsf/id/dp0901/$file/0109_01.pdf [eingesehen am 21.01.2016].

Prof. Dr. Franz Walter, geb. 1956, ist Professor für Politikwissenschaft an der Universität Göttingen.

BRUCHZONEN DER MODERNE

GLOBALE UMBRÜCHE UM 1979

Ξ Frank Bösch

Warum 1979? Zunächst einmal spricht vieles dagegen, überhaupt von einem Jahr auszugehen. Historische Umbrüche halten sich nicht an Kalenderblätter. Große Veränderungen vollziehen sich vielmehr längerfristig, und auch die Wucht von epochalen Ereignissen wird erst in langen Linien deutlich. Der Blick auf ein Jahr hat zudem immer etwas Kontingentes. Schreiben wir nicht eine ganz andere Geschichte, wenn wir stattdessen 1981 oder 1972 wählen?

Wer einzelne Jahre zum Ausgangspunkt nimmt, sollte methodische Fragen daher nicht auf die leichte Schulter nehmen. Bisherige Bücher mit Jahreszahlen im Titel haben unterschiedliche Zugänge gewählt. Einige beschränkten sich auf die thematische Komposition von Begebenheiten in diesem Jahr, um anschaulich und pointiert in die Zeit einzuführen (wie Ian Burumas »1945« oder Florian Illies' »1913«); andere durchschritten die Jahrzehnte zuvor, um bestimmte Ereignisse in einem Jahr zu erklären (wie Georg Schilds »1983« oder Christian Caryls »1979«). Gewinnbringend ist dieser Blick jedoch vor allem, wenn so das Zusammenspiel von differenten Veränderungen interpretiert wird. Bücher, die am 31. Dezember stoppen, verlieren an Aussagekraft. Und erst die breitere Einbettung verrät das Markante.

Der Blick auf einzelne Jahre steht generell für eine spezifische Betrachtungsweise von Geschichte. Historiker denken meist diachron und zerlegen die Vergangenheit in einzelne Themen. Tatsächlich erleben die Zeitgenossen jedoch ihre Gegenwart auch synchron, im Zusammenspiel von Ereignissen. Wer morgens die Welt per Zeitung oder Radio erkundet, erhält ein Panorama unzusammenhängender Vorgänge, die sich unterschiedlich verbinden. Ebenso agieren Politiker, Hilfsorganisationen oder Unternehmen in diesem Netz von zeitgleichen Herausforderungen, von denen Historiker gewöhnlich einzelne Stränge isoliert betrachten. Von einzelnen Jahren auszugehen heißt somit, den offenen Blick der Zeitgenossen ernst zu nehmen und dieses Zusammenspiel von differenten Ereignissen zu interpretieren. Dafür kann jedes Jahr herhalten. Welches Datum den Ausgangspunkt bildet, ist somit kontingent. Seine Interpretation führt uns aber in den breiten Fluss der Geschichte, da Ereignisse immer mit längerfristigen Strukturen, Wahrnehmungen und Medien verbunden sind.

1979 ALS UMBRUCH IN DIE GEGENWART

Dennoch gibt es Jahre, in denen sich Wandlungsprozesse besonders stark verdichten, sodass ein genauer Blick auf sie neue Zusammenhänge erkennen lässt. Für die klassischen Zäsuren wie 1789, 1945 oder 1989 ist dies vielfach durchgespielt worden. 1979 hat dagegen eine anderen Charakter: Es ist nicht durch einen übergreifenden Systemwechsel gekennzeichnet. Bereits die Zeitgenossen nahmen es zwar als ein Jahr der Krisen und Umstürze wahr, aber geschichtsmächtige Kontur haben einige Ereignisse des Jahres erst seit den 1990er Jahren gewonnen. Denn viele Umbrüche von 1979 etablierten die großen Themen der Gegenwart. Die Wahl Thatchers steht etwa für die aufziehende Dominanz des Neoliberalismus, die iranische Revolution für das Aufkommen des Islamismus, die Revolution in Nicaragua wiederum für das Bröckeln der US-amerikanischen Vorherrschaft in Schwellenländern. Ebenso repräsentieren der Einmarsch in Afghanistan und die triumphale Polenreise von Papst Johannes Paul II. die langfristige Erosion des Sozialismus. Für den Wandel des Politischen steht die Formierung der Grünen im Zuge der ersten Europawahl – wobei letztere den Willen unterstrich, Europa unter Beteiligung der Bürger enger zusammenwachsen zu lassen.

Nicht minder aktuell sind die Ereignisse des Jahres in Zeiten der »Energiewende«. Die erste Ölkrise 1973 schien nach kurzer Zeit beherrschbar und langfristig mit dem Ausbau der Atomkraft zu bewältigen. Die zweite Ölkrise 1979 verdeutlichte den Zeitgenossen hingegen, dass es sich hier um ein strukturelles Problem handelte, das alternative Lösungen erforderte. Zudem unterstrich der zeitgleiche AKW-Unfall nahe Harrisburg, dass selbst in einem Hochtechnologie-Land wie den USA eine partielle Kernschmelze nicht unwahrscheinlich war. Zeitgleich fand in diesem Jahr in Genf die erste Weltklimakonferenz statt, welche die Erderwärmung durch vermehrten CO2-Ausstoß anprangerte. Mehr Kohle zu verfeuern, war nun auch keine adäquate Lösung mehr.

Derzeit richten wir unsere Aufmerksamkeit auf Flüchtlinge, die über das Meer zu uns kommen. 1979 nahm auch dies seinen dramatischen Ausgangspunkt, als über 1,5 Millionen »Boat People« aus Südostasien, die vor den Kommunisten in Vietnam flohen, weltweit aufgenommen wurden. Selbst die Bundesrepublik, die damals gegenüber Flüchtlingen sehr restriktiv war und vor allem »Auslandsdeutsche« aufnahm, erhöhte in kurzer Zeit mehrfach ihre Aufnahmekontingente und beteiligte sich an engagierten Rettungsaktionen.[1] Die Bundesrepublik zeigte dabei eine neuartige Hilfs- und Integrationsbereitschaft. Vor allem christdemokratische Politiker wie Ernst

1 Vgl. Julia Kleinschmidt, Die Aufnahme der ersten »boat people« in die Bundesrepublik, in: Deutschland Archiv Online, 26.11.2013, URL: http://www.bpb.de/geschichte/zeitgeschichte/deutschlandarchiv/170611/die-aufnahme-der-ersten-boat-people-in-die-bundesrepublik [eingesehen am 12.02.2016].

Albrecht profilierten sich bei der Aufnahme von Vietnamesen, da diese vor dem Kommunismus flohen.

Als paradigmatischer kultureller Umbruch ist 1979 vor allem die weltweite Rezeption der Serie »Holocaust« hervorzuheben, die im Jahr zuvor in den USA gelaufen war. Nicht nur in der Bundesrepublik erschien sie wie ein »Geschichtssturm«[2], der zur Auseinandersetzung mit der NS-Vergangenheit anregte. Das neue Interesse an der Vergangenheit manifestierte sich überdies in Altstadt-Sanierungen, erfolgreichen Ausstellungen und neuen Museumsplanungen, selbst in der DDR. Neben diesen Umbrüchen, die bereits die Zeitgenossen weltweit bewegten, lassen sich rückblickend Dinge ausmachen, deren Bedeutung erst heute deutlich wird. 1979 startete etwa mit dem »usenet« das erste zivile Computernetzwerk der Welt, das im Unterschied zum arkanen und militärisch finanzierten Arpanet eine offene Plattform war.

Gemeinsam ist diesen unterschiedlichen Ereignissen, dass sie fast alle Grundannahmen der Moderne hinterfragt und auf gegenwärtige Herausforderungen verwiesen haben. Klassische Modernisierungstheorien suggerierten lange eine Welt, in der Religion an Bedeutung verlieren, das Wachstum zunehmen, der Sozialstaat Probleme abfedern und der Blick in die Zukunft gerichtet sein würde. Die Ereignisse um 1979 zeigten jedoch eine andere Welt, in der Religion kraftvoll die politische Bühne betrat, die Vermarktlichung der westlichen Gesellschaft zunahm und grundlegende Ressourcen des Wachstums – wie Atomkraft, Kohle und Öl – als unsicher erschienen. Insofern lässt sich von globalen Bruchzonen der Moderne sprechen.

Die Denktraditionen der Moderne hinterfragte 1979 besonders Lyotards Schrift »La condition postmoderne«.[3] Die Postmoderne fasste er als bewusste Verabschiedung von Einheitssehnsüchten und als Bewusstwerden der Vielfalt der Sprach-, Denk- und Lebensformen auf. Damit verband er das Diktum, dass die großen Erzählungen ihre Glaubwürdigkeit verloren hätten und auch hier eine neue Vielfalt entstanden sei. Der Blick auf ein einzelnes Jahr wie 1979 knüpft an genau diese Sichtweise der Zeitgenossen an: jene Entdeckung der Vielfalt, die sich zugleich ebenfalls historisieren lässt.

DIE NEUE BEDEUTUNG DER RELIGION

Das Jahr 1979 lässt sich in zahlreiche einzelne Ereignisse zerlegen. Aber ebenso lohnt sich, nach Bezügen zwischen ihnen zu fragen. Oft bestehen nur thematische Korrelationen, mitunter aber auch wechselseitige Impulse. Anhand der iranischen Revolution lässt sich diese Verbindung der Ereignisse gut zeigen. Der Umbruch im Iran stieß zunächst die zweite Ölkrise an, da

2 Günther Anders, Besuch im Hades. Auschwitz und Breslau 1966. Nach »Holocaust« 1979, München 1979, S. 182.

3 Siehe Jean-François Lyotard, La condition postmoderne. Rapport sur le savoir, Paris 1979.

durch ihn zehn Prozent der Weltexporte ausfielen. Dies verstärkte 1979 die weltweite Inflation und Wirtschaftsproblematik, Verschuldungen schwollen an, auch in Osteuropa und der Dritten Welt. Selbst der Präsident der USA, Jimmy Carter, wurde durch die Schlangen vor den Tankstellen, die Inflation und die US-Geiseln im Iran entscheidend geschwächt. Inflation und Wirtschaftskrise ermöglichten radikale wirtschaftliche Reformen und den Aufstieg von Politikern wie Thatcher und Reagan, aber auch gemeinsame währungspolitische Maßnahmen in der EG (wie die Einführung des ECU), da die Inflation eine zentrale bürgerliche Angst war.

Dabei sollte man vielleicht weniger nach Kausalitäten als nach Interaktionen und übergreifenden Transformationen suchen. Dazu zählen zunächst die neue öffentliche Bedeutung und gesellschaftliche Wirkungsmächtigkeit der Religion, für die nicht nur die iranische Revolution steht. Nur eine Woche bevor Khomeini von mehreren Millionen Menschen auf den Straßen Teherans umjubelt wurde, hatten rund zehn Millionen Gläubige Papst Johannes Paul II. auf seiner ersten Auslandsreise in Mexiko empfangen. Der Papst distanzierte sich hier zwar von der Befreiungstheologie; aber auch sie gewann in diesem Jahr in Lateinamerika an politischer Bedeutung. Insbesondere die Revolution in Nicaragua führte dies vor Augen. Bedeutender noch war die anschließende zweite Auslandsreise des Papstes nach Polen, die hier zu einer Verwandlung des sozialistischen Raums führte und zum Ausgangspunkt für die weitere Protestbewegung in Polen wurde, insbesondere für die Solidarność. Wie Adam Michnik Anfang Juni 1979 festhielt, hatten die Polen durchaus den Umsturz im Iran wahrgenommen: »[...] in den Warschauer Kaffeehäusern kann man hören, daß der ›Redemptor Chomeini‹ komme.«[4]

Diese neue politische Kraft der Religion zeigte sich auch im Westen, etwa in den USA bei der neuen Rolle der Evangelikalen, die 1979 die Moral Majority gründeten, um Ronald Reagan zu unterstützen und mit ihm Einfluss in Washington gewannen. Ebenso war das Engagement der Protestanten in der Friedensbewegung und beim Nato-Doppelbeschluss 1979 sehr sichtbar, die auf Massenkundgebungen und Kirchentagen protestierten – vom Londoner Hyde-Park bis zum Bonner Hofgarten. Und selbst in der säkularen DDR gewann die evangelische Kirche seit Ende der 1970er Jahre mit ihrem Protest gegen die Wehrkunde und ihrer Unterstützung sozialer Bewegungen eine neue gesellschaftliche und politische Bedeutung.

Die fernen Ereignisse prägten die regionalen Ängste, was in konkrete Abwehrmaßnahmen mündete. So veränderte die iranische Revolution die Vorstellung vom Islam und von den Menschen aus dem Orient und

4 Adam Michnik, Demonstration der Sehnsucht nach Freiheit, in: Der Spiegel, 04.06.1979; ausführlicher dazu: Frank Bösch, Verwandlungen des sozialistischen Raums: Papst Johannes Paul II. in Polen 1979, in: Ders. u. Lucian Hölscher (Hg.), Jenseits der Kirche. Die Öffnung religiöser Räume seit den 1950er Jahren, Göttingen 2013, S. 149–176.

Nordafrika. »Der Islam« wurde seit der Revolution zu einem vereinheitlichenden Schlagwort, das die Vielfalt in den arabischen Ländern überdeckte. Der Nahe Osten wurde mit Moscheen, betenden Massen und einer gewaltsamen Bedrohung für den Westen gleichgesetzt und als anachronistisches Gegenstück zur demokratischen Moderne gedeutet.[5] Nun kursierten auch in der Bundesrepublik dramatisierende Weltkarten und Verallgemeinerungen über die Ausbreitung des Islam. »In allen Staaten zwischen Marokko und Indonesien ist die Lehre des Propheten wieder auf dem Vormarsch«, hieß es etwa im *Spiegel*,[6] »Khomeinis Arm reicht bis Hamburg« titelte *Die Zeit*.[7] Zuvor hatten die türkischen »Gastarbeiter« in der Bundesrepublik kaum als Teil der islamischen Welt gegolten.[8] Im Zuge der iranischen Revolution vermerkten die linksliberalen Journalisten nun auch in der Bundesrepublik das Vordringen von Moscheen, Koranschulen und »radikalen Sekten«, was den Islam mit der generell grassierenden Angst vor Sekten und Gurus verband.

DAS AUFKOMMEN NEUER ORDNUNGEN

Die Jahre nach 1979 sind oft als neuer Kalter Krieg beschrieben worden. Man kann die Zeit aber auch als eine Phase fassen, in der Herausforderungen aufkamen, die quer zur bipolaren Logik des Kalten Kriegs standen. So ließ sich der Islamismus im Iran keiner Seite zuordnen. Dennoch versuchten viele westliche Politiker Khomeini mit anti-kommunistischer Brille zu betrachten und tolerierten ihn deshalb. Khomeini wurde von Schmidt, Thatcher oder Giscard d'Estaing als das »kleinere Übel« akzeptiert, mit einer starken Fehlwahrnehmung seiner künftigen Machtstellung.

Dieses Aufbrechen bisheriger Logiken betraf auch die linksalternative Kultur. Sie verfolgte die Revolution, die Vertreibung des Schahs und der USA mit Begeisterung. Michel Foucault etwa feierte sie als die »erste große Erhebung gegen die weltumspannenden Systeme, die modernste und irrsinnigste Form der Revolte«[9]. In gewisser Weise sah die Linke in der Ferne – ähnlich wie etwa zeitgleich in Nicaragua – romantisiert jene Revolte, die ihr daheim nicht gelang. Joschka Fischer pries im Februar 1979 im *Pflasterstrand* die islamische Revolution als Aufstand gegen die westliche Lebensweise und »gegen das Eindringen des konsumistischen Atheismus der westlichen Industriegesellschaften«[10]. Zugleich widersprach die Einrichtung eines ultrakonservativen Gottesstaates fast allem, wofür die Linke kämpfte. Wie war einzuordnen, dass Frauen verschleiert für die Abschaffung der Rechte für Frauen protestierten? Lediglich die aus aller Welt anreisenden Feministinnen ordneten die Revolution als Sieg des Patriachats ein.

5 Vgl. Edward W. Said, Covering Islam: How the Media and the Experts Determine How We See the Rest of the World, London 1997, S. 6.

6 Zum Islambild des *Spiegel* vgl. die zitierten Ausgaben 11 u. 12/1978, S. 152 f.; 12.02.1979, S. 103–106; 09.04.1979, S. 164.

7 Vgl. Der Spiegel, 07.01.1980, S. 38–43; Die Zeit, 27.08.1979, S. 5.

8 Siehe Ulrich Herbert, Geschichte der Ausländerpolitik in Deutschland. Saisonarbeiter, Zwangsarbeiter, Gastarbeiter, Flüchtlinge, München 2001, S. 260.

9 Michel Foucault, Das mythische Oberhaupt der Revolte im Iran, in: Dits et Ecrits. Schriften, Bd. III, Frankfurt a. M. 2003, S. 894–897, zit. S. 897.

10 Joschka Fischer, Durchs wilde Kurdistan, in: Pflasterstrand, H. 47 (1979), S. 28–31, hier S. 31.

Die iranische Revolution steht zugleich für eine neue Herausforderung der Supermächte im Kalten Krieg. So war die 444-tägige Geiselnahme der amerikanischen Botschaftsangehörigen zusammen mit Vietnam die schlimmste Demütigung, welche die USA im 20. Jahrhundert erfahren haben – ein Symbol für »America's Failing Empire«[11]. Die zeitgleiche Revolution in Nicaragua unterstrich diesen Einflussverlust. Durch die leeren Tankstellen und steigenden Preise bekamen die Bürger sie direkt zu spüren, was die Wut auf Araber verstärkte.

Die Angst vor der Sprengkraft des Islam erreichte auch die Sowjetunion. In deren südlichen Republiken lebten immerhin rund fünfzig Millionen Muslime, deren Bevölkerungsanteil anstieg, wie Ende der 1970er Jahre eine Volkszählung klarmachte. Entsprechend korrelierte die iranische Revolution mit dem sowjetischen Einmarsch in Afghanistan: sei es aus Angst vor einem radikalen Islam im Süden der Sowjetunion, aus geostrategischem Interesse an der ölreichen Region oder dem Ausnutzen der amerikanischen Schwächung dort. Und ähnlich wie beim amerikanischen Engagement in Vietnam und im Iran stand dieser Einmarsch in Afghanistan für das Scheitern der scheinbar unbesiegbaren Supermacht, die sich schließlich zermürbt und verschuldet aus dem Krieg zurückziehen musste.

Quer zur Logik des Kalten Kriegs stand auch Chinas Öffnung für den Weltmarkt. Deng Xiaoping, seit 1979 faktischer Machthaber in China, ließ nun westliche Banken und selbst Marken wie Coca-Cola nach und nach ins Land. Damit rückte China schlagartig in den Mittelpunkt der westlichen Aufmerksamkeit. Bei der Westeuropareise des chinesischen Ministerpräsidenten Hua Guofeng 1979 standen die Wirtschaftsdelegationen entsprechend Schlange und die Handelsquote wuchs sofort exponentiell.[12] Helmut Schmidt bilanzierte etwa nach dem Gespräch über das damals arme kommunistische Entwicklungsland: »Hier zeigt sich eine Öffnung der Volksrepublik China gegenüber der Weltpolitik, auch gegenüber der Weltwirtschaft, eine zunehmende Übernahme einer weltpolitischen Rolle.«[13]

Zu einem zentralen Feld, das Staaten global vernetzte und den Aufstieg des Nahen Ostens ermöglichte, entwickelte sich die Energiepolitik. Die Revolution im Iran gewann ihre Bedeutung gerade daraus, dass durch sie die Ölpreise schlagartig hochschnellten. Diese Interdependenz der Energiepolitik lässt sich aber auch für den zeitgleichen AKW-Unfall nahe Harrisburg zeigen. Während Bilder von der Evakuierung der Bevölkerung und Rauchschwaden weltweit verunsicherten, reisten Experten aus aller Welt an, um im Anschluss heimische AKWs zu überprüfen. Wenngleich der Super-GAU ausblieb, diskreditierte der Unfall die Atomkraft nun über die neuen sozialen

11 Warren Cohen, America's Failing Empire: U.S. Foreign Relations Since the Cold War, Oxford 2005.

12 Vgl. Unterlagen für BK Schmidt 30.08.1979, in: Bestand Schmidt AdSD 1/HSAA008865.

13 Manuskriptvorlage Schmidt SPD-Fraktionssitzung 11.1979, S. 7, in: BA B 136 16651.

Bewegungen hinaus. In der Bundesrepublik hielten jetzt nur noch 25 Prozent der Bundesbürger die westdeutschen Kernkraftwerke für sicher. Die Konsequenzen aus dieser Konstellation waren nicht unbeträchtlich: In den USA ist seitdem kein neues AKW mehr geplant worden, Schweden beschloss den Ausstieg aus der Kernenergie bis 2010 und in der Bundesrepublik institutionalisierte sich mit den Grünen das Drängen auf die Stilllegung der Atomkraftwerke. Rohstoffarme Länder wie Frankreich und Japan hielten freilich an AKWs fest, erneuerten aber zumindest ihre Sicherheitskonzeptionen. International wurden durch diesen doppelten Schock zumindest eine ernsthafte Energieeinsparung und Diversifizierung diskutiert, etwa auf dem Weltwirtschaftsgipfel in Tokio. Für die Bundesrepublik kam es zu ergebnisreichen Verhandlungen mit der Auto- und Elektroindustrie. Diskutiert wurden etwa Fünf-Liter-Autos, der Ausbau von Windenergie oder Angaben zur Energieeffizienz auf Produkten.

Die Angst vor Engpässen bei der Energieversorgung half zudem, weltanschauliche Trennlinien zu überwinden. So wurden die Erdgas-Röhren-Geschäfte mit der Sowjetunion trotz des Afghanistan-Einmarsches ausgebaut. Ebenso pflegte die Bundesrepublik trotz des Menschenrechtsdiskurses in den 1970er Jahren nicht nur sehr intensive Wirtschaftsbeziehungen zum autoritären Folterregime des Schahs, sondern suchte zudem pragmatisch Kontakt und Handel mit dem islamischen Regime ab 1979. Entsprechend konnten die deutschen Diplomaten auch bei der Geiselbefreiung eine wichtige Mittlerrolle übernehmen.[14] Energiefragen verstärkten somit die weltweite Wucht der Ereignisse 1979, schufen aber zugleich systemübergreifende Verbindungen.

DER WANDEL DES POLITISCHEN

Anhand der Ereignisse lässt sich ein Wandel des Politischen ausmachen. Das Aufkommen des Neoliberalismus und der Grünen steht für einen Bruch mit dem politischen Nachkriegskonsens. Zugleich veränderte sich die Repräsentation des Politischen. Einerseits entfaltete sich eine dynamisierte, internationale Form des Straßenprotests mit »Massencharakter«. Während 1968 in der Bundesrepublik nur einige Zehntausend demonstriert hatten, füllten Ende der 1970er Jahre Hunderttausende die Plätze der Republik, um gegen den Nato-Doppel-Beschluss oder die Atomkraft zu protestieren. In Polen oder im Iran zählte man die Menschen auf den Straßen nun in Millionen. Generell zeigte sich bei den Protesten ein starkes globales Bewusstsein. »Harrisburg ist überall«, hieß es auf den Protestbannern der bundesdeutschen AKW-Gegner; und überall in der Welt stritten Anhänger und Gegner von Khomeini

14 Vgl. Frank Bösch, Zwischen Schah und Khomeini. Die Bundesrepublik Deutschland und die islamische Revolution im Iran, in: Vierteljahrshefte für Zeitgeschichte, Jg. 63 (2015), H. 3, S. 319–349.

miteinander. Ebenso entstanden nach der Revolution in Nicaragua zahlreiche Solidaritätsgruppen, die dorthin aufbrachen oder Nicaragua-Kaffee bezogen, um sich solidarisch zu zeigen.

Parallel zu dieser breiten Bewegung »von unten« traten in vielen Ländern neue charismatische Eliten auf, die den Lauf der Geschichte in die Hand nahmen: von Thatcher über Johannes Paul II. und Khomeini bis Deng Xiaoping. Diese Politiker wurden zu Projektionsflächen ihrer polarisierten Anhänger und Gegner. Christian Caryl hat sie als »strange rebels«[15] bezeichnet. Man könnte auch von konservativen Rebellen sprechen. Gemeinsam war ihnen der Glaube an die Schaffung einer anderen Ordnung mit tradierten Werten, ebenso ihr Bruch mit bisherigen Regeln, wofür sie gehasst und verehrt wurden.

Die globale Medialisierung der 1970er Jahre dürfte entscheidend dazu beigetragen haben, dass sie schlagartig wie allmächtige Lenker wirkten. So war Khomeini, ähnlich wie zuvor Thatcher oder Johannes Paul II., zunächst wenig bekannt gewesen. Als Khomeini im Herbst 1978 ins Pariser Exil ging, wurde er jedoch von den weltweiten Medien rasant zu einer Ikone und Gegenfigur zum Schah aufgebaut. In kurzer Zeit gab er rund 130 Interviews und mitunter warteten hunderte Journalisten der Weltpresse vor seinem Haus nahe Versailles. Als er dann am 1. Februar 1979 in Teheran landete, waren rund 150 Journalisten aus aller Welt mit an Bord, die so den Flug der Sondermaschine finanzierten.[16] Zu einigen, wie Peter Scholl-Latour, baute sein Beraterkreis sogar ein gewisses Vertrauensverhältnis auf, sodass sie nun ebenfalls die Rolle des Mittlers einnahmen. Nicht nur gegenüber den bisherigen Machthabern im Iran, sondern auch in der internationalen Politik erschien Khomeini dadurch trotz seiner Gebrechlichkeit wie eine unumgängliche Führungsfigur. Auch für Polen lässt sich zeigen, wie hartnäckig die Fernsehpräsenz des Papstes ausgehandelt wurde und welche Proteste die verkürzte Darstellung auslöste. Viele dieser Führungsfiguren erschienen nun wie jene Superhelden oder dunklen Lords, die zeitgleich damals die Kinos füllten. Sie alle traten mit dem Anspruch an, die Welt zu verändern. Auch in den folgenden Jahren verkörperten neue Spitzenpolitiker wie Ronald Reagan oder Michael Gorbatschow diese charismatische Rolle.

Ihre Handlungsmacht gewannen sowohl die Führungsfiguren als auch die Protestbewegungen aus dem fundamentalen Krisengefühl der Zeit. Dies lässt sich nicht einfach auf nackte Wirtschaftsdaten zurückführen. Eine Krise ist immer eine kommunikativ erzeugte Zuschreibung, die Wahrnehmung eines fundamentalen Umbruchs mit offener Zukunft, der einen hohen Entscheidungsdruck schafft. Diese allgemein zugespitzte Wahrnehmung lässt sich vor

15 Christian Caryl, Strange Rebels. 1979 and the Birth of the 21th Century, New York 2013.

16 Vgl. Shaul Bakhash, The Reign of the Ayatollahs: Iran and the Islamic Revolution, New York 1984, S. 49.

allem mit der starken Politisierung der Zeit, besonders aber mit der kommunikativen Verdichtung im Zuge des Satellitenfernsehens erklären. Dies schuf einen globalen Präsentismus und suggerierte einen permanenten Handlungszwang. Jedoch mündete dies nicht, wie die Zeitgenossen annahmen, in eine fragmentierte Gegenwartsbezogenheit; vielmehr entstanden so neue große Erzählungen, Utopien und eine neue Geschichtsmächtigkeit. Der nachhaltige Erfolg der Serie »Holocaust« 1979 unterstrich diese Neuperspektivierung aus der Geschichte heraus, die mit dem Holocaust ein bis heute zentrales Paradigma etablierte, um die Welt zu interpretieren.

Abschließend mag man fragen, was dieser Blick auf 1979 mit der sonst umkreisten Zäsur 1989 zu tun hat. Einerseits eröffnet dieser Sehepunkt, gerade aus deutscher Sicht, eine alternative Perspektive auf die Zeitgeschichte und weitet den Blick auf internationale Entwicklungen, die jenseits des Mauerfalls stehen. Andererseits kann man von 1979 aus zahlreiche Prozesse ausmachen, die mittelfristig mit dem Ende des Kalten Kriegs in Verbindung stehen.

Der Blick auf 1979 ist nicht mit einer Suche nach einer alles erklärenden Super-Zäsur zu verwechseln. Zwar bescherte dieses Jahr vielen Ländern der Welt, wie Großbritannien, Polen, Iran, Nicaragua, Afghanistan oder China, tatsächlich einen Systemwechsel oder fundamentale Einschnitte. Markanter ist jedoch, wie weitreichend die grenzübergreifenden Wirkungen waren. Naiv gesprochen: Dass im fernen Iran nun ein bärtiger Mann regierte, hatte Konsequenzen für weite Teile der Welt. Der Blick auf die Synchronizität in einem Jahr verdeutlicht somit die zunehmende Globalisierung der späten 1970er Jahre.

Prof. Dr. Frank Bösch ist Direktor des Zentrums für Zeithistorische Forschung (ZZF) Potsdam und Professor für europäische Geschichte des 20. Jahrhunderts an der Universität Potsdam. Derzeit schreibt er an einem Buch über globale Umbrüche im Jahr 1979 und deren Bedeutung für die Zeitgeschichte.

ZWISCHEN MARX UND FREUD UND MASTERS UND JOHNSON

KRITISCHE SEXUALWISSENSCHAFT IN DER BUNDESREPUBLIK UM 1979

Ξ Dagmar Herzog

Was hat die praktische, handanlegende Sexualtherapie – die »squeeze-Technik« gegen frühzeitigen Samenerguss und die »sensate focus«-Übungen zur Überwindung von Orgasmusschwierigkeiten – mit einer von Karl Marx inspirierten Gesellschaftskritik zu tun? Eine Handvoll junger, westdeutscher, mit der Neuen Linken verbündeter Sexualforscher wirkten seit den 1970er Jahren intensiv an der Liberalisierung des Sexualstrafrechts und der Sitten mit. Zugleich rangen sie mit ihren eigenen tiefen Ambivalenzen angesichts einer vom Konsumkapitalismus getriebenen sexuellen Revolution, die sich um sie herum entfaltete. Gefördert und betreut wurden sie von einer ungewöhnlichen Kombination von Lehrern – unter ihnen ehemalige Nationalsozialisten und jüdische *Réémigrés.* Ungemein kreativ verbanden sie drei Arbeitsbereiche: großangelegte empirische Sozialforschung, fachkundige Beratung und stetige Medienpräsenz als *public intellectuals.* Aber das wichtigste – und für uns heute noch relevanteste – Ergebnis ihrer gemeinsamen Arbeit war ein verändertes Verständnis des »Sexuellen« selbst. Nicht zuletzt, weil sie ahnten, dass die sexuelle Revolution, in all ihrer Komplexität, für viele Menschen nicht nur die Werte veränderte, sondern auch die gelebte Erfahrung von Sex. Dies wiederum bedeutete auch eine Auseinandersetzung mit innovativen, radikalen Lesarten Sigmund Freuds.

Resümierend sei an dieser Stelle daran erinnert, dass die sexuelle Revolution in der alten Bundesrepublik nicht gerade ruhig verlief und dass die Debatten um eine Liberalisierung der westdeutschen Sexualkultur in der Nachkriegszeit mit außerordentlich heftigem moralischen Pathos geführt wurden. Denn schließlich ging es keineswegs »nur« um Sex, sondern auch um die versuchte Aufarbeitung diverser deutscher Vergangenheiten.[1] Der erhitzte Tenor der Konflikte hatte viel mit den verwirrenden und widersprüchlichen Hinterlassenschaften der verschiedensten Vor-Zeiten zu tun, darunter die Nazi-Vergangenheit der 1930er/40er Jahre mit ihrer kennzeichnenden Kombination

1 Vgl. hierzu Dagmar Herzog, Die Politisierung der Lust: Sexualität in der deutschen Geschichte des 20. Jahrhunderts, München 2005.

aus brutaler Repression einerseits und anzüglichen Anheizungen zu glücklichem Heterosex andererseits – zumindest unter den Nichtbehinderten und rassisch Genehmen; aber auch die darauf folgende Vergangenheit der zwei ersten Nachkriegsjahrzehnte: eine Zeit, die sowohl von einer konservativen Wende in Richtung Familienwerte als Gegenreaktion zur Nazi-Libertinage *und* einer repressiven Kontinuität mit anderen Dimensionen der NS-Sexualpolitik – einschließlich besonders bösartiger Homophobie und fortdauernder Verachtung für Behinderte – gekennzeichnet war. Aber er hatte eben auch mit den Missverständnissen bezüglich dieser Vergangenheiten zu tun, die in den 1960er und 1970er Jahren zirkulierten. Schließlich waren sowohl Mitglieder der Neuen Linken als aber auch viele nicht sonderlich politisierte Bürger ernsthaft davon überzeugt, dass das »Dritte Reich« für alle sexuell repressiv gewesen sei und sexuelle Befreiung folglich der beste Weg wäre, um ein weiteres Auschwitz zu verhindern.

Und nicht zuletzt: Zum Verständnis des Gesamtbildes der sexuellen Revolution muss noch eine weitere, noch frühere Vor-Zeit in die Geschichte integriert werden. Denn ein wichtiger Aspekt des sexualrevolutionären Engagements der 1960er/70er Jahre war die Wiederentdeckung von oft, aber nicht ausschließlich jüdischen sexualradikalen Autoren der 1910er/20er Jahre, deren Ideengut die Nationalsozialisten teilweise übernommen und sich angeeignet, teilweise zerstört hatten. Dazu gehörte eben auch die Wiederentdeckung (einer bestimmten Version) der Psychoanalyse. Denn wie sich letztlich herausstellte – und das war spätestens an der Wende von den 1970er zu den 1980er Jahren klar zu sehen –, wurde aus der kritischen Sexualwissenschaft in der Bundesrepublik die psychoanalytischste Sexualwissenschaft in der ganzen Welt.[2]

POSTNAZISTISCHE SEXUALWISSENSCHAFT

Zwei der Hauptakteure in der kritischen Sexualwissenschaft der 1970er Jahre in der BRD waren Ärzte: Volkmar Sigusch und Eberhard Schorsch, ein weiterer war Psychologe: Gunter Schmidt. In ständiger Interaktion mit diesem Dreier-Kern entwickelte sich schon seit Ende der 1960er Jahre ein größeres Netzwerk von sexualradikalen Aktivisten und anderen jungen progressiven Wissenschaftlern. Zu den prominentesten in diesem Netzwerk gehörten der »SexFront«-Autor und Soziologiestudent Günter Amendt, der SDS-Bundesvorsitzende und spätere Psychoanalytiker Reimut Reiche und der Soziologe Martin Dannecker. Alle diese Personen sind in der Öffentlichkeit bekannt gewesen – und das bis in die Gegenwart (mit Ausnahme des Arztes Schorsch, der 1991 starb, und des Sexualrechtsaktivisten Amendt, der 2011 bei einem

2 Vgl. Erwin J. Haeberle, Rezension von Volkmar Sigusch (Hg.), Therapie sexueller Störungen, Stuttgart 1980, in: The Journal of Sex Research, Jg. 18 (1982), H. 1, S. 90–93.

Autounfall ums Leben kam). Schon damals, als junge Männer, waren sie oft in den Medien. Ihre Studien wurden diskutiert, ihre Erkenntnisse galten als maßgebend für eine ganze Reihe klinischer und soziokultureller Themen. Auch in der internationalen Sexualforschung galten sie rasch als führend. Sigusch – der neben der Medizin auch bei Adorno und Horkheimer Philosophie studiert hatte – wurde im Jahr 1972, als damals jüngster deutsche Professor der Medizin, an der Universität Frankfurt a.M. angestellt, bald darauf mit dem allerersten Lehrstuhl für Sexualwissenschaft ausgestattet.

Aber die Geschichte beginnt in Hamburg, wo der Dreier-Kern Sigusch-Schorsch-Schmidt 1963/64 ankam, um für und mit Hans Bürger-Prinz und Hans Giese zu arbeiten. Die beiden ehemaligen NSDAP-Mitglieder waren nach dem Zweiten Weltkrieg wesentlich daran beteiligt gewesen, die deutsche Sexualforschung wieder aufzubauen. Giese (geb. 1920) war homosexuell – ein Faktum, das er verständlicherweise, angesichts der weiterbestehenden Kriminalisierung männlicher Homosexualität, lange Zeit nicht offen zur Schau trug. Bürger-Prinz hingegen, zwei Jahrzehnte älter als Giese (geb. 1897), hatte seine überaus erfolgreiche psychiatrische Karriere im Nationalsozialismus u.a. forensischer Evaluierungen in der Strafverfolgung von Männern, die der Homosexualität beschuldigt waren, zu verdanken; er war bekannt für seine Theorien der Homosexualität als eine Form des sexuellen »Autismus« und eines Defizits an heterosexueller »Vitalität«. In den Jahrzehnten der Nachkriegszeit half er Giese aber enorm bei dessen Projekt, die Sexualforschung wieder aufzubauen; u.a. durch die Involvierung namhafter Wissenschaftler, die während des Dritten Reichs erfolgreich gewesen waren – und eben just aus diesem Grund weiterhin die respektierten Koryphäen ihrer Fachbereiche blieben.

Direkt in diesen Kontext hinein kamen die drei jungen Männer nach Hamburg (Schorsch zunächst in der Psychiatrie und erst später in der Sexualwissenschaft tätig, aber von Anfang an eng mit Giese verbunden; Sigusch und Schmidt direkt bei Giese und Bürger-Prinz) – gerade rechtzeitig, um mit den Älteren gemeinsam zu wirken und von ihnen zu lernen. Aber auch sehr bald, obwohl ohne Absicht, um sie zu ersetzen, als die sexuelle Revolution und das allgemein antiautoritäre Klima der 1960er Jahre die alten Hierarchien fast über Nacht durcheinanderwirbelten. Als das, was die Westdeutschen 1966 »die Sex-Welle« tauften – eine Überschwemmung prickelnder Bilder und Medien-Geschwätz über alle erdenklichen sexuellen Themen –, ins Rollen kam, galten die älteren Herren in ihren weißen Kitteln plötzlich als überholt, und die jüngeren, etwas längerhaarigen Mitarbeiter wurden *die Go-to*-Spezialisten. Anders ausgedrückt: Der Zeitpunkt war entscheidend. Die Jüngeren waren in der Lage, die sexuelle Revolution zu studieren, gerade als diese in Gange kam. Und sie konnten das populäre Verständnis der Bedeutung der Revolution mitformen. Immer wieder rangen sie mit den Spannungen zwischen den diversen Arbeitsbereichen: Forschung, Therapie, Öffentlichkeitsarbeit – nicht zuletzt weil *innerhalb* dieser Bereiche weitere Spannungen eingebaut waren: Empirie versus kritische Theorie; Aktivismus versus Professionalismus; Antikapitalismus versus Liberalisierung. Sie waren ohne Frage einzigartige, unverwechselbare Produkte einer nachfaschistischen Gesellschaft. Aber die Fragen, mit denen sie beschäftigt gewesen sind, haben bis heute breitere Resonanz.

Sie fingen an mit Empirie im Stile von Alfred Kinsey – Schmidt teilweise noch mit Giese gemeinsam und dann eigenständig. Sigusch und Schmidt forschten über das Sexualverhalten der Arbeiterjugend, über Vorurteile gegenüber sexuell devianten Gruppen, über den Porno-Gebrauch. Empirische Forschung – dies gilt es festzuhalten – war damals für sich selbst höchst radikal.[3] Es ging um ergebnisoffene Forscherneugier – als starke Reaktion auf die konservative Normativität und unverfrorene Heuchelei der Nachkriegszeit.

Ein wichtiges frühes Beispiel für die Kombination von Empirie, kritischer Theorie und individualpsychologischer Interpretation war die mehrjährig laufende Studie von Dannecker und Reiche: »Der gewöhnliche Homosexuelle«[4]. Schon 1972 hatte Reiche eine brillante Kritik des erschreckend breit bejubelten Buches des amerikanischen Psychoanalytikers Charles Socarides verfasst; dieser brüstete sich, er könne homosexuell Veranlagte zur Heterosexualität konvertieren. Stück für Stück demontierte Reiche die unpsychoanalytische Vorgehensweise von Socarides – und witzelte mit bitterem Ernst, man könne Socarides' Bild der Homosexualität nicht unterscheiden von einem »Bild der allgemeinen Pathologie des heterosexuellen Alltagslebens«[5]. Derweil publizierte 1973 Eberhard Schorsch die ersten Ergebnisse seiner Untersuchung – und psychoanalytisch geprägten Interpretation – von mehr als 400 psychiatrischen Gutachten zu Sexualstraftätern. Auf der Basis des empirischen Materials setzte er sich nicht nur kritisch mit Gieses Konzepten von »sexueller Süchtigkeit« auseinander, sondern erörterte zugleich eine brisant radikale Rekonzeptualisierung der Sexualität insgesamt. Die angeblichen, von Giese identifizierten »Leitsymptome« von Anomalität und Krankheit würden »Eigenarten menschlicher Sexualität überhaupt zum Ausdruck bringen«; denn: »Dass es sexuelle Reize von Signalcharakter gibt, dass die Anonymität in der Sexualität einen sehr großen Reiz ausüben kann, ist nicht zu bezweifeln. Periodizität, Unruhe bei versagter Befriedigung sind ebenso sehr Begleitphänomene der Sexualität als solcher, wie ein ›zunehmendes Raffinement, der Ausbau von Phantasie und Praktik‹ Mittel für eine lustvollere

3 Vgl. Martin Dannecker, Die verspätete Empirie. Anmerkungen zu den Anfängen der Deutschen Gesellschaft für Sexualforschung, in: Zeitschrift für Sexualforschung, Jg. 14 (2001), H. 2, S. 166–180.

4 Martin Dannecker u. Reimut Reiche, Der gewöhnliche Homosexuelle, Frankfurt a. M. 1974. Die Finanzierung dieser Studie war noch von Giese am Hamburger Institut organisiert worden.

5 An anderer Stelle vermerkte Reiche: »Oder wenn Socarides über die in heterosexueller Ehe lebenden homosexuellen Frauen beiläufig feststellt: ›Manchen Frauen gelingt es, sich mit einem als sinnlos und sogar abstoßend empfundenen Geschlechtsleben abzufinden und trotzdem ihre narzißtische Kränkung und ihren Widerstand hinter einer Maske der Weiblichkeit zu verbergen‹ (Seite 77) – dann kann man für ›homosexuelle Frau‹ problemlos ›heterosexuelle Frau‹ einsetzen und aus dem Satz wird eine richtige Feststellung über das häufigste soziale und Triebschicksal der Frau in der BRD und den USA.« Reimut Reiche, Diskussion über Socarides' Theorie der Homosexualität, in: Psyche, Jg. 26 (1972), H. 6, S. 476–488, hier S. 482.

Sexualität darstellen.«[6] 1975 ging Schorsch noch weiter und elaborierte »die theoretische Bedeutung der sexuellen Deviationen für die Frage nach einer befreiten Sexualität«[7].

MASTERS UND JOHNSON KOMMEN ÜBER DEN OZEAN

Daneben und dazwischen kam intensives Interesse an menschengerechter Sexualtherapie, besonders seit Masters und Johnson Mitte der 1960er Jahre mit ihrer Ankündigung auf die internationale Bühne traten, dass sie die Empirie in das *Innere* der Körper selbst hereinbringen würden. Sie maßen Pulsraten, Erektionswinkel, Nässe, gerötete Haut. Masters und Johnson wurden in der Bundesrepublik mit Begeisterung aufgenommen – und zwar sofort, schon bevor ihr erstes Buch erschienen war. Die westdeutschen Medien aber brachten auch ihre eigenen Obsessionen mit herein, am hervorstechendsten in den Bemühungen, die Lehren aus der faschistischen Vergangenheit für Befreiungsbotschaften zu instrumentalisieren.[8]

Eine wichtige Innovation von Masters und Johnson war, dass sie darauf bestanden, das *Paar* zu behandeln, nicht die Symptome der Einzelperson. Eine weitere Neuerung war ihr Fokus auf das *physiologische* Funktionieren. Sie waren explizit *anti*-psychoanalytisch. Ihre zentrale Botschaft lautete: Wollen Sie sieben Jahre alleine auf der Couch verbringen und dann noch immer nicht geheilt sein – oder zwei Wochen mit Ihrem Ehepartner in einem Hotel in St. Louis, täglich beim Liebemachen? Bei aller im Rückblick offensichtlichen Banalität und allen neuen Formen der Normativität boten sie Wichtiges: korrigierende anatomische Informationen (damals peinlich nötig); eine Verhaltenstherapie, die das Streicheln und die Kommunikation förderte; und – vor allem – eine Entlastung vom Leistungsdruck *gerade für Männer*. Das alles war nicht zu unterschätzen.

Die westdeutschen Sexualwissenschaftler nahmen ab 1972 die praktischen Methoden von Masters und Johnson an, verbanden diese jedoch mit weitaus kritischeren sexualpolitischen Positionen.[9] In Hamburg wurde unter Schmidts Aufsicht eine Sexualtherapie entwickelt, die zwar auf Masters und Johnson basierte, aber das Konzept um psychodynamische Aspekte ergänzte – später bekannt als das »Hamburger Modell«. Reiche und in der Folge auch Dannecker arbeiteten derweil mit Sigusch sexualtherapeutisch an der Frankfurter Klinik.

Durch die gesamte Zeit hindurch aber waren die Sexualforscher zutiefst skeptisch gegenüber dem schlüpfrig-voyeuristischen und manipulativen Sex-Geschwätz, das zunehmend in den *Mainstream*-Medien zu vernehmen war. Sie wirkten explizit hin auf eine Liberalisierung des Rechts und der Sitten, aber blickten angeekelt auf die unaufhörlichen Empfehlungen für Akrobatik

6 Eberhard Schorsch, Psychopathologie der Sexualität?, in: Ders., Perversion, Liebe, Gewalt. Aufsätze zur Psychopathologie und Sozialpsychologie der Sexualität 1967–1991, Stuttgart 1993, S. 21.

7 Ders., Sexuelle Deviationen: Ideologie, Klinik, Kritik, in: Volkmar Sigusch (Hg.), Therapie sexueller Störungen, Stuttgart 1975, S. 118–155, hier S. 150. Denn: »Für eine kritische Optik liegt in den Perversionen der Schlüssel für das Verständnis der sexuellen Unmündigkeit in unserer Gesellschaft. […] Die Perversionen decouvrieren die Enge, die Eindimensionalität, die amputierte Lust einer nur genitalen, partnerschaftlichen Heterosexualität. […] Die Perversionen sind nicht defiziente Kümmerformen der normalen und gesunden Sexualität, wie die Psychopathologie und auch die Psychoanalyse vorgeben, sondern sie sind Reaktionen und Rebellionen gegen die Kümmerformen der Sexualität, wie sie von der Gesellschaft als eingeschnürte, partnerschaftliche genitale Heterosexualität zugelassen wird«; ebd., S. 151 f.

8 Bezeichnend war z. B. die enthusiastische Aufnahme von Masters' und Johnsons erstem Buch im *Spiegel* im Jahr 1968 inmitten eines weit ausführenden Manifestes über die dem Westen inhärenten Schwierigkeiten mit Sex – darunter wie das Christentum seit Jahrhunderten den Sex gedrosselt und gehemmt und dadurch die explodierende Entfesselung von Aggressionen in Kriegen wie auch in »Auschwitz und […] Hiroshima« gefördert hätte; o. V., Was für Zeiten, in: Der Spiegel, 18.11.1968.

9 Vgl. o. V., Hilfreiche Hände auf dem Wasserbett, in: Der Spiegel, 16.04.1973.

und Aphrodisiaka, den endlosen Aufforderungen, etwas zu *kaufen* – ob Rat oder Spielzeug –, um in Einklang zu kommen mit den sexuellen Anforderungen der kapitalistischen Konsumgesellschaft. Dazu kam: Die Sexualforscher fühlten, dass zahlreiche Ehen zu Orten der Monotonie und des Elends verkümmert waren; doch sie zögerten, zu Untreue und zum Herumexperimentieren zu raten – wussten sie doch, dass die Konsumgüterindustrie genau das gleiche empfahl.[10]

Immer wieder waren es speziell die direkten Begegnungen mit sexuell unglücklichen Patienten, die selbstkritische Reflexionen über den eigentlichen Zweck der Linderung sexueller Störungen auslösten. Psychologe Schmidt bemerkte unverblümt in seinem Handbuch für Fachleute, alles, was Sexualtherapie erreichen könne, wäre die Wiederherstellung einer »schlichte[n] und ein wenig triviale[n] Alltagssexualität«, Therapie könne »die Befreiung von sexuellen Ängsten und die Herstellung der sexuellen Funktion erreichen, nicht aber erotische Spannung zwischen Partnern herstellen. Für Lust aufeinander, für intensive sexuelle Erlebnisse schafft sie bestenfalls die Voraussetzungen.«[11]

10 Wie Sigusch es ausdrückte, seien »Partnertausch und Gruppensexualität [...] an kleinbürgerlicher Stupidität nicht zu überbieten« gewesen; solche Versuche seien »die Sumpfblüten zerstörter Sinnlichkeit«; Volkmar Sigusch, Das gemeine Lied der Liebe, in: Sexualität Konkret, H. 1/1979, S. 8 u. S. 6.

11 Ulrich Clement u. Gunter Schmidt, Therapieergebnisse, in: Gerd Arentewicz u. Gunter Schmidt (Hg.), Sexuell gestörte Beziehungen. Konzept und Technik der Paartherapie, Berlin 1986, S. 61–112, hier S. 92.

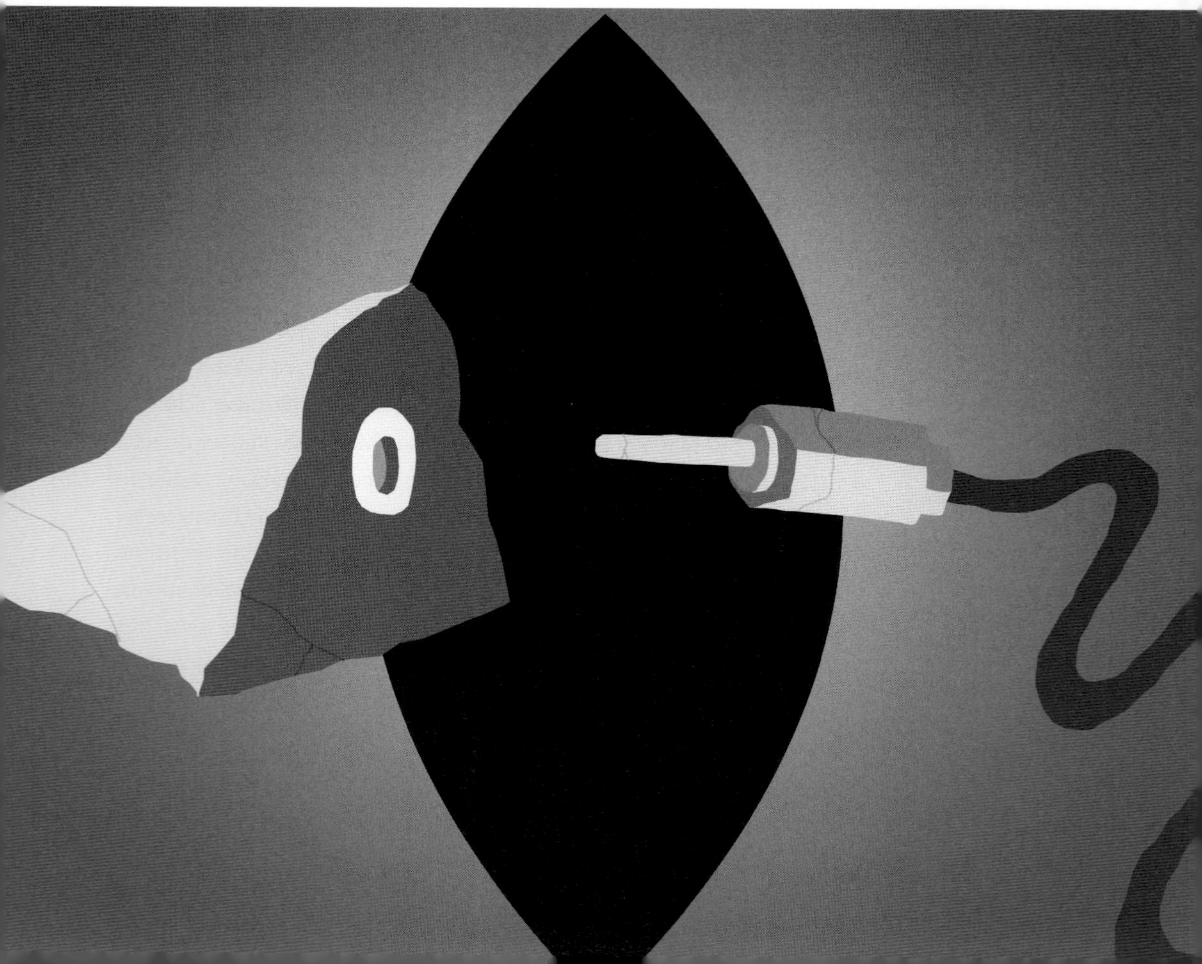

War es *dies,* wofür die Sexualrevolutionäre gekämpft hatten? Was war aus den Träumen der Befreiung geworden?

SEXUALITÄT KONKRET: LIEBE 79 – EIN FLORIERENDER GESCHÄFTSZWEIG

Nirgendwo waren die sich anhäufenden Ambivalenzen klarer zu sehen als bei den Sondernummern zur Sexualität der Szenezeitschrift *Konkret.* Ab 1979 erschienen sie unter Federführung von Sigusch und dem *Konkret*-Redakteur Hermann Gremliza und unter Mitwirkung vieler, u. a. der Bekannten Schmidt, Schorsch, Amendt und Dannecker sowie der Kolumnistin Peggy Parnass und Schmidts und Siguschs Mitarbeiterin Sigrid Schäfer, die im selben Jahr die erste empirische Studie zu Lesbierinnen in der BRD vorlegte. 1979 war also ein Wendepunkt – zehn Jahre nach der Hochzeit der sexuellen Revolution – und der Moment, in dem die kritischen Sexualwissenschaftler sich an ein breiteres gegenkulturelles Publikum wandten. Insgesamt wurden 140.000 Exemplare der *Sexualität Konkret* gedruckt.

Die Herausgeber eröffneten das Projekt so: »Was es so alles gibt, 1979 in der Bundesrepublik: In Großstadtkinos werden Sado-Keller per Werbespot angepriesen, Versandfirmen bieten elektrische Onanier-Automaten an, auch der Generalvertreter sagt ›ficken‹, Homosexuelle küssen sich demonstrativ auf der Straße, Vierzehnjährige nehmen die Pille, Siebzigjährige werden zur Wiederaufnahme des Geschlechtsverkehrs angehalten, abendländische Zeitungen werben seitenlang für Bordelle und beim Europaparteitag der CDU tanzt ein Pariser Nacktballett.«[12] Kurzum: »Liebe 79 – ein florierender Geschäftszweig.« Nichtsdestotrotz, oder gerade deswegen: »Umso hilfloser wurden die Menschen in ihrem Geschlechtsleben.« Und: »Weil das nicht so bleiben darf, weil wir rund um uns die kaputten Sexualverhältnisse sehen und die Hilflosigkeit vor ihnen, deshalb haben wir SEXUALITÄT KONKRET gemacht.«[13]

In eben dieser ersten Ausgabe präsentierte Schmidt seine Bestandsaufnahme der emotionalen Befindlichkeit der Nation. Unter der traurig-meditativen Überschrift »Erotik ist nur noch Alleinsein« fasste Schmidt zusammen, wie sich die Funktion der Sexualität geändert habe. Materielle Verbesserungen bedeuteten, dass Ehen nicht mehr im gemeinsamen Kampf für das wirtschaftliche Überleben verwurzelt seien; deswegen trete die sexuelle Kompatibilität immer mehr in den Vordergrund. Das aber mache Partnerschaften auch »störbarer, verletzbarer durch sexuelle Probleme«. Schmidt fand die stetige, gegenseitig bestätigende, nicht-mehr-ganz-so-intensive Sexualität in langfristigen Beziehungen völlig in Ordnung; in der Tat bestand er darauf, dass dies nichts mit Langeweile zu tun habe, sondern »ein durchaus

12 Vgl. den Beitrag von Hanna Feesche und Robert Mueller-Stahl in diesem Heft.

13 O. V., Intern, in: Sexualität Konkret, H. 1/1979, S. 4.

notwendiger und sinnvoller Schutz der eigenen Autonomie« sei, »ein wichtiges Ventil in der Nähe-Distanz-Bilanz« und auch etwas, was die Menschen freimachen würde für andere sinnvolle Aktivitäten. Aber er bemerkte zugleich, dass sich viele Menschen, auf der Suche nach narzisstischer Gratifikation in einer Welt, in der es immer schwerer würde, »sich etwas wert zu fühlen«, von einem heißen romantischen Abenteuer in das nächste stürzten – aber eben mit einer unvermeidlich stetig zunehmenden Desillusion und dem nicht abzuschüttelnden Gefühl, dass sie wirklich alleine waren, wenn sie angeblich zusammen waren. In diesem Kontext sei Geschlechtsverkehr, hier zitierte er Fritz J. Raddatz, nicht mehr als eine »umständliche Variante der Onanie«[14].

Die Sexualforscher standen vor einem grundsätzlichen Puzzle: Hatte die sexuelle Revolution die sexuellen Schwierigkeiten der Menschen verschärft, nicht gelindert? Waren Lust und Liebe – wie Sigusch in den darauffolgenden *Sexualität Konkret*-Sondernummern in Anlehnung an Theodor Adornos geflügelten Satz »Es gibt kein richtiges Leben im Falschen« wiederholt fragte – einfach unmöglich zu retten? »Unsere Sinnlichkeit [wird] automatisiert und verramscht. Unser Sexualleben ist falsch, weil das Leben, das wir leben, falsch ist.«[15] Oder auch: »Lieben wir verkehrtherum?« »Gibt es überhaupt die richtige Liebe im verkehrten Leben?«[16]

RADIKALE PSYCHOANALYSE

Was genau suchten die Menschen im Sex? Auf der Fahndung nach Antworten boten zwei Psychoanalytiker, Fritz Morgenthaler in Zürich und Robert Stoller in Los Angeles, besonders wichtige Neuorientierung. Morgenthaler, der wiederum seine Inspiration vom innovativen Chicagoer Analytiker Heinz Kohut bezog, war besonders interessiert an dem Problem der Sexualisierung ursprünglich nichtsexueller Impulse; so etwa der Auffüllung narzisstischer Lücken mit sexuellen Praktiken oder Vorlieben, aber – und in diesem Sinne im emphatischen Gegensatz zum eher sexualkonservativen Kohut – ohne diese sexuellen Handlungen und Wünsche nur irgendwie zu pathologisieren.[17] Insbesondere Dannecker fand Morgenthalers Arbeit hilfreich für die Entwicklung von Gegenthesen zum homophoben Socarides.[18] Schließlich war Morgenthaler auch der erste europäische Analytiker, der Homosexualität, in einem Aufsatz, den er in Siguschs Auftrag schrieb, vollends entpathologisierte.[19] Und Morgenthalers Konzepte der Sexualisierung vom Nichtsexuellem sollten bis ins 21. Jahrhundert die Hamburger und Frankfurter Sexualwissenschaftler inspirieren.[20]

Stoller sollte eine noch wichtigere Rolle spielen. Interessanterweise waren Sigusch und Schmidt unter den wenigen Wissenschaftlern, die Stoller selbst

14 Gunter Schmidt, Erotik ist nur noch Alleinsein, in: Ders., S. 10 f.

15 Volkmar Sigusch, Editorial, in: Sexualität Konkret, H. 5/1983, S. 3.

16 Ders., Lieben wir verkehrtherum?, in: Sexualität Konkret, H. 6/1984, S. 14.

17 Vgl. Dagmar Herzog, Die Politisierung des Narzissmus. Kohut mit und durch Morgenthaler lesen, in: Luzifer Amor, Jg. 29 (2016), H. 1, S. 67–97.

18 Vgl. Martin Dannecker, Der Homosexuelle und die Homosexualität, Frankfurt a. M. 1978.

19 Vgl. Fritz Morgenthaler, Homosexualität, in: Volkmar Sigusch (Hg.), Therapie sexueller Störungen, Stuttgart 1980, S. 329–367.

20 Vgl. Reimut Reiche, Das Rätsel der Sexualisierung, in Volkmar Sigusch u. Ilka Quindeau (Hg.), Freud und das Sexuelle, Frankfurt a. M. 2005, S. 135–152; Sonja Düring u. Margret Hauch, Sexualisierung als unerkannte Abwehr. Überflüssige Odysseen, in: Deutsches Ärzteblatt, Jg. 6 (2007), H. 2, S. 84.

der Zitation würdig erachtete, als er 1976 einen bahnbrechenden Aufsatz zum Thema »Sexuelle Erregung« publizierte. In diesem Essay betonte Stoller den entscheidenden Punkt, dass das, was für eine Person in hohem Maße erotisch war, für einen anderen völlig *un*erotisch sein konnte. Während Masters und Johnson Erregung anatomisch untersucht hatten, war Stoller daran interessiert, wie Erregung *emotional* funktionierte. Er interessierte sich für Fantasien – bewusste und unbewusste – und wie in jedem Individuum zwischen Sicherheit und Gefahr, gescripteten Geschichten und fetischistischen Bildfetzen justiert werden musste, um die sexuelle Erregung zu maximieren. Anhand von Beispielen aus der eigenen Praxis, die Tagträume wie auch die Masturbations- und während-des-Sexes-Fantasien der Patienten, aber auch von Pro-Sex-Feministinnen (z.B. gesammelt in Nancy Fridays »My Secret Garden«) begann Stoller eine Theorie zu entwickeln, nach der es der Zweck der Fantasie sei, »Frust, Trauma und intrapsychische Konflikte zu meistern«[21], und ein häufiges, wenngleich sorgsam verstecktes Thema der Wunsch nach Rache für erlittene Erniedrigungen sei.

Stollers Vorstellung, dass die an sexueller Erregung beteiligten Fantasien unvermeidlich geprägt seien von Rache und Sieg über einst erlittene Verletzungen und Demütigungen, galt den Sexualwissenschaftlern in der Bundesrepublik als zu harsch. Sexuelle Lust, bemerkte Schorsch in einem einflussreichen Aufsatz 1978, der 1980 in der zweiten Sondernummer von *Sexualität Konkret* nachgedruckt werden sollte, konnte doch ebenfalls Momente der Sehnsucht nach imaginierten oder erinnerten infantilen Zuständen des paradiesischen Glücks und Vollkommenheit miteinschließen. Der Orgasmus müsse nicht nur als ein Triumph verstanden werden, den erlebten Traumata abgerungen, sondern könne doch vielmehr eine unvergleichlich fantastische momentane Kombination von Entgrenzung *und* erhöhter Selbst-Erfahrung sein.[22]

Dennoch half Stollers Werk Schorsch nicht nur beim Überdenken des Projekts der Sexualforschung, sondern auch beim Überdenken des Wesens der Sexualität an sich. Es ging darum, den Begriff des Sex als biologischen Trieb infrage zu stellen und stattdessen Sex als vorwiegend emotionales Phänomen zu sehen: eine Tätigkeit, die Menschen immer und immer wieder aufsuchten, *nicht* um irgendeine aufgebaute Spannung freizusetzen (das wäre sowieso eine übermäßig maskuline Vorstellung, wie der mit dem Feminismus sympathisierende Schorsch sich nur allzu bewusst war), sondern um immer wieder ein verschlungenes, aber drängendes inneres psychologisches Drama aufs Neue durchzuspielen. Kurzum: Der theoretische Rahmen der Sexualforschung sollte vom Kopf ausgehen, vom Gedächtnis, von den Gedanken und

21 Robert Stoller, Sexual Excitement, in: Archives of General Psychiatry, Jg. 33 (1976), S. 899–909.

22 Vgl. Eberhard Schorsch, Die Stellung der Sexualität in der psychischen Organisation des Menschen, in: Der Nervenarzt, Jg. 49 (1978), S. 456–460; Ders., Sexualität als Dampfkessel? Eberhard Schorsch plädiert für ein neues Konzept von Sexualität, in: Sexualität Konkret, H. 2/1980, S. 5–7.

Gefühlen, in all ihren verzwickten Verstecken und Widersprüchlichkeiten, und beileibe nicht von der physiologischen Funktion allein.

Stollers Arbeiten halfen nicht nur Schorsch, sondern auch vor allem Schmidt, der sich zunehmend sozialkonstruktivistisch inspirieren ließ, die alte Freudianische Weisheit, dass viele Probleme im Leben ihre versteckten Quellen in sexuellen Bedürfnissen oder Konflikten hätten, umzudrehen und stattdessen zu betonen, wie vieles, das ursprünglich *nicht*sexuell war und seinen Ursprung vielmehr in der individuellen Lebensgeschichte oder dem sozialen Kontext hatte, in jede sexuelle Begegnung her*ein*gebracht werde.[23] Die Frage war nicht mehr: Was ist das versteckte Sexuelle im Nichtsexuellen? Sondern umgekehrt: *Was ist am Sex nichtsexuell?*

Sigusch war weniger beeindruckt von dem Paradigmenwechsel vom Drang hin zum Drama. Nicht, weil er kein Interesse an Emotionen hatte, im Gegenteil; sondern weil er das anhaltende Potenzial des radikalen Beharrens auf einem klassischen Freud'schen Trieb-Begriff sah. So sprach er sich in seinem Aufsatz »Lob des Triebes« dafür aus, daran festzuhalten, »dass das Widerspenstige noch nicht vollends gezähmt ist, dass die Menschen mit ihren Antrieben und Vermögen noch nicht ganz und gar im schlechten Allgemeinen aufgegangen sind«; aber er konzedierte, »dass sexuelles Verlangen und Erleben auch aus nichtsexuellen Motiven gespeist« würden.[24] Und ganz wichtig – und hier war der Konsens mit Schmidt und Schorsch stark –: In Siguschs Therapiebüchern war immer wieder die Idee zu finden, dass es für den Therapeuten nötig sei, über den »Sinn des Symptoms« nachzudenken oder, in einer anderen Variation, über »die Funktion der Dysfunktion«.[25]

Was für einen Zweck hatte eine scheinbare Dysfunktion, was für einen Sinn hatte eine Störung – in einem Individuum oder in einem Paar, entweder in der innerpsychischen Selbstorganisation oder der Verwaltung der zwischenmenschlichen Schwierigkeiten? Hier trat also eine weitere Variante der Idee zutage, dass nichtsexuelle Elemente beständig in die Sexualität, gar in den Sex selbst, mit hineingezogen wurden. Diese Einsicht tut auch heute noch not.

23 Vgl. Gunter Schmidt, Das Große Der Die Das. Über das Sexuelle, Herbstein 1986, S. 87–110.

24 Volkmar Sigusch, Lob des Triebes, in: Martin Dannecker u. a. (Hg.), Sexualtheorie und Sexualpolitik, Stuttgart 1984, S. 3–16.

25 Vgl. Herbert Gschwind, Das sexuelle Symptom in der Sprechstunde, in: Volkmar Sigusch (Hg.), Sexuelle Störungen und ihre Behandlung, Stuttgart 1996, S. 92–105.

Prof. Dr. Dagmar Herzog, geb. 1961, ist Historikerin mit dem Schwerpunkt Holocauststudien, Religions- und Sexualitätsgeschichte und seit 2005 am Graduate Center der City University of New York. Zahlreiche Veröffentlichungen zur modernen deutschen und europäischen Geschichte sowie zur Sexualpolitik der evangelikalen Rechten in den USA. Neueste Publikationen: Sexuality in Europe: A Twentieth-Century History (Cambridge University Press, 2011) und (als Mitherausgeberin) After the History of Sexuality: German Genealogies with and beyond Foucault (Berghahn, 2012).

VON BREMEN IN DIE WELT

WIE DAS GRÜNE IN DIE (DEUTSCHE) POLITIK KAM

Ξ Claus Leggewie

Warum, wie und wann kam das Grüne in die Politik? Grün, als vorstechende Farbe der Vegetation, steht für eine Politik, welche die Natur als Wert an sich sieht und sie vor bloßer Ausbeutung und Zerstörung schützen will. Im Verlauf der 1970er Jahre gab die Symbolfarbe – zugleich die Couleur der Hoffnung – Parteien den Namen, die aus der schon älteren Umweltbewegung hervorgingen. Diese war bis dahin eher als geistige Strömung und in außerparlamentarischen Verbänden organisiert gewesen. Auch hier gab es Verdichtungen und Zusammenschlüsse, die auf eine *Policy*, den staatlichen Umwelt- und Naturschutz, hinausliefen wie etwa den 1975 gegründeten Bund für Umwelt und Naturschutz Deutschland (BUND). Eine parlamentarische Verankerung suchte nun auf die staatliche Politik Einfluss zu nehmen, was sich erstaunlich rasch, am frühesten in Frankreich, in zuständige Landes- und Bundesministerien für Umweltschutz umsetzte.

Am erfolgreichsten sind diese Initiativen in den letzten vier Jahrzehnten in Deutschland gewesen, wo die GRÜNEN durchgängig in Bundes-, Landes- und Kommunalparlamenten vertreten und an Regierungen beteiligt sind – in Baden-Württemberg stellen die GRÜNEN mit dem 1979 aus den K-Gruppen zu den baden-württembergischen Grünen gekommenen Wilfried Kretschmann momentan auch einen Ministerpräsidenten. Nach der CDU sind die GRÜNEN damit die bisher einzige erfolgreiche Parteineugründung nach 1945, d. h. das Ökologiethema eignete sich für eine politische Spaltungs- und Konfliktlinie.

Will man zunächst eine ganz lokale Sichtweise gelten lassen, so gerät der 7. Oktober 1979 ins Blickfeld: Im kleinsten Bundesland Bremen überwand die »Bremer Grüne Liste« ganz knapp die Fünf-Prozent-Hürde und zog mit vier Abgeordneten in die Bürgerschaft ein. Deren Namen werden 1979 die wenigsten gekannt und nicht viele seither in Erinnerung behalten haben: der Rechtsanwalt Axel Adamietz (*1947), die Lehrerin Delphine Brox (*1935), der Architekt Olaf Dinné (*1935) und der als Spitzenkandidat angetretene Kaufmann und Universitätsangestellte Peter Willers (*1935). Letzterer ließ am Wahlabend verlauten, dieses Wahlergebnis »sei nur die Spitze eines Eisberges. Wir betreiben keine alleinige Protestpolitik, sondern wir haben ganz konkrete Vorstellungen darüber, wie es anders sein könnte.«[1] Drei der Abgeordneten gehörten der (Vor-)68er Generation an; Dinné und Willers waren

1 Zit. nach Jens Thurau, 7.10.1979: Grüne ins Bremer Parlament, Kalenderblatt, Deutsche Welle, o. D., URL: http://www.kalenderblatt.de/index.php?what=thmanu&manu_id=670&tag=7&monat=10&year=2006&dayisset=1&lang=de [eingesehen am 08.02.2016].

nach Auseinandersetzungen über die Bau- und Umweltpolitik erst kurz zuvor aus der SPD ausgetreten, und Brox war u. a. in Gorleben als Anti-AKW-Aktivistin aufgetreten.

Die überlokalen Gründe für die durch die Bremer Initialzündung ermunterte und beschleunigte Gründung der bundesweiten Partei »Die Grünen« im Januar 1980 und deren Einzug in den Deutschen Bundestag sind zahlreich und vielschichtig. Zeithistoriker sehen eine in Deutschland besonders günstige Konvergenz von sozialkulturellem Wertewandel, sozialökonomischer Krise, außerparlamentarischen Beteiligungswünschen und innerparteilichen Konflikten in der von Helmut Schmidt geführten SPD, vor allem um die Außen- und Sicherheitspolitik, aber auch um Fragen des Umweltschutzes und der Energiepolitik. Im damals gängigen Etikett »Ökopaxe« verbanden sich diese Dissidenz-Motive, die enttäuschte Sozialdemokraten und weit links stehende APO-Aktivisten, Mitwirkende in lokalen und überregionalen Bürgerinitiativen gegen Infrastrukturprojekte und Umweltschäden sowie ökologische Protagonisten eines alternativen Lebens- und Konsumstils verbanden.[2]

Damit sind Bandbreite und Vielschichtigkeit der »politischen Ökologie« abgesteckt, die Philosophen wie André Gorz und Ivan Illich in den 1970er Jahren als Alternative zu den liberal-konservativen (Regierungs-)Parteien ebenso wie zu den zur selben Zeit im Eurokommunismus vereinten sozialistischen und kommunistischen Linken anboten – als Gegenmodell zur, den beiden anderen gemeinsamen, Fixierung auf eine Politik industriell getriebenen Wachstums auf Kosten der Umwelt und Nachwelt. Wenn Nachhaltigkeit heute als Generalprinzip wirtschaftlichen und sozialen Handelns fast zum Gemeinplatz geworden ist und die Wende zu Erneuerbaren Energien sich als globales Mittel gegen den Klimawandel verallgemeinert hat, dann ist das nicht zuletzt das Verdienst der grün-alternativen Sozialbewegungen seit den 1970er Jahren.[3]

Warum u. a. Bremen als Beispiel einer »postmaterialistisch« ausgerichteten Großstadt zum Mosaikstein dieser Bewegung werden konnte, erkennt man am besten mit einem Blick von außen. Zum Beispiel von Birmingham aus, wo der deutsche Zeit- und Umwelthistoriker Frank Uekötter britischen und ausländischen Studierenden die erstaunliche Ergrünung Deutschlands plausibel zu machen versucht.[4] Er macht dies weder teleologisch, als ob es gar nicht anders hätte kommen können, noch hagiografisch, als könne am gründeutschen Wesen die Welt genesen. In mancher Hinsicht ist *Green Germany* eher *Arrieregarde,* also Nachhut – man nehme nur den Anteil der Braunkohle an der deutschen Stromproduktion und die nationale Hingabe ans Automobil im Individualverkehr. Das Hauptmotiv für die GRÜNEN war ohnehin weniger die Sorge um den Zustand der natürlichen Umwelt, der in

2 Überblicke der grünen (Gründungs-)Geschichte bei Silke Mende, »Nicht links, nicht rechts, sondern vorn«. Eine Geschichte der Gründungsgrünen, München 2011; ferner Markus Klein u. Jürgen W. Falter, Der lange Weg der Grünen. Eine Partei zwischen Protest und Regierung, München 2003; Hubert Kleinert, Vom Protest zur Regierungspartei. Die Geschichte der Grünen, Frankfurt a. M. 1992 und Joachim Raschke, Die Grünen. Wie sie wurden, was sie sind, Köln 1993.

3 Da ich in den 1970er Jahren häufig in Paris gelebt und gearbeitet habe, habe ich diesen Prozess auch als Zeitzeuge erlebt; siehe Claus Leggewie, Politische Zeiten. Beobachtungen von der Seitenlinie, München 2015, darin Kap. 13 und Kap. 41 (auch Kap. 22 zum Wendejahr 1979) sowie Ders. u. Roland de Miller (Hg.), Der Wahlfisch. Ökologie-Bewegungen in Frankreich, Berlin 1978.

4 Siehe Frank Uekötter, Deutschland in Grün. Eine zwiespältige Erfolgsgeschichte, Göttingen 2015.

den angelsächsischen Ländern im Vordergrund stand, als vielmehr eine Katastrophenangst, die in Harrisburg (1979), Tschernobyl (1986) und erneut in Fukushima (2013) ihren Beweis fand, desgleichen die pazifistische Reaktion auf die Kriege anderer Nationen, worauf noch zurückzukommen ist.

Dennoch hat sich, begünstigt durch das (von Uekötter nur am Rande behandelte) Verhältniswahlrecht, ein Habituswandel im grünen Milieu ins politische System übersetzen können, während analoge Strömungen in Frankreich und Großbritannien, wo es einen generellen Wertewandel ebenso gab, nicht parteipolitisch durchschlugen. Während im repräsentativen Parlamentarismus Grüne zum Machtfaktor aufsteigen konnten, blieben sie in den Präsidialsystemen der USA und Frankreichs strukturell benachteiligt – und eher dafür verantwortlich, dass im Jahr 2000 (dank der Kandidatur Ralph Naders) anstelle eines umweltsensiblen Präsidenten (Al Gore) ein Bellizist und Umweltignorant (George W. Bush) an die Macht gelangen konnte. »Während USA und Großbritannien auf Neoliberalismus setzten, machte Deutschland auf Umwelt?«[5], fragt Uekötter bereits für das Wendejahr 1979, als Ronald Reagan zum US-Präsidenten gewählt wurde. In diesem Sinne sind die GRÜNEN ein Produkt der Weltwirtschaftskrise der 1970er Jahre – mit dem paradoxen Ergebnis, dass sie als Umweltschützer auf die Stärkung und den Ausbau des neokorporatistischen Interventionsstaates, nun aber in sozial-*ökologischer* Absicht, als Problemlöser setzten, der andernorts zum Problem deklariert wurde.

Umweltschützer gibt es seit Langem als Begleitprodukt einer von hellsichtigen Konservativen von Beginn an und stets mit Skepsis betrachteten Industrialisierung; und es gab sie überall. Historiker setzen bei den Heimatschützern im Kaiserreich an und sind auch den (hochgespielten) braunen Anteilen in der NS-Zeit nachgegangen. Im Vergleich wird klar, dass der Referenzrahmen die politische Kultur des jeweiligen Nationalstaats war, der höchst unterschiedliche Problemwahrnehmungen und Lösungsvarianten hervorbrachte. Für den raschen Aufstieg des Ökologischen in Deutschland seit Ende des 19. Jahrhunderts sprachen »zum Beispiel besondere Belastungen in Form einer hohen Bevölkerungsdichte, eines großen, verschmutzungsintensiven Industriesektors und eines Winds, der nahezu unvermeidlich von Nachbarländern mit Emissionen vorbelastet ist« – die Mittellage einmal anders als Schicksal betrachtet. »Wir sehen aber auch Startvorteile durch eine relativ korruptionsfreie Verwaltung, durch Wissenschaft und Technik von Weltrang und seit den siebziger Jahren auch durch eine starke ökologische Zivilgesellschaft.«[6]

Zur Internationale wurde »Grün« seit den 1970er Jahren, als nicht mehr (wie in Bremen) vornehmlich lokale Anlässe wie der Umbau einer gewissen

5 Ebd., S. 27.

6 Ebd., S. 29; zum Hintergrund vgl. Sven Reichardt, Authentizität und Gemeinschaft. Linksalternatives Leben in den siebziger und frühen achtziger Jahren, Frankfurt a. M. 2014.

Mozartstraße die Gemüter erhitzten, sondern im wahrsten Sinne des Wortes grenzüberschreitende Probleme auf die Tagesordnung drängten, für die es keine einfachen Lösungen mehr gab. Nicht die Redistribution der industriellen Produktions- und Produktivitätsgewinne war jetzt das Problem, sondern die »Grenzen zum Wachstum«, die 1972 bereits der Club of Rome drastisch vor Augen geführt hatte. Sind GRÜNE in diesem Sinne postindustriell, so ist zu fragen, ob der Wilhelm Knabe, einem Senior der grünen Gründergeneration und frühen Bundessprecher (1982–1984) zugesprochene Slogan »Nicht links, nicht rechts, sondern vorn!« zutrifft[7] und ob die Grün-Alternativen damit aus der politischen Sitzordnung ausgestiegen sind bzw. diese obsolet gemacht haben.

Die Frage ist nicht einfach zu beantworten. In den 1970er Jahren war das weltanschauliche Spektrum der Grünen ausgesprochen heterogen. Der Gründergeneration gehörten Konservative (darunter einige wenige völkisch-nationale) ebenso an wie Linksradikale aus den K- und Sponti-Gruppen, Protestwähler, originäre Umweltschützer und links von der SPD stehende Gewerkschaftler und Sozialisten, erklärte Radikal-Pazifisten und Personen, die Gewaltanwendung in der politischen Auseinandersetzung nicht ganz ausschließen mochten. Zu den Grünen stießen damals so charismatische Figuren wie Petra Kelly, Rudi Dutschke, Joseph Beuys, Daniel Cohn-Bendit, Otto Schily, später auch Rudolf Bahro und *last, not least* Joschka Fischer.

Es gab ausgesprochen lustige, chaotische und nervtötende Parteitage, auf denen ausufernd um die Sache, aber auch um Sprache und Prozeduren gefochten wurde. Konservative Persönlichkeiten wie Herbert Gruhl und Baldur Springmann verließen die Partei alsbald, ebenso Linkssozialisten wie Thomas Ebermann und Jutta von Ditfurth, die sich über Jahre hinweg einen zähen Kampf der »Fundis« gegen die »Realos« geliefert hatten. Im weiteren Verlauf verließen Mitglieder der sozialistisch ausgerichteten Alternativen Listen ebenso wie konservative Ökologen die Partei, die sich heute im Wesentlichen aus der oberen, gebildeten Mittelschicht rekrutiert und überwiegend linksliberale Positionen vertritt. »Linke Mitte« dürfte wohl die angemessene Positionierung im Rechts-Links-Schema in der Selbst- und Fremdwahrnehmung des grünen Milieus sein, wenn man davon ausgeht, dass diese Positionierung wiederum in sich differenziert und historisch variabel ist. Die GRÜNEN sind in das R/L-gestrickte politische System eingewandert; und diese Kodierung hat sie selbst ergriffen.

Wieso dann »vorn«? Weil der Auftritt der GRÜNEN zwei Schlachtfelder tendenziell hinter sich gelassen hat, welche die Parteiensysteme bis in die 1980er Jahre geprägt haben. Das waren erstens die Verteilungskämpfe um

7 Vgl. Mende.

ein auf industrieller Basis erzeugtes Bruttosozialprodukt; »postindustriell« wurden kapitalistische bzw. sozialistische Besitz- und Eigentumsverhältnisse zweitrangig. Das galt tendenziell auch zweitens für die Schlachtordnung des Kalten Kriegs, die den antagonistischen Klassenkonflikt seit 1917 verstaatlicht und nach 1945 zur Grundlage der Staatenordnung gemacht hatte. Gerade die Friedensbewegungen tauchten als oppositionelle Gruppen in beiden Systemen auf und entwickelten neutralistische Tendenzen; dasselbe gilt für den Widerstand gegen die »friedliche Nutzung der Kernenergie«.

Verbunden war dies mit einer weiteren Welle der Globalisierung, die zum einen das »Ende des sozialdemokratischen Jahrhunderts« (oder Jahrzehnts) bewirkte, für das (neo-)keynesianische Staatsinterventionen stilbildend gewesen waren, und in deren Gefolge zum anderen Akteure aus der Dritten Welt auf den Plan traten, vorrangig das demaoisierte China und Den Xiaoping, aber auch mit einigem Aplomb die Islamische Republik des Ayatollah Khomeini. Im Windschatten wuchsen nun auch rechtspopulistische Strömungen, die als »Steuerrebellen« begannen und als Anti-Immigrations-Parteien weitermachten.

In diesem Zusammenhang ist bemerkenswert, dass parallel zum Wertewandel, zur partizipatorischen Revolution und zum Aufkommen der Grünen, die sich als Milieu konstituierten, in Deutschland und in anderen postindustriellen Gesellschaften die Sozialwissenschaften und die Marktforschung von klassischen Sozialstrukturanalysen auf Milieustudien umschwenkten. Die Milieu-Landschaft der 1980er Jahre in Westdeutschland gliederte sich demzufolge in ein konservativ gehobenes, kleinbürgerliches, traditionelles und traditionsloses Arbeiter-, aufstiegsorientiertes, technokratisch-liberales, hedonistisches und alternatives Milieu – wobei die letzten beiden am stärksten ergrünt waren.[8]

Man sieht im Rückblick, in welche weltumspannende Zeitenwende die Bremer Anekdote eingepasst war, die gleichwohl keine Episode blieb. Denn im Jahr 1979 trat mit einer UN-Konferenz auch der gefährliche, anthropogene Klimawandel ins breitere Bewusstsein, und damit ein Gefühl für die planetaren Grenzen, in die politisches Handeln eingespannt war. Eine nachhaltige Entwicklung, die als erste grün-alternative Strömungen propagierten, ist seither nur noch möglich, wenn diese Grenzen respektiert werden. Das hätte der Beginn einer »Ära der Ökologie«[9] sein können; doch in den sogenannten Schwellenländern begann nun erst der verschwenderische Konsumkapitalismus, der im Bremer Milieu und andernorts mit vielen Kompromissen und kognitiven Dissonanzen heruntergefahren wurde.

Zugleich war mit den Auseinandersetzungen im Iran und in Afghanistan nicht nur der relative Niedergang der beiden Supermächte eingeläutet;

8 Vgl. zuletzt Michael Vester u. a., Soziale Milieus im gesellschaftlichen Strukturwandel, Frankfurt a. M. 2001.

9 Joachim Radkau, Die Ära der Ökologie. Eine Weltgeschichte, München 2011, Kap. III.

auch begann eine neue Phase des Wettrüstens und der Ost-West-Konfrontation, die viele auf Umweltschutz gerichtete Energien der »Ökopaxe« auf den zweiten Wortbestandteil umlenkte: die Sicherung des Friedens. Hatten sie sich bis 1990 noch als »gesamtdeutsche«, z.T. auch gesamteuropäische Friedensbewegung profilieren können, so war nach 1990 ihr Überleben gefährdet – in den Bundestag zogen sie nach der Wiedervereinigung Europas ironischerweise nur noch als »Bundesgrüne«, also mithilfe des ostdeutschen »Bündnis 90«, ein.

Zur geopolitischen Revolution um 1990 hatten sie ohnehin wenig beigetragen und beizutragen; als Rettung kam das Gelegenheitsfenster der »sozial-ökologischen Modernisierung« – also die »rot-grüne« Verbindung zwischen den in die Mitte gerückten Sozialdemokraten, die sich als Jobgaranten und Sozialstaatsreformer betätigten, und den ebenfalls in die Mitte gerückten Proponenten eines »grünen Wachstums«.

Diese Variante des grünen Wohlfahrtsstaates, der sich dem neoliberalen Gesamttrend widersetzt, ist exemplarisch realisiert in der deutschen Energiewende, die »unten«, in den grünen Milieus der Landkommunen und Szeneviertel, begonnen hat und nun »von oben«, mit Maßnahmen wie dem EEG, gestützt und weiter vorangetrieben worden ist. Diese Vision hat mittlerweile auch in den Schwellenländern verfangen und mit den *Sustainable Development Goals (SDG)* die internationale Entwicklungszusammenarbeit beeinflusst – niemals in dem Umfang, wie es sich originäre und anspruchsvolle Umwelt- und Klimaschützer wünschen würden, aber doch mit einem bemerkenswerten *Impact* auch auf globale Agenturen wie UN, Weltbank und UNEP. Dass die UN-Klimakonferenz in Paris im Dezember 2015 (COP 21) quasi-verbindliche Minderungsziele für Treibhausgase festgelegt hat, darf bei allen Zweifeln als Erfolg der Weltbürgerbewegung für den Klimaschutz betrachtet werden.

Es wäre auch genau diese »grüne Erzählung«, die sich als Antidot zu dem Katastrophen-Narrativ anböte, das wahlweise spätestens seit 2001 mit dem islamistischen Terror, spätestens seit 2008 mit der globalen Bankenkrise oder spätestens seit 2014 mit dem Ukraine-Konflikt und der Wiederkehr des Krieges in Europa kursiert. Der Zeitenwende von 1979 ist in diesem Zeitraum womöglich eine andere gefolgt, und es kommt nun auf die Stärke des grünen Gegennarrativs an, welche Richtung sie nehmen wird.

Die populistische Erzählung handelt von Niedergang, Untergang, Ende. Klimawandel ist von Trump bis Putin unerheblich, Europa von Le Pen bis ISIS ein Gräuel, und die Provinz der alten Männer von Wilders bis Pegida will lieber Muslime fressen. Zukunft kommt hier nicht vor, nächste Generationen auch nicht. Man ist durch mit allem und verzehrt sich in Sorge ums Abendland. Das grüne Narrativ hat Zukunft im Angebot, auch Wege aus der Pfadabhängigkeit des Erdöl- und Kohlezeitalters. Die Frage ist, ob es die Grünen als politische Akteure schon begriffen haben. Oder ob sie laut genug sind, den Pariser Teilerfolg gegen die Debatten um Silvesternächte und Obergrenzen zu Gehör zu bringen.

»Sollte es um 1800 einen Plan gegeben haben, sich von den Schranken der Natur zu emanzipieren«, spekuliert ein Umwelthistoriker, »so wäre er in beeindruckender Weise aufgegangen.«[10] Die Frage muss heute, im Zeichen der planetaren Grenzen durch Ressourcenverschwendung und gefährliche Kipppunkte im Erdsystem, modifiziert werden: Kann es einen Plan geben, sich von der Ideologie des Wachstums zu befreien, um die Schranken der Natur anzuerkennen? Die grüne Bewegung hat dieses Problem aufgeworfen, womit eine »Ära der Ökologie« zu einem Ergebnis gekommen ist und wofür ihr große Verdienste zukommen. Noch nicht gelungen ist die Trendumkehr im lokalen, nationalen, europäischen und vor allem globalen Maßstab: So hoch der *Output* der Ökologiebewegung bewertet werden mag, der *Outcome,* die konkret zählbare Verbesserung der Umweltqualität und der Restabilisierung des Erdsystems, steht noch aus. Damit weitet sich der Blick auf nachhaltige Entwicklungsziele, die es nun ebenso beharrlich zu verfolgen gilt.[11]

Bleibt noch zu erwähnen, was aus der Bremer Avantgarde geworden ist: Axel Adamietz hat die Partei gewechselt, ist als Bürgerschaftsabgeordneter bei der FDP gelandet und Präsident der Notarkammer und Honorarkonsul des Königreichs Marokko geworden; Delphine Brox, die 2008 verstorben ist, siedelte nach Frankreich über und betätigte sich dort als Umweltschützerin; Olaf Dinné ist weiterhin in Bürgerinitiativen aktiv;[12] und der damalige Spitzenkandidat Peter Willers engagierte sich als Meeresschützer in der Nord- und Ostsee. Der Gründergeneration, die für so verschiedene Lebensläufe getaugt hat und die nun in Rente oder Pension geht, sollte man ein kleines Denkmal setzen. Und darauf vertrauen, dass ihr eine politische Generation folgt, die den Verdruss sein lässt und Populisten in ihre Schranken weist.

10 Franz-Josef Brüggemeier, Schranken der Natur. Umwelt, Gesellschaft, Experimente 1750 bis heute, Essen 2013, S. 361.

11 Vgl. Wissenschaftlicher Beirat der Bundesregierung Globale Umweltveränderungen (WBGU) (Hg.), Zivilisatorischer Fortschritt innerhalb planetarischer Leitplanken. Ein Beitrag zur SDG-Debatte, Berlin 2015; ferner Ders., Sondergutachten. Klimaschutz als Weltbürgerbewegung, Berlin 2014.

12 Vgl. Olaf Dinné, Das grüne Manifest. Frankfurt a. M. 1985.

Prof. Dr. Claus Leggewie, geb. 1950, ist Direktor des Kulturwissenschaftlichen Instituts in Essen (KWI) und Ludwig-Börne-Professor an der Justus Liebig Universität Gießen sowie Ko-Direktor des Käte Hamburger Kollegs »Centre for Global Cooperation Research« in Duisburg und Mitglied des Wissenschaftlichen Beirats der Bundesregierung Globale Umweltveränderungen (WBGU). Zuletzt erschien von ihm »Politische Zeiten. Beobachtungen von der Seitenlinie« (München 2015).

DIE SERIE »HOLOCAUST«

GESCHICHTSVERMITTLUNG ALS FERNSEHUNTERHALTUNG

Ξ Habbo Knoch

Die Ausstrahlung der amerikanischen Fernsehserie »Holocaust« in der Bundesrepublik im Januar 1979 wurde bereits von Zeitgenossen wie Heinrich Böll als Zäsur der bundesdeutschen Erinnerungskultur betrachtet und gegen ihre Kritiker gerechtfertigt: »Arroganz gegenüber Emotion ist nicht angebracht.«[1] Seitdem hat sich das Bild verfestigt, die Serie als eigentlichen Auftakt für den Übergang »vom Beschweigen zur Medialisierung« und für die heute dominante Zentrierung der bundesdeutschen Erinnerungskultur um den Mord an den europäischen Juden zu betrachten.[2] Doch lässt sich die Auseinandersetzung mit den nationalsozialistischen Verbrechen so klar in eine Zeit vor und eine Zeit nach »Holocaust« teilen?

Ohne Zweifel stellte »Holocaust« als internationales Medienereignis einen Schub in der Globalisierung des Erinnerns und für die Transformation der bundesdeutschen Erinnerungskultur dar, der zusammen mit seiner multi- und transmedialen Kommentierung und Begleitung mit wenig anderen erinnerungskulturellen Verdichtungsphasen nach 1945 vergleichbar ist – etwa der Popularisierung des Tagebuchs von Anne Frank in den späten 1950er Jahren, dem Auschwitz-Prozess zwischen 1963 und 1965 oder den Debatten um das »Holocaustmahnmal« und die »Wehrmachtsausstellung« in den 1990er Jahren.[3] Damit ist bereits angedeutet, dass nicht die Serie allein, sondern vor allem der Diskurs über sie hinsichtlich der Fragen nach Auftakt, Zäsur oder Schub zu betrachten ist; zumal es zu den prägenden Eigenheiten des bundesdeutschen Umgangs mit der NS-Vergangenheit gehört, dass immer wieder politische, juristische oder mediale Ereignisse zu Kristallisationsmomenten der nationalen Selbstverständigung, Sinnstiftung und Geschichtstransformation geworden sind.[4]

»Holocaust« stand dabei zunächst in einer nicht unproblematischen Linie geschichtspolitischer Interventionen von außen. Doch war anders als 1945 diesmal keine Besatzungsmacht, sondern die den Deutschen über viele Kulturimporte und nicht zuletzt zahlreiche Hollywoodkriegsfilme durchaus vertraute amerikanische Unterhaltungsindustrie verantwortlich. Dort hatte die »Holocaust«-Serie ihren Ursprung, zielte aber von Beginn an auf einen

1 Zit. nach Paul Karalus, Gegen die Arroganz der Puristen, in: Süddeutsche Zeitung, 19.11.1982.

2 Vgl. Gerhard Paul, Vom Beschweigen zur Medialisierung. Über Veränderungen im Umgang mit Holocaust und Nationalsozialismus in der Mediengesellschaft, in: Ders. u. Bernhard Schoßig (Hg.), Öffentliche Erinnerung und Medialisierung des Nationalsozialismus. Eine Bilanz der letzten dreißig Jahre, Göttingen 2010, S. 15–38, hier S. 16f.

3 Vgl. Heidemarie Uhl, Medienereignis »Holocaust«. Nationale und transnationale Dimensionen eines globalen Gedächtnisortes, in: Friedrich Lenger u. Ansgar Nünning (Hg.), Medienereignisse der Moderne, Darmstadt 2008, S. 172–191; Susanne Brandt, »Wenig Anschauung«? Die Ausstrahlung des Films »Holocaust« im westdeutschen Fernsehen (1978/79), in: Christoph Cornelißen u. a. (Hg.), Erinnerungskulturen. Deutschland, Italien und Japan seit 1945, Frankfurt a. M. 2003, S. 257–268; Jürgen Wilke, Die Fernsehserie »Holocaust« als Medienereignis, in: Zeitgeschichte-online, Thema: Die Fernsehserie »Holocaust« – Rückblicke auf eine »betroffene Nation«, hg. von Christoph Classen, März 2004, URL: http://www.zeitgeschichteonline.de/md=FSHolocaust-Wilke [eingesehen am 15.02.2016].

4 Vgl. Martina Thiele, Publizistische Kontroversen über den Holocaust im Film, Münster 2001.

internationalen Markt. Denn nachdem die vierteilige Serie »Holocaust« im April 1978 erstmals im amerikanischen Fernsehen ausgestrahlt worden war, wurde sie innerhalb eines Jahres in mehr als dreißig weiteren Ländern gezeigt und von über 500 Millionen Menschen gesehen. Die internationalen Verkaufserlöse machten »Holocaust« trotz der hohen Produktionskosten für den werbefinanzierten Sender NBC zum kommerziellen Erfolg.

Dazu trug bei, dass die Serie trotz heftiger Kritik acht »Emmy Awards« erhielt, womit auch ein neues Medienformat sowie die Popularisierung bis dahin nicht telemedial behandelter historischer Themen ausgezeichnet wurden. Denn im Ringen um Marktsegmente und aufgrund einer Krise der klassischen *Soap Opera* hatten US-Fernsehsender Mitte der 1970er Jahre begonnen, das neue Format der Miniserie mit intensiveren Authentizitätseffekten zu entwickeln, und dabei auch auf historische Stoffe zurückgegriffen. Nachdem ABC mit dem Sklaverei-Vierteiler »Roots« 1976 bereits etwa 130 Millionen Amerikaner erreicht hatte (zehn Millionen mehr als »Holocaust«), reagierte NBC mit der Produktion von »Holocaust« und einer prominenten Besetzung vor allem des Drehbuchautors und des Regisseurs. Sie nutzten intensiv die neuen *Features* der Miniserie: kürzere Serienformate, mehr Authentizität durch Außenaufnahmen an mehr oder weniger originalen Schauplätzen und personalisierte Charaktere, die zur Einfühlung einladen sollten.

Vor allem, aber keineswegs nur für die bundesdeutsche Bevölkerung, brach »Holocaust« mit der doppelten Marginalisierung und Tabuisierung der antijüdischen Gewalt und des massenhaften Mordens, wie sie für die durchaus zahlreichen filmischen und fotografischen Veröffentlichungen zum Nationalsozialismus und zum Zweiten Weltkrieg in den 1950er und 1960er Jahren charakteristisch waren.[5] Durch die wenigen Publikationen, die sich wie Gerhard Schoenberners »Der gelbe Stern« von 1961 auf den Holocaust konzentriert hatten, waren filmische Narrative über die Auswahl und Anordnung der Aufnahmen jedoch bereits vorgeformt und als Ablauf verdichtet.[6] Gleichwohl war hinsichtlich der filmischen Darstellung an »Holocaust« vor allem neu, dass der Prozess der Ausgrenzung, Verfolgung und Ermordung der europäischen Juden erstmals anhand von zentralen, über die gemeinsame dörfliche Herkunft und den narrativen Plot verbundenen Akteuren auf der Täter- und Opferseite sowie entlang einer klaren Chronologie verfolgungspolitischer Zäsuren und konkretisiert an emblematischen Orten des Judenmords wie dem Warschauer Ghetto, Babi Yar, Auschwitz oder Theresienstadt filmisch erzählt wurde.

Das Schicksal der jüdischen Familie Weiß und die Darstellung der in unterschiedlicher Weise in den Herrschaftsapparat des Nationalsozialismus

5 Vgl. Knut Hickethier, Der Zweite Weltkrieg und der Holocaust im Fernsehen der fünfziger und sechziger Jahre, in: Michael Greven u. Oliver von Wrochem (Hg.), Der Krieg in der Nachkriegszeit. Der Zweite Weltkrieg in Politik und Gesellschaft der Bundesrepublik, Opladen 2000, S. 93–112; Peter Reichel, Erfundene Erinnerung. Weltkrieg und Judenmord in Film und Theater, München 2004.

6 Vgl. Habbo Knoch, Tat als Bild. Fotografien des Holocaust in der deutschen Erinnerungskultur, Hamburg 2001.

involvierten Familie Dorf machten das Gesamtgeschehen des Holocaust anhand der individualisierten Lebenswege von einem Dutzend Personen anschaulich. Anders als in den wenigen früheren dokumentarischen Film- und Fernsehproduktionen zum Mord an den europäischen Juden wie »Nacht und Nebel« von Alain Resnais (F 1957) oder in dokumentarischen Fernsehproduktionen wie »Der SS-Staat« (D 1961) wurden Juden nun selbst als identifizierbare, wenngleich fiktionale Akteure sichtbar.[7] Perspektivwechsel der Kameraführung schufen kontrastierende Bildwelten der Täter, Opfer und Zuschauenden; Gewaltszenen wurden nicht mehr ausgespart, sondern strukturierten den Spannungsbogen der Filmerzählung.

Noch während die Fernsehserie in den USA zwischen dem 16. und 19. April 1978 ausgestrahlt wurde, hatte jedoch der jüdische Holocaust-Überlebende Elie Wiesel die Produktion als ästhetisierende und emotionalisierende Trivialisierung sowie als gefährliche Vermischung historischer Tatsachen mit filmischer Erzählung heftig kritisiert.[8] Wiesel übertrug dabei auch die in diesen Jahren wachsende Kritik seitens führender amerikanischer Intellektueller wie Susan Sontag an der Instrumentalisierung von Schockbildern für humanitäre Zwecke oder politischen Protest auf die Erinnerungskultur.[9] Binnen weniger Tage sollte auch die bundesdeutsche überregionale Presse Wiesels Urteil der Tendenz nach übernehmen. Sie wertete »Holocaust« als »Seifenoper«, mithin als defizientes und unangemessenes Unterhaltungsprodukt gegenüber seriösen Formen der historischen Dokumentation ab.[10] Die Kritik an der Kommerzialisierung und Banalisierung vereinte über die folgenden Monate hinweg Gegner wie Befürworter, Förderer wie Verhinderer einer intensiveren Befassung der Deutschen mit dem historischen Geschehen, für das »Holocaust« stand.

Nach kontroverser Diskussion beschlossen die Intendanten der ARD-Fernsehanstalten dennoch im Juni 1978 mit knapper Mehrheit den Ankauf der Serie.[11] Das Spektrum ihrer Meinungen bot ein Spiegelbild der weit auseinanderdriftenden geschichtspolitischen Positionen zu dieser Zeit, die insgesamt eher auf einen Schlussstrich als einen erneuten Aufklärungsimpuls hinausliefen. Als Kompromiss hatten die Intendanten entschieden, die Serie nur in den Dritten Programmen zu zeigen, die dafür erstmals zusammengeschaltet wurden. Bereits bevor die genauen Sendetermine im Oktober 1978 bekannt gemacht wurden, hatte ein Teil der Argumente für und gegen den Ankauf und die Ausstrahlung von »Holocaust« ihren Weg in die überregionale Presse gefunden. Diese ungewöhnliche Aufmerksamkeit hat nicht nur die spätere Rezeption beeinflusst, sondern auch Deutungskategorien und Erwartungshorizonte fundiert, ehe eine breitere Öffentlichkeit »Holocaust« überhaupt sehen konnte.

7 Vgl. Frank Bösch, Der Nationalsozialismus im Dokumentarfilm: Geschichtsschreibung im Fernsehen, 1950–1990, in: Ders. u. Constantin Goschler (Hg.), Public History. Darstellungen des Nationalsozialismus jenseits der Geschichtswissenschaft, Frankfurt a. M. 2009, S. 52–76.

8 Siehe Elie Wiesel, Trivializing the Holocaust. Semi-Fact and Semi-Fiction, in: New York Times, 16.04.1978.

9 Siehe Susan Sontag, On Photography, New York 1977.

10 Den Auftakt dazu bildete Sabina Lietzmann, Die Judenvernichtung als Seifenoper, in: Frankfurter Allgemeine Zeitung, 20.04.1978.

11 Zu diesen Debatten und ihrem Kontext vgl. ausführlich Sandra Schulz, Film und Fernsehen als Medien der gesellschaftlichen Vergegenwärtigung des Holocaust. Die deutsche Erstausstrahlung der US-amerikanischen Fernsehserie »Holocaust« im Jahre 1979, in: Historical Social Research, Jg. 32 (2007), H. 1, S. 189–248; Joachim Siedler, »Holocaust«. Die Fernsehserie in der deutschen Presse. Eine Inhalts- und Verlaufsanalyse am Beispiel ausgewählter Printmedien, Münster 1984; Peter Märthesheimer u. Ivo Frenzel (Hg.), Im Kreuzfeuer: Der Fernsehfilm »Holocaust«. Eine Nation ist betroffen, Frankfurt a. M. 1979.

War ein gewichtiges Argument für den Ankauf, sich diesem schon aus geschichtspolitischen Gründen nicht entziehen zu können, um Deutschlands Ansehen nicht zu schaden, fürchteten manche einen unzumutbaren Schock der deutschen Bevölkerung. Dies kaschierte nicht selten grundsätzliche Vorbehalte gegenüber einer intensiveren Auseinandersetzung mit den nationalsozialistischen Verbrechen. Vornehmlich wandten sich die Kritiker aber gegen den erzählerischen und kommerziellen, als »amerikanisch« stigmatisierten Unterhaltungscharakter der Serie, bei der Fakten und Fiktionen vermischt würden. War aber nicht bei vielen auch mitbestimmend, dass die Serie Dinge nahebrachte, weil sie mit den früheren distanzierten Darstellungsformen brach? Denn die filmischen Mittel der Personalisierung, Emotionalisierung

und Dramatisierung wurden dem vorherrschenden Primat dokumentarischer Darstellungen zum Nationalsozialismus im deutschen Fernsehen gegenübergestellt, die in der Regel bestenfalls durch das Genre des Fernsehspiels für ein kleineres Publikum ergänzt worden waren, wie in Egon Monks Produktion »Ein Tag. Bericht aus einem Konzentrationslager 1939« (D 1965) geschehen.

Seitdem das Fernsehen in der Bundesrepublik um 1960 zum Massenmedium avanciert war, waren bereits vor »Holocaust« mehrere hundert Fernsehproduktionen gesendet worden, die zum großen Teil der Zeit des Nationalsozialismus gewidmet waren.[12] Neben Dokumentationen, die wie bewegte, von Autoritäten beglaubigte Geschichtsbücher gearbeitet waren, gab es zwar auch bereits erzählende Darstellungen; diese enthielten aber zumeist Entlastungsangebote, indem Widerstandshandlungen, Gehorsamsnotstand oder Abgrenzungen zu Karrierefunktionären betont wurden.

Erst im Zuge der intensiveren Befassung der bundesdeutschen Gesellschaft mit dem Nationalsozialismus und seinen Verbrechen in den 1960er Jahren und noch einmal angetrieben durch die »68er«-Bewegung sowie deren Übergang in das breite Spektrum sozialer Bürgerbewegungen kam es in den 1970er Jahren zu einer erkennbaren Verdichtung erinnerungskultureller Aktivitäten. Das Medienereignis »Holocaust« wurde dabei durch einen Wandel der Geschichtskultur im Zeichen der sozialliberalen Koalition vorbereitet; dies jedoch in paradoxer Weise: Die frühen Forderungen nach einer Stärkung des »mündigen«, auch »geschichtsbewussten Bürgers« wurden im Laufe der 1970er Jahre deutlich abgeschwächt, das Paradigma des sozialkritischen Dokumentarismus verlor an Einfluss und die Feststellung einer historischen Identitätskrise und Geschichtsmüdigkeit verlieh der Forderung nach attraktiven Vermittlungsformen zunehmend mehr Gewicht.[13]

Dennoch hatten sich die Schwerpunkte der Erinnerungskultur bereits vor »Holocaust« verschoben: Seit Anfang der 1970er Jahre waren an einer größeren Zahl von Stätten ehemaliger Synagogen Gedenkzeichen angebracht worden. 1973 hatte der Bundespräsident den »Geschichtswettbewerb« ins Leben gerufen, der wichtige Anstöße für eine lokale Beschäftigung mit dem Nationalsozialismus gab. In diese Zeit fiel auch die erste didaktische Profilierung der Kategorien »Geschichtsbewusstsein« und »Lernort«, die zusammen mit einer Hinwendung zur Alltagsgeschichte, der Entstehung von lokalen Geschichtswerkstätten und der Einrichtung erster Gedenkstätten in freier Trägerschaft verbunden war. In Dachau hatte sich bereits im Jahrfünft vor 1979 die Zahl der Schulklassenbesuche auf 5.000 verzehnfacht.

Im Vorfeld der Ausstrahlung von »Holocaust« herrschten aber vergangenheitspolitische, täterorientierte Themen vor: Eine »Hitlerwelle«, die sich

12 Vgl. Frank Bösch, Das »Dritte Reich« ferngesehen. Geschichtsvermittlung in der historischen Dokumentation, in: Geschichte in Wissenschaft und Unterricht, Jg. 50 (1999), H. 4, S. 204–220; Christoph Classen, Bilder der Vergangenheit. Die Zeit des Nationalsozialismus im Fernsehen der Bundesrepublik Deutschland 1955–1965, Köln 1999; Christiane Fritsche, Vergangenheitsbewältigung im Fernsehen. Westdeutsche Filme über den Nationalsozialismus in den 1950er und 60er Jahren. München 2003; Wulf Kansteiner, Populäres Fernsehen vor »Holocaust«. Die Darstellung des Nationalsozialismus und des Zweiten Weltkriegs in drei Erfolgssendungen des ZDF, in: Historical Social Research, Jg. 30 (2005), H. 4, S. 53–73.

13 Im Folgenden vgl. Harald Schmid, Die »Stunde der Wahrheit« und ihre Voraussetzungen. Zum geschichtskulturellen Wirkungskontext von »Holocaust«, in: Zeitgeschichte-online, Thema: Die Fernsehserie »Holocaust«, URL: http://www.zeitgeschichte-online.de/md=FSHolocaust-Schmid [eingesehen am 15.02.2016].

in zahlreichen populären Publikationen, Illustriertenberichten, Filmen und Konsumprodukten vor allem im Zuge des Hitlerfilms von Joachim Fest 1977 zeigte, gab zu mancher Sorge Anlass.[14] Zur selben Zeit wurden in Film und Fernsehen mehrere Täterbiografien zum Thema gemacht.[15] Vor allem hatten der seit 1975 laufende Majdanek-Prozess, die politischen Skandale um Karl Carstens, Hans Filbinger und Hans Puvogel, die 1978 einsetzende Debatte um die Verjährung von (nationalsozialistischen) Mordtaten, der sich neu formierende, gewaltsame Rechtsextremismus und die erste Auseinandersetzung um die »Auschwitz-Lüge« mit hoher Virulenz zahlreiche Fragen nach Täterschaft, Verantwortung und Renazifizierungsgefahren gestellt.

In diesem Kontext beschloss die Konferenz der Kultusminister im April 1978, dem Nationalsozialismus in der schulischen Bildung mehr Aufmerksamkeit zu schenken. Auch die gegenüber einer Erforschung des Nationalsozialismus und seiner Verbrechen lange Zeit mehr als zurückhaltende Geschichtswissenschaft beteiligte sich nun an dem Diskurs mit ersten wegweisenden Studien zur antijüdischen Politik, zu dem Schicksal sowjetischer Kriegsgefangener oder der Haftsituation in den Konzentrationslagern. In den 1980er Jahren prägende Debatten um die Deutung des NS-Herrschaftssystems und die Rolle Hitlers zeichneten sich bereits ab, dabei aber auch die grundlegende Skepsis der meisten Zeithistoriker gegenüber massenmedialen Geschichtsdarstellungen und deren moralisch-pädagogisierenden, vereinfachenden Effekten. Nicht von ungefähr bezeichnete der mit populären Arbeiten zur NS-Zeit hervorgetretene Heinz Höhne die intensive Rezeption von »Holocaust« als »schwarzen Freitag für die Historiker«[16].

Für die Diskussion um die Ausstrahlung von »Holocaust« war dieser Konflikt zwischen akademischer Autorität und einer Kommerzialisierung der Geschichtsvermittlung, zwischen Dokumentarismus und Unterhaltung grundlegend. So ging es neben der grundsätzlichen Frage, ob Tabuisierung oder Aufklärung der kollektiv zu beschreitende Weg sein solle, auch um einen Grundkonflikt über die Zukunft des Bildungsauftrags des Fernsehens als Leitmedium der Bundesrepublik. Denn gerade in der zweiten Hälfte der 1970er Jahre veränderte sich die Fernsehkultur beträchtlich. Die öffentlich-rechtlichen Sender begannen, Unterhaltung einen größeren Stellenwert einzuräumen. Kritiker dieser Akzentverschiebung bezweifelten jedoch, dass durch solche Produktionen Wissen vermittelt und Aufklärung erreicht werden könne.

Es waren dann vor allem die Programmverantwortlichen des WDR, die ihr Drängen auf eine Ausstrahlung gerade damit begründeten, dass »Holocaust« dem Bildungsauftrag gerecht werde: Die Serie vermittele erstmals

14 Vgl. Marion Gräfin Dönhoff, Was bedeutet die Hitlerwelle? Ein Phänomen, gegen das wir uns nicht wehren können, in: Die Zeit, 09.09.1977; Claus Heinrich Meyer, Der veredelte Hitler der siebziger Jahre. Das Dritte Reich als Markenartikel, in: Tribüne. Zeitschrift zum Verständnis des Judentums, Jg. 19 (1980), S. 85–100.

15 Siehe »Aus einem deutschen Leben« (D 1976) über den Auschwitz-Kommandanten Höß; »Manager des Terrors« (ZDF, D 1977) über Reinhard Heydrich; »Dr. W. – ein SS-Arzt aus Auschwitz« (ZDF, D 1978).

16 Heinz Höhne, Schwarzer Freitag für die Historiker, in: Der Spiegel, 29.01.1979; zu Reaktionen in der Geschichtswissenschaft vgl. Martin Broszat, »Holocaust« und die Geschichtswissenschaft, in: Vierteljahrshefte für Zeitgeschichte, Jg. 27 (1979), H. 2, S. 285–298; Wolfgang Scheffler, Anmerkungen zum Fernsehfilm »Holocaust« und zu Fragen zeithistorischer Forschung, in: Geschichte und Gesellschaft, Jg. 5 (1979), H. 4, S. 571–579; Konrad Kwiet, Zur historiographischen Behandlung der Judenverfolgung im Dritten Reich, in: Militärgeschichtliche Mitteilungen, Jg. 27 (1980), H. 1, S. 149–192.

ein Gesamtbild der Verbrechen, werde weite Teile der Bevölkerung erreichen und ein »Lernstück« sein, da niemand sich angesichts des Gesendeten aus der Verantwortung für die Geschichte stehlen könne.[17] Diese Intention wurde mit der schließlich ausgestrahlten Fassung durch eine gegenüber der amerikanischen Version veränderte Schlusssequenz bekräftigt, die mit einem pathetischen Satz des Besatzungsprofiteurs und Verfolgungskritikers Kurt Dorf endete: »Wir müssen erkennen, dass wir uns alle schuldig gemacht haben.«

Dabei ging es den WDR-Verantwortlichen vor allem darum, »Holocaust« gegen große Vorbehalte bewusst als starken Impuls für eine intensivere Beschäftigung mit den nationalsozialistischen Verbrechen zu setzen. Nachdem die »Hitlerwelle«, Befragungen zum Wissensstand von Schülern über den Nationalsozialismus mit der »Boßmannstudie« von 1977[18] und ein erstarkender Rechtsextremismus erhebliche Zweifel an fundierten Kenntnissen zur NS-Zeit in weiten Teilen der Bevölkerung hatten aufkommen lassen, wurde die TV-Serie mit einem bis dahin so nicht betriebenen cross-medialen Aufwand gezielt als erinnerungskulturelle Zäsur vorbereitet und inszeniert. Die erhofften Effekte sollten vor allem bei der jüngeren Zuschauergeneration durch ergänzende Bildungsangebote unterstützt werden, die der WDR gemeinsam mit der Bundeszentrale für politische Bildung entwickelte. Zusammen mit der Einbettung der TV-Serie in historische Dokumentationen, Fernsehgesprächsrunden und Anrufmöglichkeiten in den Sendern an den Ausstrahlungsabenden sollte dies auch die erwartete emotionalisierende und aufwühlende Wirkung einhegen sowie der Kritik an einer unzureichenden Faktentreue und historischen Kontextualisierung der Serie begegnen.

Die WDR-Verantwortlichen wollten »Holocaust« zu einem Medienereignis machen, weil sie sich davon einen nachhaltigen Schub für die bundesdeutsche Auseinandersetzung mit den NS-Verbrechen versprachen. Ihnen spielte in die Hände, dass sich im Herbst 1978, nach der erfolgreichen Ausstrahlung der Serie in Großbritannien, die Haltung der Printmedien zu ändern begann. Dazu dürften die umfangreichen Gedenkveranstaltungen zum vierzigsten Jahrestag der Novemberpogrome nicht unwesentlich beigetragen haben; zumal hier und in vielen Begleitpublikationen erstmals in dieser Form die jüdischen Opfer als Individuen thematisiert wurden.[19] In der Diskussion um »Holocaust« wurde, statt wie bisher die ästhetische Qualität zu kritisieren, nun die Breitenwirkung solcher Formate betont und als Chance gesehen. Bis in die begleitende Berichterstattung der Ausstrahlung von »Holocaust« im Januar 1979 hinein wirkte nun das Postulat, mit diesem neuen Format erstmals tatsächlich breite Kreise der Bevölkerung zu diesem Thema

17 Vgl. Schulz, S. 215 ff.

18 Siehe Dieter Boßmann (Hg.), »Was ich über Adolf Hitler gehört habe …«. Folgen eines Tabus. Auszüge aus Schüleraufsätzen von heute, Frankfurt a. M. 1977.

19 Vgl. Harald Schmid, Erinnern an den »Tag der Schuld«. Das Novemberpogrom von 1938 in der deutschen Geschichtspolitik, Hamburg 2001.

erreichen zu können. Während manche Journalisten zur erhofften Wirkung vorab beitrugen, indem sie postulierten, »Holocaust« werde die Gesellschaft spalten, bewegen und entsetzen, wurden nun auch Überlebende – gewissermaßen als Antwort auf Elie Wiesel – zu Kronzeugen dieses Umschwungs: So sprach Eugen Kogon, ehemaliger Buchenwald-Häftling und Verfasser der ersten Studie zum System der nationalsozialistischen Konzentrationslager, der Serie eine genuine »innere Wahrheit«[20] zu.

Die zunehmend affirmative Berichterstattung und die von 32 Prozent bei der ersten auf 41 Prozent bei der vierten Folge steigenden Einschaltquoten verhielten sich wie kommunizierende Röhren. Mit einer entsprechenden Semantik nahmen die begleitenden Kommentare schon lange vor den Wirkungsstudien einen Teil ihrer Ergebnisse vorweg und bemühten kollektivpsychologische Deutungen als Erklärung. Die Ausstrahlung galt unmittelbar und selbstbestätigend – ungeachtet der Frage einer nachhaltigen Bildungswirkung und der gewiss nicht repräsentativen Quellengrundlagen der Journalisten – als großer Erfolg, weil als gelungen galt, das Thema über den beschränkten Kreis einer Wissenselite bzw. jenseits des Schulkanons einem beträchtlichen Teil der westdeutschen Bevölkerung nahezubringen; und weil die Zuschauenden zumindest im diskursiven Umfeld der Medien nicht vornehmlich mit Abwehr oder dem von vielen befürchteten Zusammenbruch reagierten, sondern Erschütterung, Entsetzen und Empathie gezeigt hätten. Wunschdenken spielte dabei keine geringe Rolle.

Doch tatsächlich war die Reichweite der Serie beträchtlich; wenn auch zu beachten ist, dass bei den nur wenigen verfügbaren Sendern hohe Einschaltquoten und kollektive Fernsehereignisse keine Seltenheit waren. Fast jeder zweite bundesdeutsche Jugendliche oder Erwachsene hatte zumindest einen Teil von »Holocaust« gesehen, aber nur ein Drittel der Gesamtzuschauerschaft, immerhin jeder zehnte Bundesdeutsche, alle vier Teile. Zwei Drittel der 14- bis 29-Jährigen, aber auch fast fünfzig Prozent der über Sechzigjährigen gehörten zu den Zuschauern. Mehrheitlich berichteten die in den Begleitstudien Befragten von tiefer Erschütterung und subjektivem Wissenszuwachs. Diese Eindrücke bestätigten sich zumindest auch in den ersten Wochen nach der Ausstrahlung. Besonders hervorgehoben wurden die gezeigten Grausamkeiten, wie insgesamt das Thema der Serie nach eigenen Angaben für jeden Dritten der Nichtseher als zu aufregend eingeschätzt wurde. Artikelüberschriften wie »Das Grauen schwappt in die Gute Stube« (*Frankfurter Rundschau*, 24.01.1979) oder »Holocaust – nur ein Cornflakes-Melodram?« (*Süddeutsche Zeitung*, 22.01.1979) zeugten von der fortbestehenden Skepsis und ambivalenten Haltung vieler Journalisten gegenüber der Serie. Aber sie

20 Eugen Kogon, Über die innere Wahrheit des Fernsehfilms »Holocaust«, in: Stern, 18.01.1979.

verdeutlichten auch, wo »Holocaust« die Deutschen traf: im privaten Raum, am Sofa- oder Küchentisch, wo bis dahin allermeist Kriegsgeschichten erzählt worden waren. »Holocaust« platzierte zumindest daneben ein ganz anderes Narrativ, über dessen Zusammenwirken mit der Dominanz des deutschen Selbstviktimisierungs- und Heldendiskurses noch zu wenig bekannt ist.

Offenbar waren die aus unterschiedlichen Gründen »Holocaust« zunächst ablehnenden Kommentatoren selbst überrascht von den Reaktionen, die der Film hervorrief. Denn nicht nur die unmittelbaren, teils sehr emotionalen Äußerungen von Zuschauern an den Ausstrahlungsabenden, sondern auch die zahlreichen kommunikativen Verarbeitungen des Gesehenen in Gesprächsgruppen, Podiumsdiskussionen oder Schulprojekten vermittelten den Eindruck einer beträchtlichen Bereitschaft, sich nunmehr nicht nur intensiver mit dem Geschehen selbst, sondern auch mit seiner politischen und moralischen Bedeutung auseinanderzusetzen. Auch hier verstärkten Journalisten die Intention der Fernsehverantwortlichen, indem sie die Serie zur »Deutschstunde« oder »Geschichtsstunde« erklärten und vor allem die emotionale Seite der Reaktionen betonten. Marion Gräfin Dönhoff adelte etwa die »moralische Entrüstung« gegenüber »ideologischen Motiven« als allein überzeugende Motivation für politische Protestaktionen.[21]

Die emotionalisierende Wirkung der Serie war somit zu einem wesentlichen Teil nicht nur ein Effekt von Beobachtungen und Zuschreibungen vor, sondern auch von Interpretationen während der Ausstrahlung, die den späteren Blick auf die quasikathartische Wirkung von »Holocaust« wesentlich geprägt haben. Zugleich schrieben Intention, Antizipation und Rezeption eine seit den 1960er Jahren prägende Interpretation für den Umgang der Deutschen mit dem Nationalsozialismus weiter fest, da der Ausbruch von Emotion und Zuwendung zu den Opfern als Bestätigung einer jahrzehntelangen Verdrängung der Verbrechen galt. Betroffenheit und Empathie wiederum wurden nun als Erkennungszeichen einer Bereitschaft nobilitiert, sich ernsthaft mit den Verbrechen befassen und stellvertretend die deutsche Schuld annehmen zu wollen.

»Holocaust« erlebte mithin auf der Deutungsebene innerhalb weniger Monate zwischen April 1978 und Januar 1979 eine erstaunliche Metamorphose vom kommerzialisierten Wiedergänger des Kollektivschuldvorwurfs der Nachkriegszeit zum blockadelösenden Erinnerungsschub, der weit in die Gesellschaft hinein gereicht habe. Wesentlichen Anteil daran hatte die multimediale Umwidmung einer fiktionalen Geschichte in die erste umfassende und zunehmend als dokumentarisch oder authentisch erscheinende Darstellung des Holocaust. Trotz der anhaltenden Kritik an inhaltlichen Fehlern und

21 Marion Gräfin Dönhoff, Eine deutsche Geschichtsstunde. »Holocaust« – Erschrecken nach dreißig Jahren, in: Die Zeit, 02.02.1979; vgl. auch Roderich Reifenrath, Deutschstunden, in: Frankfurter Rundschau, 29.01.1979.

der Banalisierung durch die Spielfilmhandlung wuchsen »Holocaust« bis in die Rezeption der Zuschauer hinein immer stärker quasidokumentarische Eigenschaften zu – zumal die Charaktere und Schicksale einen hohen Authentifizierungseffekt hatten.

Die Ausstrahlung wurde dabei nicht nur intensiv in der Tagespresse kommentiert, sondern vor allem in den großen bundesdeutschen Wochenzeitschriften *Zeit*, *Spiegel* und *Stern* noch bis in den März hinein zunächst mit Titelgeschichten, dann mit Hintergrundinformationen und ergänzenden Dokumentationen begleitet. So überschrieb der *Stern* in seiner Ausgabe vom 1. Februar 1979 ein ganzseitig abgedrucktes Bild einer Erschießungsszene mit »So war es!«. Der *Spiegel* veröffentlichte über mehrere Wochen hinweg als Vorabdruck Auszüge des bei Fischer erstmals auf Deutsch erschienenen autobiografischen Berichts »Anus Mundi« des polnischen Auschwitz-Häftlings Wieslaw Kielar.[22] Diese Einbettung trug zu einer Hybridisierung der Fernsehserie bei, mit der die fiktive Erzählung dokumentarisch validiert wurde. Dementsprechend ordneten im März 1979 befragte Zuschauer der Serie diese nicht als Spielfilm, sondern in das Genre dokumentarischer Katastrophenberichte ein.[23]

Zu den unmittelbaren Folgen der Serie gehörten die finale Aufhebung der Verjährungsfrist für Mord 1979, eine wachsende Sensibilität für antisemitische Einstellungen und ein Schub an Fernsehproduktionen zur NS-Zeit in den 1980er Jahren, die vermehrt alltagsgeschichtlichen, biografisch erzählten Themen gewidmet waren und Kinderschicksale, Familiengeschichten oder Widerstandsbewegungen behandelten – ein Spektrum, mit dem die NS-Zeit durch das Prisma individueller Handlungen und ohne Anspruch einer strukturellen Erklärung oder Einordnung sowie bestenfalls als Herausforderung einer an sich intakten bürgerlichen Moral repräsentiert wurde. Grausamkeiten, die »Holocaust« noch zeigte, blieben ebenso weitgehend ausgespart wie Osteuropa als konkreter, historischer Raum, in dem sich der größte Teil des Massenmordens ereignet hatte.[24]

Insgesamt ist »Holocaust« vor allem als Durchbruch einer massenkulturellen Vergangenheitspopularisierung zu bewerten, die einen bis heute anhaltenden Diskurs über die Darstellbarkeit dieses historischen Geschehens und ihre Grenzen nach sich gezogen hat. Die Fernsehserie war allerdings nicht epiphanischer Auftakt und Durchbruch zugleich, sondern ein besonderes Verdichtungsmoment während einer längeren erinnerungskulturellen Häutungsphase der Bundesrepublik, die Mitte der 1970er Jahre einsetzte, durch die Ausstrahlung von »Holocaust« und den Diskurs wesentlich forciert wurde und mit Kernereignissen der ersten Hälfte der 1980er Jahre,

22 Siehe Wieslaw Kielar in Auschwitz, Folge I–V, in: Der Spiegel, 1979, H. 6–10; als Buch: Wieslaw Kielar, Anus Mundi. Fünf Jahre Auschwitz, Frankfurt a. M. 1979 (1982 in der 1977 von Walter H. Pehle begründeten »Schwarzen Reihe« als Taschenbuch veröffentlicht).

23 Vgl. Elisabeth Noelle-Neumann u. a. (Hg.), Allensbacher Jahrbuch der Demoskopie, Bd. 8, 1978–1983, München 1983, S. 552.

24 Vgl. Frank Bösch, Film, NS-Vergangenheit und Geschichtswissenschaft. Von »Holocaust« zu »Der Untergang«, in: Vierteljahrshefte für Zeitgeschichte, Jg. 55 (2007), H. 1, S. 1–32.

dem fünfzigsten Jahrestag der Machtübertragung 1983 und dem vierzigsten Jahrestag des Kriegsendes 1985 sowie dem anschließenden Historikerstreit, ihren Höhepunkt fand.

»Holocaust« würde deshalb auch überschätzt, wenn man gleichsam alle medialen, politischen und institutionellen Ereignisse der 1980er und folgenden Jahre auf die Serie zurückführen würde. Ein Großteil der gesellschaftlichen Initiativen in den frühen 1980er Jahren war nicht erst, wenn überhaupt, durch »Holocaust« motiviert worden.[25] Gleichwohl spielten persönliche Kontakte zu Überlebenden, die Suche einer postnationalsozialistischen Generation nach authentischen Bezugspunkten dieser Vergangenheit und eine Sühnebereitschaft durch Opferidentifikationen eine entscheidende Rolle für viele Erinnerungsakteure, die sich nicht zuletzt gegen die von der neuen christlich-liberalen Bundesregierung angestrengte, wenn auch so nach der Wahl von 1982 nicht mehr proklamierte »geistig-moralische Wende« wandten.[26]

Bezeichnenderweise standen die nun zunehmenden Gedenkinitiativen im Zeichen einer nachholenden Dokumentation, die den Opfern jene authentischen, nach 1945 verschwundenen Stimmen zurückgeben sollte. Zwar waren die konservativen und geschichtsrevisionistischen Gegenpositionen zu diesem Zeitpunkt beileibe nicht verstummt; doch gelang den Erinnerungsprotagonisten nunmehr, zumindest die Singularität des Holocaust sukzessive als Deutungsfigur eines unausweichlichen negativen Bezugspunkts der deutschen historischen Selbstverortung zu verankern. Sie sollte erst zwei Jahrzehnte später zur Staatsräson der Bundesrepublik werden. Vor allem die ersten Jahre nach »Holocaust« waren jedoch von einem intensiven Ringen um die Deutungshoheit des nationalen Identitätsnarrativs geprägt: Die Preußen-Ausstellung von 1981 ebenso wie auch der Film »Das Boot« (D 1981) im selben Jahr trugen zum längeren Boom einer popularisierten Nationalgeschichte bei, die nach dem Regierungswechsel von 1982 vor allem durch die Pläne des neuen Bundeskanzlers Helmut Kohl für zwei Nationalmuseen zur deutschen Geschichte und zur Geschichte der Bundesrepublik befeuert wurde.

Womöglich aber war in diesem konfliktreichen und keineswegs geradlinigen, geschweige denn teleologischen Prozess gerade nicht »Holocaust« unmittelbar ausschlaggebend für die nachfolgende Institutionalisierung des Erinnerns an die Opfer der NS-Verbrechen, sondern die vielfältigen Versuche, die auf viel breiterer Basis aufkeimende Auseinandersetzung mit den NS-Verbrechen und der deutschen Tatverantwortung zu unterlaufen, zu verhindern oder durch Überschreibungen umzudeuten. So ist als grundlegendes

25 Vgl. Habbo Knoch, Spurensuche: NS-Gedenkstätten als Orte der Zeitgeschichte, in: Bösch u. Goschler, S. 190–218.

26 Korrespondierend dazu ist der Zeitzeuge als Authentizitätsbeglaubigung fester Bestandteil der Fernsehdokumentationen geworden; vgl. Judith Keilbach, Geschichtsbilder und Zeitzeugen. Zur Darstellung des Nationalsozialismus im bundesdeutschen Fernsehen, Münster 2008.

Paradox für die deutschen Filmproduktionen seit 1979 – besonders etwa in Edgar Reitz' Serie »Heimat« (D 1984) als Antwort auf »Holocaust« – festzustellen, dass hier eine mit »Holocaust« vergleichbare Intensität, Konkretheit und Unmittelbarkeit der filmischen Darstellung der Judenvernichtung zu keinem Zeitpunkt wieder erreicht, sie vielmehr aus dem Großteil der Filmproduktionen zur NS-Zeit insgesamt eskamotiert wurde. Stattdessen wurden die Erzählmodi der Serie immer mehr verwendet, um die Perspektive einer deutschen Opferschaft im Medium des Dokudramas in emotional bewegender Anschaulichkeit zu verankern.[27]

Der Erfolg von »Holocaust« hat mithin letztlich beidem unter Fortschreibung bereits vor 1979 bestehender Deutungsfiguren maßgeblich mit den Weg bereitet: einer Zentrierung der deutschen Erinnerungskultur auf den Mord an den europäischen Juden mit einer sentimentalisierenden Opferperspektive und gleichzeitig einer kollektiven Selbstviktimisierung der Deutschen, deren Repräsentationen sich mit hoher massenmedialer Wirkung im filmischen Raum der bewegten Gefühlsbilder rein technisch kaum voneinander unterschieden. Offenbar war aber die seit Anfang der 1960er Jahre im Spannungsverhältnis von Geschichtspolitik und Erinnerungskultur gewachsene Fokussierung auf die Ermordung der europäischen Juden als zentrales Erinnerungsobjekt immer noch erträglicher als die Bewusstmachung der Gesamtheit nationalsozialistischer Verbrechen an der europäischen und auch deutschen Gesellschaft nach 1933.

Die TV-Serie »Holocaust« wirkte hier zwar mittelbar als Ventil, doch dichtete nicht zuletzt der 1979 zum »Wort des Jahres« gewählte Begriff »Holocaust« die Erinnerungssphären der einzelnen Verbrechen und ihre historische Verflochtenheit viel zu lange gegeneinander ab. Ein genaueres Verständnis der nationalsozialistischen Verbrechen als Gesamtkomplex hat die Serie eher behindert, die Anerkennung des Holocaust im engeren Sinne als »Zivilisationsbruch« jedoch zweifellos trotz aller Widerstände befördert.

27 Vgl. Frank Bösch, Bewegte Erinnerung. Dokumentarische und fiktionale Holocaustdarstellungen im Film und Fernsehen seit 1979, in: Paul u. Schoßig, S. 39–61; Wulf Kansteiner, Ein Völkermord ohne Täter? Die Darstellung der »Endlösung« in den Sendungen des Zweiten Deutschen Fernsehens, in: Moshe Zuckermann (Hg.), Medien – Politik – Geschichte, Göttingen 2003, S. 253–286; Tobias Ebbrecht, Geschichtsbilder im medialen Gedächtnis. Filmische Narrationen des Holocaust, Bielefeld 2011.

Prof. Dr. Habbo Knoch, geb. 1969, lehrt Neuere und Neueste Geschichte an der Universität zu Köln und war von 2008 bis 2014 Geschäftsführer der Stiftung niedersächsische Gedenkstätten.

DIE PARTY IST VORÜBER

DIE DDR IM JAHR 1979

Ξ Michael Lühmann

Es sollte der letzte große runde Geburtstag der DDR werden: die Dezennienfeier des Jahres 1979[1], in der sich die DDR, nun schon zum dritten Mal nach 1959 und 1969, »immer wieder symbolisch und propagandistisch neu [gebar]«[2]. Mit dem gewöhnlichen Pomp – Festtribüne mit internationalen Gästen aus den Bruderstaaten, Festumzüge und inzwischen auch die obligatorischen Militärparaden, wochenlangen Jubelarien im Vorfeld des Geburtstags im *Neuen Deutschland* und anderswo – feierte die DDR ein letztes Mal ganz offensiv, »ästhetisiert und aufgeführt« als »Geburtstagsfest« die Wiederkehr ihrer zum Mythos verklärten »reinen Geburt«.[3] Ein letztes Mal, wie sich herausstellen sollte, schlossen »Herrschende wie ›Beherrschte‹ [...] gewissermaßen für weitere zehn Jahre einen gegenseitigen ›Beistandspakt‹ [...], der durch die Festivitäten beglaubigt würde«; wodurch, so die Vorstellung der Machthaber, »unterschiedliche Berufe und Schichten, vor allem aber die nachwachsenden Generationen eingebunden werden« sollten.[4]

Doch gerade jener Beistandspakt, das soll der vorliegende Text zeigen, war längst hohl geworden in einem Land, das sich seit 1979 in der Wiederholung des immer Gleichen übte – dies gilt für die fortan sich wiederholenden Inszenierungen des Jahrestages ebenso wie etwa für den Oberliga-Fußball in der DDR. Das Jahr 1979 eröffnete der Tabellenführer BFC Dynamo Berlin mit 21:1 Punkten und schloss die Saison 1978/79 als DDR-Meister ab – ein Bild, das sich bis zum Ende der SED-Herrschaft nicht mehr verändern sollte. Der Beistandspakt war hohl geworden durch die für die DDR ruinöse »Einheit von Wirtschafts- und Sozialpolitik« und durch immer stärkere Repressionen gegen Andersdenkende, mit denen man versuchte, die Fassade aufrechtzuerhalten; nicht zuletzt auch durch einen neuen Pragmatismus[5], der das große Ziel der sozialistischen Utopie endgültig eintauschte gegen den real existierenden Sozialismus, der sich weniger um Transzendenz bemühte als um neu zu errichtenden Wohnraum. Jede Kritik an diesem Perspektivwechsel war unerwünscht: »Das politische System, das in der DDR wie auch in einigen osteuropäischen Staaten besteht, bezeichnet sich selbst als ›realen Sozialismus‹. Damit will man sagen, dass es einen ›idealen Sozialismus‹ nur in den Träumen sektiererischer Utopisten gibt, nicht aber in der Wirklichkeit. Wer sich diesen Träumen hingibt und auf diese Weise seine Unzufriedenheit mit

1 Zur Vierzigjahrfeier verzichtete die Parteiführung hingegen schon auf die Geburtstagsrhetorik, zudem standen bei den Demonstrationen zum vierzigsten Jahrestag »die Volkspolizisten nicht freundlich grüßend, sondern knüppelnd ›Spalier‹«; Monika Gibas u. Rainer Gries, Die Inszenierung des sozialistischen Deutschland. Geschichte und Dramaturgie der Dezennienfeiern in der DDR, in: Dies. (Hg.), Wiedergeburten. Zur Geschichte der runden Jahrestage der DDR, Leipzig 1999, S. 11–40, hier S. 11.

2 Ebd., S. 33.

3 Ebd.

4 Ebd., S. 36.

5 So Ruth Geier, »Vorwärts immer, rückwärts nimmer!«. Lobreden auf die DDR, in: Gibas u. Gries, Wiedergeburten, S. 55–69, hier S. 59. Deutlich wird an den Festreden der Jahre 1979 und 1989 auch eine weitere Akzentverschiebung, so Geier: Fokussierten die Reden 1959 und 1969 noch »Selbstbilder«, definierten die Reden von 1979 und 1989 die DDR »immer stärker ex negativo«, über das Feindbild BRD; vgl. ebd.

 INDES, 2016–1, S. 74–79, ISSN 2191-995X

dem real existierenden Sozialismus zum Ausdruck bringt, heißt es, hilft nur den Gegnern des Sozialismus«, kritisierte denn auch der Spiritus Rector der wieder aufkommenden DDR-Opposition, Robert Havemann, in seinen zehn Thesen zum dreißigsten Jahrestag der DDR.[6]

INTELLEKTUELLE DAUERKRISE

Doch selbst dieser reale Sozialismus war längst angeschlagen: wirtschaftlich, politisch, intellektuell. Die so notwendigen politischen Öffnungen, die Havemann einforderte, blieben aus; prominente Kritiker wie Rudolf Bahro oder Wolfgang Harich verließen 1979 die DDR. Literaten, Filmschaffende und Schauspieler haderten mit ihrem Land oder kehrten ihm – oft nach Jahren der inneren Emigration – infolge der Ausbürgerung Biermanns 1976 in Scharen den Rücken. Aber auch jene, die blieben, schienen nicht mehr so recht präsent. »Kein Ort. Nirgends«, so der schon sprechende Romantitel Christa Wolfs aus dem Jahr 1979.[7] Auch der Filmemacher Frank Beyer stellte nach dem Film »Geschlossene Gesellschaft« – der zwar nicht wie sein Epos »Spur der Steine« niedergebrüllt worden war, sondern, noch perfider, »totgeschwiegen« wurde – jegliche Versuche ein, gesellschaftskritische Filme zu drehen.[8] Dieser Film, so die Einschätzung des Komitees beim Fernsehen der DDR, sei einer, der »von revisionistischen und damit feindlichen Positionen her den realen Sozialismus verleumdet. Es ist ein Angriff auf die Grundwerte unserer Gesellschaft, [...] der modernistische Gestaltungsformen nachäfft, die im Kapitalismus längst abgehalftert sind. Die Programmgestaltung am 29.11. hat hoffentlich dazu beigetragen, daß dieser Film von möglichst wenigen Zuschauern gesehen wurde (22.25 bis 0.10 Uhr).«[9] Indes hatten die populären Träger dieser bisweilen auf- und durchkommenden Versuche von Gegenwartskritik, Schauspieler wie etwa Manfred Krug, diese DDR längst verlassen.

Auch und ganz besonders im Bereich der Kultur war der utopische Überschuss, den es bis Mitte der 1960er Jahre, vor allem zu beobachten im Jahr 1964,[10] noch gegeben hatte und der 1965 seitens der SED den Künstlern entzogen worden war,[11] längst einem pragmatischen, häufig bedrückten und zweifelnden Tasten in engen Räumen gewichen. »Heute drückt mir dieses ganze Land auf meinen Schultern«, notierte Christa Wolf wenige Tage vor dem Republikgeburtstag in ihrem Tagebuch; »und nur manchmal«, so Wolf weiter, »werde ich frei davon und kann mich leichter aufrichten«.[12] Christa Wolf hadert in diesem langen Tagebucheintrag vom September 1979 mit ihrer Rolle als Schriftstellerin in der DDR und ermöglicht zugleich tiefe Einblicke in das Seelenleben der kritischen Literaten und Künstler, deren Möglichkeiten des Ausdrucks im Angesicht der Biermann-Ausbürgerung 1976 wieder und

6 Die vollständig in einer spanischen KP-Zeitung unter dem Titel »Diez tesis con motivo del XXX aniversario de la RDA« am 20. Oktober 1979 in *Mundo Obrero* erschienen, weil sie im *Neuen Deutschland* nicht abgedruckt werden durften; vgl. Robert Havemann, 10 Thesen zum 30. Jahrestag der DDR, September 1979, auch abgedruckt in: Deutschland Archiv, Jg. 12 (1979), H. 11, S. 1225–1228.

7 Christa Wolf, Kein Ort. Nirgends, Berlin 1979.

8 Ingrid Poss u. Peter Warnecke, Geschlossene Gesellschaft (1978), in: Dies. (Hg.), Spur der Filme. Zeitzeugen über die DEFA, Berlin 2006, S. 327–329, hier S. 328f.

9 O. V., Streng vertrauliches Papier des Komitees beim Fernsehen der DDR vom Dezember 1978, in: Joachim Walther u. a. (Hg.), Protokoll eines Tribunals. Die Ausschlüsse aus dem DDR-Schriftstellerverband 1979, Reinbek bei Hamburg 1991, S. 99.

10 Vgl. Michael Lühmann, Vor dem Kahlschlag. Eine Reise durch die DDR des Jahres 1964, in: Robert Lorenz u. Franz Walter (Hg.), 1964 – das Jahr, mit dem ›68‹ begann, Bielefeld 2014, S. 327–342.

11 Vgl. Michael Lühmann, »Wer nicht für uns ist, ist gegen uns. Es gibt keinen Dritten Weg«. Wie die SED im Jahr 1965 beschloss, die Realität abzuschaffen und darüber ihren Nachwuchs verlor, in: Deutschland Archiv, 07.12.2015, URL: http://www.bpb.de/geschichte/zeitgeschichte/deutschlandarchiv/216974/wer-nicht-fuer-uns-ist-ist-gegen-uns-es-gibt-keinen-dritten-weg [eingesehen am 31.01.2016].

12 Christa Wolf, Ein Tag im Jahr, 1960–2000, München 2003, S. 252.

nochmals enger geworden waren. Da unzensierte Veröffentlichungen in der DDR nahezu unmöglich waren, blieben zum einen noch Publikationen in der Bundesrepublik, die indes durch ein Gesetz vom 28. Juni 1979 bei staatlicher Nichtgenehmigung als »staatsfeindliche Hetze« zu langjährigen Haftstrafen führen konnten.[13] Zum anderen lag eine zweite Option in der Flucht bzw. Übersiedlung in die Bundesrepublik. Sarah Kirsch etwa ging 1977, Günter Kunert 1979. Sie verließen die DDR, weil sie, so Wolf in einer Art Kollektivdiagnose, die auch von Selbsttäuschung geprägte, für sich selbst nicht gänzlich erklärliche »unauflösbare Identifizierung mit diesem Land« nicht loswerden konnten und deshalb paradoxerweise gehen mussten.[14] Wolf selbst blieb und versuchte, »nicht in dieses alternativlose Denken rein[zu]rutschen, nicht genauso verbissen, genauso tierisch ernst zu sein wie die [»Diese ganzen sich und einander wichtig nehmenden Männer, die ›Politik‹ machen", Anm. d. V.]«[15]. Christa Wolf befragte sich weiters, wie sie sich verhalten sollte, hätte verhalten sollen und fand für sich, im September des Jahres 1979, doch keine schlüssige Antwort: »Und trotzdem bleibt mir immer die Frage, als Stachel: Habe ich zu früh aufgegeben? Hätte ich weiter Kompromisse machen müssen, um ›drin‹ zu bleiben, etwas tun zu können? – Aber was? – Darauf gibt es keine Antwort.«[16]

13 »Wer die verfassungsmäßigen Grundlagen […] der Deutschen Demokratischen Republik angreift oder gegen sie aufwiegelt, indem er […] Schriften […] einführt, verbreitet oder anbringt […] wird mit Freiheitsstrafe von einem bis zu acht Jahren bestraft.« Strafgesetzbuch der Deutschen Demokratischen Republik, zit. nach Thomas Vormbaum u. Jürgen Welp (Hg.), Das Strafgesetzbuch, Supplementband 2: Das Strafgesetzbuch der DDR, Berlin 2006, S. 149 f.

14 Wolf, Ein Tag im Jahr, S. 252.

15 Ebd., S. 259 u. S. 260.

16 Ebd., S. 257.

Während Christa Wolf mit ihrer Rolle haderte – weil sie nicht mehr »drin« war, wie noch 1964/65, weil sie auch nicht mehr »drin« war in jenem Beistandspakt anlässlich des Republikgeburtstages –, hatte die SED-Kulturpolitik längst in der ihr eigenen Zuverlässigkeit, Tauwetterperioden abrupt durch Frostperioden zu ersetzen, Fakten geschaffen: Bereits im Juni 1979 hatte der Schriftstellerverband der DDR unter fadenscheinigen Begründungen – ein vorgeblicher Verstoß gegen die Statuten des Verbandes musste herhalten[17] – neun Autoren, unter ihnen Stefan Heym, aber auch Klaus Poche, Autor des Filmes »Geschlossene Gesellschaft«, aus seinen Reihen ausgeschlossen. »Das Jahr 1979 gehört in meiner Erinnerung zu den finstersten Kapiteln im kulturpolitischen Schwarzbuch der DDR-Geschichte«, so Joachim Walther einleitend zum 1991 entdeckten und veröffentlichten Protokoll der Ausschlüsse von 1979.[18]

Denn trotz heftiger Gegenrede etwa auch von Christa Wolf, Ulrich Plenzdorf, Franz Fühmann und anderen »fand sich eine schmähliche Mehrheit für den Einpeitscher [Hermann] Kant«[19], der indes nicht allein auf Heyms Kritik an der DDR-Zensurpraxis zielte, sondern darüber hinaus auf »all jene Autoren, die unter Sozialismus noch immer etwas anderes verstehen wollten als den real existierenden Poststalinismus in den Farben der DDR«[20]. Etwa auch auf Erich Loest und »dessen Roman ›Es geht seinen Gang‹, [dem] die Nachauflage gestrichen wurde«[21] – ein besonders heikles Unterfangen, thematisierte doch Loests Roman das Muster bzw. das Drehbuch des Tribunals von 1979, das sogenannte Kahlschlag-Plenum der SED aus dem Jahr 1965.

Loest illustrierte in diesem Roman wie kein anderer anhand der Romanfigur Wolfgang Wülff die Agonie jener im Jahr 1949 geborenen ersten Kinder der DDR, die doch 1979 hoffnungsvoll mit »ihre[n] Kinder[n] auf ihren Schultern in die Zukunft des Sozialismus«[22] schreiten sollten. Und die stattdessen, wiederum verdichtet in Wolfgang Wülff, jenseits geringer Wohlfahrtsstaatlichkeit nicht mehr allzu viel von der sozialistischen Zukunft erwarteten[23] – jenem pragmatischen Ziel des realen Sozialismus, welches 1979 zwar noch verkündet wurde, aber trotz der deutlich reduzierten Zielsetzungen gleichwohl uneinlösbar blieb.

ÖKONOMISCHE DAUERKRISE UND ÖKOLOGISCHE KATASTROPHE

Denn dass der ökonomische Wettkampf der DDR mit der Bundesrepublik längst zuungunsten der DDR entschieden war, dessen waren sich bundesrepublikanische Beobachter mindestens ebenso sicher wie interne Kenner der DDR-Wirtschaftspolitik. Während die *BILD-Zeitung* am 4. Oktober plakativ »30 Jahre ›DDR‹: Schlangestehen wie am ersten Tag« titelte, pflichtete

17 Nachzulesen im Referat des Präsidenten des Schriftstellerverbandes Hermann Kant, abgedruckt in: Walther, Protokoll eines Tribunals, S. 82–90, den Fritz J. Raddatz hernach in der *Zeit* einen »Großinquisitor«, »feigen Höfling« und »Einpeitscher« nennen sollte: Fritz J. Raddatz, Der Großinquisitor. Das »Protokoll eines Tribunals« als Buch – kein Ruhmesblatt für Hermann Kant, in: Die Zeit, 11.01.1991.

18 Joachim Walther, Die Amputation. Zur Vor- und Nachgeschichte der Ausschlüsse, in: Ders., Protokoll eines Tribunals, S. 7–24, hier S. 7.

19 Raddatz.

20 Walther, Die Amputation, S. 9.

21 Ebd.

22 Gibas u. Gries, Inszenierungen, S. 33.

23 Vgl. zu dieser Rezeption Udo Scheer, Sicher ist es Ihnen lieber, mich nicht einzusperren, in: Frankfurter Rundschau, 12.04.2003.

die *Frankfurter Allgemeine Zeitung* bei, die DDR habe sich auf einen Wettkampf eingelassen, »den sie nicht gewinnen konnte« – und *Der Spiegel* sekundierte mit der Feststellung: »Vom Einholen oder gar Überholen des Westens ist schon lang nicht mehr die Rede«.[24] Selbst der DDR-Wirtschaftshistoriker Jürgen Kuczynski notierte im November 1979 folgenden Satz in sein Tagebuch: »Auf keinem Gebiet haben wir eine Konzeption. Wir leben von der verwelkten Hand in den zahnlosen Mund.«[25] Schließlich: Wirtschaftliche Innovationen wie der inzwischen beschlossene forcierte Einstieg in die Mikroelektronik erwiesen sich als Milliardengrab[26], die wiederkehrende Ölpreiskrise, die galoppierende Verschuldung und die auf Unmut bei den »Produktivkräften« treffende Exportorientierung der DDR-Wirtschaft, die Güter nicht für den heimischen Markt, sondern für den Export produzierte und allenfalls – eine Regelung des Jahres 1979 – gegen Forumschecks im *Intershop* erhältlich sein ließ, verschärften die wirtschaftliche Situation und unterminierten die moralische Legitimation der DDR zusätzlich.

Besonders die steigenden Ölpreise sollten zur Achillesferse der DDR-Wirtschaft werden und letztlich, mit einem Jahrzehnt Verzögerung, das Ende der DDR in dreifacher Hinsicht – ökonomisch, ökologisch und politisch – besiegeln. Insbesondere die Zweite Ölpreiskrise von 1979 ging nicht spurlos an der DDR vorbei; denn zum einen hatte sich der Preis, den die DDR für Rohöl an die Sowjetunion zahlen musste, bereits zwischen 1976 und 1978 von rund fünfzig auf knapp achtzig Prozent des Weltmarktpreises erhöht[27] und es so für die DDR unattraktiver gemacht, Öl als Betriebsmittel ihrer Heizkraftwerke zu nutzen.[28] Und zum anderen zwang der nun abermals erhöhte Preis die DDR zu weiteren Anstrengungen bei der Beschaffung von Devisen, welche sich mit der Raffinierung von Rohöl in Benzin und Diesel besonders gut erwirtschaften ließen. Allein von 1981 bis 1983 vervierfachte sich der Export von Diesel, der von Benzin stieg im selben Zeitraum immerhin noch um den Faktor 2,5.[29]

Dieser für die DDR zeitweise lukrative Devisenerwerb hatte aber eine teuflische Schattenseite: Denn er zwang das Geburtstagskind, die Heizkraftwerke von Öl auf die noch viel dreckigere und nur in geringer Qualität förderbare Braunkohle umzurüsten, die fortan das Land extrem vergiftete. Die Folgen waren beträchtlich: Die DDR, so Ilko-Sascha Kowalczuk in seiner tiefgehenden Analyse der Revolution von 1989, zählte auch aufgrund dieser Richtungsentscheidung »zu den größten Umweltsündern Europas. Kein anderes Land wies eine so hohe Schwefeldioxidemission [eine direkte Folge des Primats der Braunkohle, Anm. d. V.] auf. Auch bei der Staubemission nahm sie den ersten Platz ein. […] In der Chemie- und Braunkohleregion Leipzig-Halle-Bitterfeld,

24 Sämtliche Nachweise bei Ingeborg Blom, »Der Festtag der ungewünschten Republik«. Zur Rezeption der Jubiläumsfeierlichkeiten in den Printmedien der Bundesrepublik, in: Gibas u. Gries, Wiedergeburten, S. 187–197, hier S. 192.

25 Zit. nach Günter Heydemann, Entwicklung in der DDR bis Ende der 80er Jahre, in: Deutschland in den 70er/80er Jahren, Informationen zur politischen Bildung, H. 270/2001, S. 19–33, hier S. 25.

26 Vgl. ebd.; vgl. auch André Steiner, Von Plan zu Plan. Eine Wirtschaftsgeschichte der DDR, München 2004 sowie Dierk Hoffmann, Ölpreisschock und Utopieverlust. Getrennte Krisenwahrnehmung und -bewältigung, in: Udo Wengst u. Hermann Wentker (Hg.), Das doppelte Deutschland. 40 Jahre Systemkonkurrenz, Berlin 2008, S. 213–234.

27 Vgl. Steiner, S. 192.

28 Vgl. Hoffmann, S. 230.

29 Siehe Matthias Judt, Der Bereich Kommerzielle Koordinierung. Das DDR-Wirtschaftsimperium des Alexander Schalck-Golodkowski – Mythos und Realität, Berlin 2013, S. 154 f.

einem besonders gebeutelten Gebiet, herrschte Ende der achtziger Jahre durch die Industrie bedingt im Jahresdurchschnitt alle fünf Tage Nebel, an jedem Tag – durchschnittlich – stank es und trieften die Augen.«[30]

1979 – DER LETZTE RUNDE GEBURTSTAG

Bedingt durch die besondere geografische Lage Leipzigs – die Stadt liegt in einer sogenannten Tieflandsenke –, verstärkte sich hier im Winter der Smog noch ganz besonders. Und so kann der Wandel der Energiepolitik infolge der Ölpreiskrise von 1979, wenn man der These folgen mag, über den Leipziger Smog direkt in die Revolution 1989 verlängert werden. Denn schon längst trugen die ersten Kinder der DDR in Leipzig und anderswo ihre eigenen Kinder nicht mehr auf ihren Schultern an den die Parade abnehmenden Partei- und Staatsführern vorbei, sondern brachten ihren Nachwuchs zur Behandlung von chronischen Bronchialerkrankungen in die überfüllten und schlecht ausgestatteten Polikliniken, während sie abends in der *ARD*-Sendung »Kontraste«, so am Abend des 12. September 1989, Bilder der verfallenden Messestadt Leipzig präsentiert bekamen – was »nicht unwesentlich zur Mobilisierung der Menschen beitrug«[31]. Drei Wochen später feierte die DDR das letzte Mal Geburtstag, bevor weitere zwei Tage später, am 9. Oktober 1989, in Leipzig die SED-Herrschaft unterging.[32]

Dennoch taugt das Jahr 1979 nicht unbedingt als Auftakt des Jahres 1989. Schließlich hatte die DDR nicht erst 1979, sondern bereits in den 1960er Jahren ihren eigenen Nachwuchs verloren. Schon mit dem Kahlschlag-Plenum 1965 hatte die sozialistische Moderne jene Impulse verloren, die sie so dringend benötigt hätte: jene positiv-kritischen Verhandlungen, die Künstler und Intellektuelle wie Christa Wolf, Frank Beyer oder Wolf Biermann zu liefern bereit waren, die publikumsnahe Künstler wie etwa Manfred Krug noch vor 1965 übersetzten und welche die ersten Kinder der DDR wie Loests Wolfgang Wülff bis 1965 noch bereit gewesen wären – gemeinsam – mitzutragen.[33] Aber gerade jene ersten Kinder der DDR, denen Loest ein literarisches Denkmal gesetzt hat, verweigerten sich auf lange Sicht der *Idee* eines besseren Deutschland. Die Loyalitätsreserven, diese seltsame, unauflösbare Identifizierung mit diesem Land, wie Christa Wolf es genannte hatte: Sie spielten im Bereich der Kultur erst recht nach 1979 kaum noch eine Rolle, wohingegen die Untergrund-, die Gegenkultur in den 1980er Jahren, wenn auch vielfach verfolgt, eine starke Blütezeit erlebte, während die DDR-Wirtschaft unaufhaltsam auf den Abgrund zusteuerte und dabei die Systemloyalität insbesondere der ersten Kinder der DDR vollends verdampfen ließ.[34]

30 Ilko-Sascha Kowalczuk, Endspiel. Die Revolution von 1989 in der DDR, München 2009, S. 126.

31 Ebd., S. 364.

32 Die Frage, ob der 9. Oktober 1989 *ein* »Tag der Entscheidung« sei (Kowalczuk, S. 401 ff.) oder *der* »Tag der Entscheidung« (etwa Ekkehard Kuhn, Der Tag der Entscheidung. Leipzig, 9. Oktober 1989, Berlin 1992), kann an dieser Stelle nicht geklärt werden; zu dieser Debatte vgl. Michael Lühmann, Leipzig, 9. Oktober '89: Der Wendepunkt, in: Blätter für deutsche und internationale Politik, Jg. 54 (2009), H. 10, S. 29–32.

33 Vgl. hierzu und im Folgenden Gunnar Decker, 1965. Der kurze Sommer der DDR, München 2015; Lühmann, Wer nicht für uns ist.

34 Sucht man prominente Köpfe dieser Generation im »Wer war Wer in der DDR«, so findet man Systemgegner, Kulturschaffende oder Sportlerinnen und Sportler. Karrieren als hauptamtliche Mitarbeiter des MfS oder als Parteifunktionäre blieben hingegen eine Ausnahme; vgl. Mary Fulbrook, Generationen und Kohorten in der DDR, in: Annegret Schühle u. a. (Hg.), Die DDR aus generationengeschichtlicher Perspektive. Eine Inventur, Leipzig 2006, S. 113–130.

Michael Lühmann, geb. 1980, ist Politikwissenschaftler, Historiker und Publizist. Er ist wissenschaftlicher Mitarbeiter am Institut für Demokratieforschung und arbeitet derzeit an seiner Dissertation über »Die Grünen nach Joschka Fischer«.

DIE IRANISCHE REVOLUTION

VOM VOLKSAUFSTAND GEGEN DEN SCHAH ZUR ISLAMISCHEN REPUBLIK

Ξ Katja Föllmer

Das Jahr 1979 war ein wichtiger Wendepunkt in der jüngsten Geschichte des Iran. In diesem Jahr sollte sich entscheiden, welchen politischen Kurs das Land künftig einschlagen würde. Diese schicksalhafte Wende prägte die iranische Gesellschaft und Kultur der nächsten Jahrzehnte maßgeblich. Sie verlieh ihnen nach außen ein neues Gewand. Das Land mit seiner Politik der Abschottung und Isolierung entwickelte sich jedoch zu einem aktuell wichtigen strategischen Partner in der Region. Trotz der restriktiven Kultur- und Öffentlichkeitspolitik wurde die iranische Gesellschaft zu einer global vernetzten Mediengesellschaft, die Kritik in gewissem Rahmen tolerierte und Frauen in der Öffentlichkeit eine Stimme gab. Als Wirtschaftspartner geschätzt und als Teil der »Achse des Bösen« geächtet, als aufstrebende Bildungs- und Zivilgesellschaft beachtet und als islamisch-fundamentalistischer Staat beargwöhnt, könnten die nebeneinander existierenden stereotypen Bilder vom Iran widersprüchlicher nicht sein.

Um die Entwicklungen im Inneren verstehen und erklären zu können, ist ein Blick auf die Einflüsse der regionalen Netzwerke und die Mediennutzung hilfreich. Denn das Land war vor 1979 international gut vernetzt und bei seinen europäischen und transatlantischen Partnern hoch angesehen. Dennoch nahmen die sozialen und politischen Spannungen seit den 1950er Jahren rapide zu. Seit 1977 bestimmten wachsende Unruhen und die Opposition gegen das Schah-Regime die innenpolitische Atmosphäre im Iran. Die Antwort waren brutale Gewalt und falsche Entscheidungen des Schahs. Linke Gruppen und oppositionelle Nationalisten, religiöse Traditionalisten und Reformer, Intellektuelle und analphabetische Bauern und Arbeiterinnen, Büroangestellte, Händler und Militärs verbündeten sich in einem Aufstand gegen die totalitäre Diktatur des Schahs, der maßgeblich von den USA unterstützt worden war. Seit den 1950er Jahren hatte er mit eiserner Faust regiert und die Bildung einer geordneten Opposition verhindert.

Neben einem der einflussreichsten Kleriker seiner Zeit, Ayatollah Ruhollah Khomeini, hatten namhafte Denker wie Jalal Al-e Ahmad oder Ali Schari'ati nach einem Weg zur Vereinbarkeit von Islam und sozialer Reform gesucht.

 INDES, 2016-1, S. 80-88, © Vandenhoeck & Ruprecht GmbH & Co. KG, Göttingen, 2016, ISSN 2191-995X

Was Khomeini in den 1940er Jahren kritisiert hatte, wurde von Jalal Al-e Ahmad in den 1960er Jahren wieder aufgegriffen. Er polemisierte gegen die Unterminierung der gesellschaftlichen Moral und Identität sowie die kulturelle Verfremdung durch oberflächliche, kommerziell gesteuerte Verwestlichung. Der Theosoph Ali Shari'ati plädierte für einen volksnahen Islam, der Theorie und tägliche Religionspraxis in Einklang bringen sollte. Seine Vorstellungen von einem progressiven Islam, artikuliert in einer politisierten Sprache, waren sowohl anti-imperialistisch als auch anti-monarchistisch und anti-marxistisch und fanden bereits vor der Revolution durch Kassetten in der Bevölkerung große Verbreitung.

Im Jahre 1978 hatte sich bereits eine Entwicklung von einer sozial motivierten Anti-Schah-Revolte zu einer islamisch begründeten Protestbewegung vollzogen. Die politische Opposition nutzte sowohl traditionelle Netzwerke als auch moderne Medien. Die Moschee war ein wichtiger Versammlungsort, das Freitagsgebet und religiöse Feste dienten zur Mobilisierung der Massen gegen das Schah-Regime. Kassetten und Pamphlete trugen zur Verbreitung der Reden und Predigten Khomeinis aus dem irakischen Exil bei – Pilger schmuggelten sie aus Najaf ins Land. Durch die Moscheen-Netzwerke wurden sie weiterverbreitet. Nachdem Khomeini aus dem Irak vertrieben worden war, koordinierten seine Verbündeten Ghotbzadeh, Yazdi und Bani-Sadr seine Aktivitäten und verschafften ihm weltweit mediale Aufmerksamkeit. Von Paris, seinem neuen Aufenthaltsort, aus wurden Poster von Khomeini und Kassetten seiner Reden in den Iran eingeführt und verbreitet. Im Iran nutzten viele Musikgeschäfte ihre Möglichkeiten, Tonbänder mit Khomeinis Reden unter die Leute zu bringen. Das war keine Neuheit, sondern eigentlich die technische Erweiterung mündlicher Kommunikation, wie sie bereits von Shari'ati und säkularen Oppositionellen genutzt wurde.

Fotokopien kurzer Statements fanden ebenfalls eine zügige Verbreitung. Meist waren sie in Handschrift verfasste oder mit Maschine getippte einseitige Blätter, die schnell vervielfältigt und von Hand zu Hand weitergereicht wurden. Sie hingen an Wänden und Bäumen, wurden in Klassenräumen, Moscheen, Kaffeehäusern und an anderen öffentlichen Orten verteilt und vorgelesen oder als Parolen an die Wände gesprüht. Dies alles bildete eine alternative Form der Kommunikation gegenüber den staatlichen Medien des Pahlavi-Regimes. Sie diente u. a. der Mobilisierung der Massen in Form von politisch-religiösen Aktivitäten.

Durch Khomeini wurde jede politisch-revolutionäre Tat in eine religiöse Handlung uminterpretiert. Beispielsweise erklärte er die Streiks gegen das Schah-Regime zum Dienst an Gott und den Muslimen, zum heiligen Kampf.

Der Anführer dieser islamischen Bewegung sei die Geistlichkeit; Verluste der Kämpfer sollten gemäß den religiösen Gesetzen ausgeglichen werden.[1] Das islamische Konzept Khomeinis ging umso besser auf, als die Unruhen im Dezember 1978 und Januar 1979 mit dem schiitischen Trauerfest um das Martyrium von Imam Hosein zusammenfielen. Riesige Volksmassen begaben sich auf die Straßen und forderten Freiheit, Unabhängigkeit und eine Islamische Republik. Zahlreiche Aufständische wurden zu Opfern dieser Unruhen, die bis in den Februar 1979 andauerten und im politischen Umsturz endeten. Die Armee hatte keine Handhabe gegen diese Massen, und viele Soldaten mischten sich unter die Demonstranten.

Vor diesem Hintergrund erhielten die religiösen Autoritäten eine zentrale Funktion im politischen Kampf. Khomeini selbst wurde zum Anführer des Widerstandes und Sprachrohr der Revolution. Die Forderung nach der Freiheit des Glaubens erscholl in einem Atemzug mit der Freiheit der Presse und der Gleichheit aller Bürger und Geschlechter. Der Tschador wurde zum Symbol des politischen Widerstandes. Khomeini konnte aber nicht nur auf ein umfassendes Netzwerk der Kleriker, der religiös motivierten Studentenverbände und anderer religiöser Assoziationen der Mittelschicht zurückgreifen. Auch erhielt er finanzielle Unterstützung durch Spenden, die ihm ermöglichten, Studenten, kulturelle und politisch-oppositionelle Aktivitäten zu fördern. Ein Großteil davon kam von den die Wirtschaft des Landes tragenden Bazaris, die mit allen Schichten der iranischen Gesellschaft gut vernetzt waren.

Förderlich für die erfolgreiche Propaganda war die Verwendung einer populistischen Sprache, die sich an die einfache Masse und gegen die intellektuelle und soziale Elite richtete.[2] Wie bei Shari'ati basierte Khomeinis Rhetorik auf einem traditionellen Wertesystem, das alle Iraner verstehen konnten. Somit ließen sich die Massen auf der Basis ihrer religiösen Pflicht zum Kampf für die Freiheit der muslimischen Gemeinschaft mobilisieren: Gut gegen Böse, Gott gegen Satan, Hosein gegen Yazid, der Unterdrückte gegen den Unterdrücker, die Shari'a gegen eine westliche Verfassung.[3] Mit seiner Askese, die sich gegen den Konsum und den Mangel an Moral richtete, und durch seine charismatische Autorität war Khomeini der Schlüssel für den Erfolg der Revolution. Deshalb forderte man seine Rückkehr aus dem Exil und verlieh ihm den Titel eines Imam, des erhofften Retters der muslimischen Gemeinschaft, den er widerspruchslos akzeptierte.

Aufgrund dieser Entwicklungen konnte Shapur Bakhtiyar, der bis dahin eine führende Rolle in der oppositionellen Nationalen Front gespielt hatte, nun aber im Auftrag des Schahs eine neue Regierung bilden sollte, keinen prominenten Dissidenten für sein Kabinett gewinnen. Das Parlament

1 Vgl. Ulrich Tilgner (Hg.), Umbruch im Iran. Augenzeugenberichte – Analysen – Dokumente, Hamburg 1979, S. 44 ff.

2 Vgl. Annabelle Sreberny-Mohammadi u. Ali Mohammadi, Small Media, Big Revolution. Communication, Culture, and the Iranian Revolution, Minneapolis 1994, S. 88 ff.

3 Vgl. ebd., S. 113 ff.

erklärte ihn zum Ministerpräsidenten, was den Ausschluss aus der Nationalen Front nach sich zog. Auf Anweisung Khomeinis sollten die Minister der Bakhtiyar-Regierung am Eintritt ins Ministerium gehindert und die Zahlungen an den Staat eingestellt werden. Mit solchen Appellen und der Erklärung der Illegalität der Bakhtiyar-Regierung war diese praktisch handlungsunfähig.

Im Auftrag Khomeinis bildete Mehdi Bazargan, Mitbegründer der Nationalen Front und enger Verbündeter des Klerikers Ayatolla Taleqani, eine Gegenregierung. Diese wurde von großen Teilen der Verwaltung unterstützt. Bei der Wiedereröffnung der Universitäten demonstrierten 400.000 Menschen gegen die Regierung Bakhtiyars. Nach deren Rücktritt übernahm die Regierung Bazargans offiziell die Amtsgeschäfte. Doch die Kapitalflucht der Großbourgeoisie sowie ein Streik der Erdölarbeiter hatten die Wirtschaft des Iran empfindlich getroffen. Die Einstellung des Lehrbetriebs an den Universitäten, die Zerstörung von Kinos, Banken, Restaurants und Verwaltungsgebäuden hatten zudem das öffentliche Leben praktisch lahmgelegt. Hotels wurden beschossen, von denen es hieß, dass sich die amerikanischen Verbündeten des Schahs darin einquartiert hätten.

Mit jeder weiteren Schwächung des Schahs wurde die Rolle Khomeinis als Revolutionsführer gestärkt. Die auflagenstärksten Zeitungen, *Ettela'at* und *Keyhan*, die gegen den Schah in den Streik getreten waren, erschienen wieder, nachdem Khomeini sie aus dem Exil dazu aufgefordert hatte. In ihnen veröffentlichte er zu Beginn des Jahres 1979 Anweisungen, wie die Revolutionäre weiterverfahren sollten. Während die ausländischen Medien keine aktuellen Informationen über die Lage im Iran liefern konnten, wurde die einheimische Presse zum Sprachrohr Khomeinis und anderer Regierungsgegner.[4]

Der Schah verließ schließlich am 16. Januar das Land, nachdem Maßnahmen, welche die Rückkehr Khomeinis in den Iran verhindern sollten, fehlgeschlagen waren. Am 1. Februar betrat Khomeini nach 15-jährigem Exil wieder heimatlichen Boden und wurde von vier Millionen Menschen begrüßt. Die kaiserliche Garde wurde von bewaffneten Zivilisten und rebellierenden Soldaten angegriffen. Die Armeeführung erklärte ihre Neutralität.

Am 11. Februar wurde die Islamische Republik ausgerufen, deren Leitfigur Khomeini sein sollte. Das neue Regierungskonzept sah vor, was lange undenkbar schien: die Monarchie abzuschaffen, eine auf den Islam gegründete Regierung einzurichten und das Volk durch Abstimmung am Staatsaufbau zu beteiligen. Ebenfalls am 11. Februar erklärten die bekannten Vertreter der Rundfunk- und Fernsehsender ihre Solidarität mit dem Volkskampf. Von da an dominierten revolutionäre Musik und Grafiken roter Tulpen als Symbol der Märtyrer das Bild; stundenlang wurden Glückwunschtelegramme verlesen.

4 Vgl. ebd., S. 158.

Während Mehdi Bazargan die Übergangsregierung formierte, übernahm Khomeini die Leitung des Revolutionsrates. Dieser war für die Kontrolle der revolutionären Garden zuständig.

Das gesamte Jahr 1979 war ab diesem Zeitpunkt vom Kampf der verschiedenen oppositionellen Fraktionen gegeneinander geprägt. Bereits kurze Zeit nach dem Sturz der Monarchie gab es keine Geschlossenheit unter den revolutionären Fraktionen mehr. Außer dem Kreis der Khomeini-Anhänger gab es noch die Vertreter der Nationalen Front, zu denen Bazargan zählte, die panislamischen *Fedayin*, die Mojahedin-e khalq, die kurdischen Separatisten, die Turkomanen und die sunnitischen Araber. In verschiedenen Regionen des Landes kam es zu Unruhen. Auch innerhalb des Klerus wuchsen die Meinungsverschiedenheiten über die zukünftige Entwicklung des Landes. Khomeini wurde ständig nicht nur in religiösen, sondern vor allem auch in politischen Angelegenheiten um Rat gefragt – seine Stimme hatte in der Bevölkerung Gewicht.

Um die Unsicherheiten innerhalb der Bevölkerung aus dem Weg zu räumen, musste die neue Regierung schnell eine rechtliche Grundlage in Form einer Verfassung schaffen. Zudem bedurfte es einer funktionstüchtigen Armee, denn die einzelnen Oppositionsgruppen begannen schon früh, sich gut zu organisieren und ihre Kampfkraft zu erhöhen. Die Khomeini-treuen Revolutionskämpfer funktionierten daher die Universität Teheran zu einem militärischen Ausbildungslager um. Sie wollten gegen die gut organisierten linken Gruppen gewappnet sein, um den Sieg nicht an sie abtreten zu müssen. Die Volks-Fedayin taten ein Gleiches am Teheraner Technischen College. Dementsprechend war die Bereitschaft, die eroberten Waffen zurückzugeben, äußerst gering. Die linke Tudeh-Partei erhob ihren Anspruch auf Teilhabe an der politischen Macht.

Nachdem linke bewaffnete Gruppen der Fedayin-e Khalq am 14. Februar die US-Botschaft in Teheran besetzt hatten, konnten Khomeinis Anhänger sie zum Abzug bewegen. Dennoch löste diese Aktion große Unsicherheit bei den im Iran lebenden Ausländern aus. Mehrere Tausend verließen innerhalb weniger Tage das Land. Es kam zu einer Stagnation der Erdölförderung, die überwiegend in ausländischer Hand lag, und damit zu Einnahmeverlusten. Zur Demonstration der Funktionsfähigkeit der neuen Regierung und zur Gewinnung eines Verbündeten im anti-zionistischen und anti-imperialistischen Kampf wurde der damalige Palästinenser-Präsident Jassir Arafat mit dem Versprechen der finanziellen und militärischen Unterstützung des Iran empfangen. Arafat hatte sich für die Ausbildung der iranischen Revolutionäre eingesetzt.

Die Revolution kann als eine Wende im Gebrauch der Massenmedien interpretiert werden. Aufgrund des Streiks der staatlichen Presse konnten alternative Zeitungen erscheinen, die über aktuelle Ereignisse informierten, Briefe der Solidarität publizierten oder zum Ausdruck des Protests dienten. Netzwerke bildeten sich, die zur Verbreitung von Gerüchten beitrugen. Internationale Quellen wurden genutzt, um Informationslücken während des Streiks der einheimischen Presse zu füllen.

Bis zum Mai 1979 herrschte noch eine Atmosphäre kultureller und politischer Freiheit. Die mehr als 250 Zeitungen und Zeitschriften spiegelten die Vielfalt der politischen Landschaft wider. Ehemals verbotene Magazine und Bücher konnten wieder erscheinen; verbotene Bühnenstücke wurden wieder aufgeführt und zensierte Filme ausgestrahlt.

Doch schon bald sollten die Spannungen zwischen Meinungsfreiheit und islamischer Ausrichtung wachsen. Im Frühsommer begannen die führenden Zeitungen *Keyhan* und *Ettela'at,* nicht ohne Proteste der Nationalen Front, die Ansichten des Revolutionsrates wiederzugeben. Im August wurde ein Pressegesetz verabschiedet, das eine Pressekontrolle einführte und 41 Zeitungen verbat. So blieben nur noch wenige unabhängige und kritische Pressestimmen, die dann Ende des Sommers 1979 ebenfalls eingestellt wurden. Auch den Einfluss der ausländischen Presse schränkte das neue Pressegesetz ein.

Radio und Fernsehen wurden zu probaten Mitteln, die jungen Menschen auf den moralisch richtigen Weg zu bringen. Beispielsweise wurde das Auspeitschen von drei »Wucherern« vor deren Teheranern Geschäften übertragen. Khomeini kommentierte dazu, dass die Bestrafung einiger Weniger wegen ihrer Ausschweifungen auf die gesamte Gesellschaft einen positiven Effekt ausübe.[5] Ebenso wurden Ehebruch, das Spielen von Musik und der Verkauf von Drogen geahndet. Kino und Theater galten weiterhin als Ursache für die Verbreitung westlicher Dekadenz.[6] Erst später wurde das Kino als Propagandainstrument »wiederentdeckt«.

Bevor Fernsehen und Radio als wichtige Waffen im ideologischen Kampf gegen den imperialistischen Westen und interne Dissidenten sowie zum Mittel der Islamisierung eingesetzt wurden, hatten regelrechte Säuberungsaktionen stattgefunden. Etablierte Mitarbeiter wurden entlassen, sofern sie nicht bereits geflohen waren. Einige der ehemals hochrangigen Medienverantwortlichen waren bereits im Februar 1979 exekutiert worden.

Im neuen islamisierten Fernsehen gab es zunächst kein richtiges Programm. Stattdessen wurden stundenlang die Reden und öffentlichen Auftritte der führenden Kleriker übertragen. Frauen verschwanden vom Bildschirm. Filmübertragungen mit Frauenszenen wurden z. T. vollkommen geschwärzt,

5 Vgl. Hans-Peter Drögemöller, Iranisches Tagebuch. 5 Jahre Revolution, Hamburg 1983, S. 231.

6 Festgehalten in Imam Chomeinis Schrift Kashf-e asrar [Entdeckung der Geheimnisse], o. O. o. J., S. 215.

während der Film weiterlief. Jede Rede und jede Nachricht wurde nun mit der Floskel »Im Namen Gottes« eingeleitet. Koran-Interpretationen und die Übertragungen der Freitagspredigten, Sitzungen von Klerikern und Religionsunterricht bildeten fortan das Standardprogramm des iranischen Fernsehens. Popmusik, Jazz und sogar klassische Musik wurden aus den Radioprogrammen hingegen verbannt.

Straßennamen wurden umbenannt, die Armen kostenlos mit Lebensmitteln und Medikamenten versorgt. Von den auftretenden Versorgungslücken und der steigenden Inflation wurde durch Schauprozesse in den Medien abgelenkt. Bewaffnete Milizenkomitees regelten das öffentliche Leben, nahmen Legislative und Exekutive in ihre Hand und erklärten sich für Bildungseinrichtungen, Militär und verlassene Firmen zuständig. Eine von der Regierung unkontrollierbare Macht nutzte den rechtsfreien Raum für Willkürakte, die

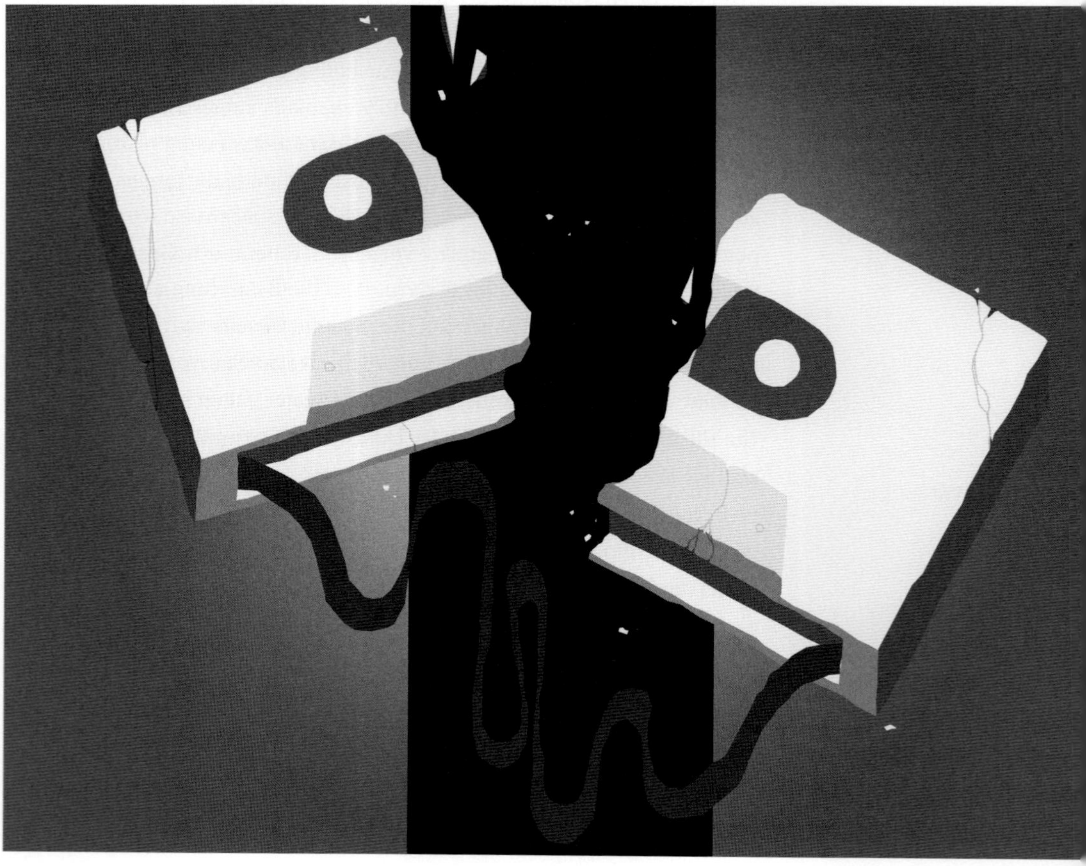

sie im Namen der Revolution und im Auftrag des von Khomeini eingesetzten Revolutionsrates verübte.

Erst als sich Ayatollah Taleqani aus Protest über die Taten und die Zusammensetzung der Komitees aus der Öffentlichkeit zurückzog, sah sich Khomeini veranlasst, eine Überprüfung dieser Organisationseinheiten vorzunehmen. Der frühe Rücktritt des Außenministers der Bazargan-Regierung lieferte für Khomeini dagegen keinen Grund zum Handeln. Inzwischen waren Minister und Verantwortliche der Schah-Regierung verhaftet und der Besitz der Schah-Familie beschlagnahmt worden; vier Regime-Exponenten waren zum Tode verurteilt und hingerichtet worden; hunderte Schah-Getreue und Widerständler ereilte dasselbe Schicksal. Diese Ereignisse fanden auch in der einheimischen Presse einen starken Wiederhall.[7]

Am 15. November 1979 sollte über eine neue Verfassung abgestimmt werden. Der von Khomeini eingeführte Sittenkodex schränkte die durch die Revolution gewonnene persönliche Freiheit mehr und mehr ein – etwa durch Alkoholverbote, Geschlechtertrennung und strikte Bekleidungsvorschriften. Das neue Selbstbewusstsein ging mit zunehmenden Rivalitäten unter den verschiedenen politischen Gruppierungen einher. Attentate auf hochrangige Kleriker und Khomeini nahestehende Personen, ebenso die Besetzung der US-amerikanischen Botschaft in Teheran im November 1979 infolge einer Einreisegenehmigung für den Schah in die USA schürten innen- wie außenpolitischen Spannungen.

Weil Khomeini die Geiselnahme unterstützte, trat das Kabinett Bazargans zurück. Der Erdölhandel zwischen dem Iran und den USA wurde gestoppt, iranische Guthaben in den USA eingefroren. Der allgemeine Hass auf die USA innerhalb der Bevölkerung wuchs. Im November demonstrierten Millionen Menschen gegen den US-Imperialismus. In dieser Atmosphäre sollte das Volk über die Verfassung abstimmen, was Khomeini in die Hände spielte. Eine Zweidrittelmehrheit entschied sich für die zugunsten Khomeinis geänderte Verfassung. Die Volksabstimmung einen Monat später nahm diesen Entwurf an. Damit war Khomeini das uneingeschränkte Recht der Staatsführung eingeräumt worden.

Im Laufe des Jahres 1979 hatten sich die allgemeine gesellschaftliche Lage und Atmosphäre vollkommen verändert. Mit dem Krieg gegen den Irak im Folgejahr begann eine Phase der Unterdrückung, der Gewalt und des Terrors. Oppositionelle Reaktionen und Autonomiebestrebungen waren in den ersten Jahren nach der Ausrufung der Islamischen Republik praktisch nicht möglich. Die Opposition wurde ausgeschaltet. Das Land stürzte in ein wirtschaftliches Chaos. Das frühere kulturelle Leben kam zum Erliegen.

7 Vgl. Heinz D. Bogner, Iran. Eine Revolution und ihr Selbstverständnis, Puchheim 1983.

Mit einem Mal wandelte sich auch die Rhetorik: Der imperialistische Westen galt nunmehr als Feind. In einem Kommentar der Zeitung *Jomhuri-ye Eslami* hieß es, dass die Ausrottung aller westlichen Werte nötig sei, um die Säulen der Islamischen Republik standfest zu erbauen.[8] Somit war der Krieg gegen den Irak 1980–1988 ein willkommenes Mittel, um jedweden inneren Widerstand einzudämmen und die Grundfesten der Islamischen Republik zu stärken. Die Autorität des Revolutionsführers blieb bis zu dessen Tod unangetastet.

Im historischen Gedächtnis der iranischen Gesellschaft nimmt die Revolution von 1978/79 einen wichtigen Platz ein. Sie gilt als große Errungenschaft im Kampf des Volkes gegen eine unter westlichem Einfluss stehende, säkulare Diktatur und den moralischen Verfall. Khomeini wird heute als Heiliger verehrt. Darin sind sich Konservative wie Liberale, Reformer wie Traditionalisten einig. Differenzierter sind die Meinungen hingegen zum politischen Kurs.

In mancherlei Hinsicht freilich hat die Revolution nicht die Zäsur bedeutet, als welche sie von außen oft wahrgenommen wird. Das künstlerische Schaffen knüpfte an die Entwicklungen vor der Revolution an; wenngleich die Kriegsjahre 1980–1988 keine produktive Phase darstellten. Nach Beendigung des Krieges und dem Tod Khomeinis im Jahre 1989 formierte sich die politische, gesellschaftliche wie kulturelle Landschaft neu. Politisch setzte eine Phase des Pragmatismus und vorsichtiger Öffnung ein. Gesellschaftlich war die Notwendigkeit da, Frauen am öffentlichen Leben partizipieren zu lassen. Als Hinterbliebene der Kriegsopfer waren sie gezwungen, sich ihren Lebensunterhalt selbst zu verdienen. Das hat die Grundlage gebildet für eine umfassende Emanzipationsbewegung, die bis heute anhält.

Kulturell war die Nachkriegszeit von einem bewusst experimentellen Umgang mit den Medien und ihren Möglichkeiten geprägt. Iranische Künstlerinnen und Künstler, die im Land geblieben waren, suchten nach geeigneten ästhetische Ausdrucksformen für die Bedürfnisse ihrer Zeit. Zensur und Selbstzensur gaben hierbei die roten Linien vor. Dies führte zu ganz eigenen Expressionsweisen, Symbolen, Sprachen und Formen des Umgangs mit dem kulturellen Erbe in der Literatur und Pressesatire ebenso wie im iranischen Film und Fernsehen, die nicht nur gesellschaftliche, sondern immer auch politische Bezüge besaßen.

Im Zeitalter der zunehmenden Medialisierung und globalen Vernetzung ist der Blick der im Iran lebenden Menschen nach vorn gerichtet. Die wichtigste Errungenschaft der Revolution, die ungeachtet politischer Differenzen nachwirkt, sind wohl die Souveränität und das starke Selbstbewusstsein, mit denen die iranische Bevölkerung den Herausforderungen der Zeit gegenübersteht.

8 Vgl. Drögemöller, S. 265.

Dr. Katja Föllmer ist wissenschaftliche Mitarbeiterin am Seminar für Iranistik der Universität Göttingen. Ihre Forschungsschwerpunkte liegen u. a. auf den Gebieten der modernen iranischen Kultur und Gesellschaft, Medien und Kommunikation. Sie hat über die moderne iranische Pressesatire promoviert und beschäftigt sich derzeit mit der Rezeption des vorislamischen Erbes in der iranischen Aufklärung.

WIEDERKEHR DER RELIGION

DER ISLAMISMUS ALS PHÄNOMEN DER MODERNE

Ξ Severin Caspari

Nach islamischer Zeitrechnung begann 1979 ein neues Jahrhundert. Es war das Jahr 1400 nach der Hidschra, der Auswanderung des Propheten von Mekka nach Medina. Gleichzeitig fanden 1979 zwei Ereignisse statt, deren Folgen bis in die Gegenwart wirken und das heutige Bild des Islam entscheidend prägen: die Islamische Revolution im Iran und die Geiselnahme in der Großen Moschee von Mekka. Mit diesen Ereignissen betrat der Islamismus die Weltbühne und zeigte seine Fähigkeit, gleichermaßen Massen zu begeistern wie Schrecken zu verbreiten. Das Auftreten von Religion als politischem Faktor kam dabei unerwartet, herrschte bis dahin doch weithin Konsens, dass »Modernisierung« – und mit ihr »Säkularisierung« – ein unaufhaltsamer globaler Prozess sei.[1]

Den Moderne-Erzählungen westlicher Gesellschaften konnten die Ereignisse von 1979 dennoch wenig anhaben. Religion und Moderne erscheinen darin immer noch wie Feuer und Wasser. Die Folgen lassen sich heute regelmäßig in den Kommentarspalten nachlesen, wenn gegen sämtliche vermeintlichen Entgleisungen *des Islam* die Wunderwaffe der Modernisierung in Stellung gebracht wird. Nicht selten geht hiermit die Vorstellung einher, dass der Islamismus in die DNA des Islam eingeschrieben sei – gewissermaßen als mögliche (und bei manchen Interpreten auch als zwangsläufige) Mutation. Geblendet von der Selbsterzählung einer säkularen Moderne, wird dabei jedoch häufig übersehen, dass der Islamismus vor allem das Ergebnis eines Modernisierungsprozesses innerhalb des Islam ist.

DAS BEFREMDLICHE ÜBERLEBEN DER MODERNISIERUNGSTHEORIE

Was passierte also 1979? Im schiitischen Iran zerfiel das von den USA gestützte Regime des Schahs, und Ajatollah Khomeini errichtete die Islamische Republik. Die erste islamistische Revolution der Geschichte sorgte weltweit für Aufsehen und trug fortan viel zum negativen Image des Islam als frauenverachtender und freiheitsfeindlicher Religion bei. Weniger bekannt, aber von frappierender Tagesaktualität ist, was kurz darauf in Saudi-Arabien geschah.[2] Dort stürmten am Vortag des islamischen Neujahrs bewaffnete Männer die Große Moschee von Mekka und nahmen Tausende Pilger als Geiseln. Ihr Anführer, der sunnitische Islamist Dschuheiman al-Uteibi, forderte den

1 Vgl. Frank Bösch, Umbrüche in die Gegenwart. Globale Ereignisse und Krisenreaktionen um 1979, in: Zeithistorische Forschungen/Studies in Contemporary History, Jg. 9 (2012), H. 1, S. 8–32, hier S. 24.

2 Vgl. Thomas Hegghammer u. Stéphane Lacroix, Rejectionist Islamism in Saudi Arabia. The Story of Juhayman Al-Utaybi Revisited, in: International Journal of Middle East Studies, Jg. 39 (2007), S. 103–122.

Sturz des saudischen Königshauses und die Errichtung eines wahrhaft islamischen Staates. Da Kampfhandlungen in der heiligen Stadt untersagt sind, bat der saudische König die wahhabitischen Religionsgelehrten des Landes um eine *Fatwa,* ein religiöses Rechtsgutachten, das die gewaltsame Rückeroberung der Moschee erlauben sollte. Doch die Kleriker stellten ihrerseits Forderungen. Der König ließ sich auf einen Deal ein und sagte Milliarden für die wahhabitische Mission im Ausland zu.

Während Khomeinis Versuche, die islamische Revolution in andere Länder zu exportieren, scheiterten, erobert der Wahhabismus bis heute in seiner salafistischen Spielart die Welt und treibt die Radikalisierung von Muslimen und westlichen Konvertiten voran. Die Geiselnahme von Mekka markiert damit nicht nur den Beginn spektakulär inszenierter islamistischer Terroranschläge. Gleichzeitig war sie der Auftakt des Exports jener Ideologie, wodurch vielerorts erst die Grundlage für die Rekrutierung von Terroristen geschaffen wurde. Al-Kaida profitiert hiervon genauso wie der »Islamische Staat« (IS).

Es erscheint paradox: In seinem Versuch, den Teufel mit dem Beelzebub auszutreiben, wurde das saudische Regime der wichtigste Förderer eines Denkens, von dessen Auswüchsen es regelmäßig selbst bedroht wird. 1979 jedenfalls war ein Wendepunkt. Der Islamismus geriet zu einer der größten globalen Herausforderungen und prägt seither die gesellschaftlichen Debatten über Religion. Zusammen mit den westlichen Interventionen in der Region, so die düstere Diagnose, hat der Islamismus entscheidend dazu beigetragen, dass das 15. islamische Jahrhundert bislang ein blutiges gewesen ist.

Die Ereignisse des Jahres 1979 markieren auch deshalb einen Bruch, weil sie zentrale Vorstellungen der in den Nachkriegsjahrzehnten äußerst einflussreichen Modernisierungstheorie infrage stellen. Ihr zufolge gibt es einen globalen Prozess von Modernisierung, der mit einem Bedeutungsverlust des Religiösen im Übergang von traditionalen in moderne Gesellschaften einhergeht. Der Optimismus, den Vertreter der Modernisierungstheorie in der Vergangenheit verbreiteten, bezog dabei gerade auch die islamische Welt mit ein, wo man eben diese Prozesse von Säkularisierung erwartete: »Whether from East or West, modernization poses the same basic challenge – the infusion of a ›rationalist and positivist spirit‹ against which, scholars seem agreed, ›Islam is absolutely defenseless‹«, schrieb Daniel Lerner 1958 in seinem Buch »The Passing of Traditional Society. Modernizing the Middle East«[3].

Der Optimismus und Fortschrittsglaube der Modernisierungstheorie sind heute verflogen; denn auch die Erwartungen an eine weltweite Demokratisierung und einen unaufhaltsamen wirtschaftlichen Aufschwung haben sich in weiten Teilen nicht erfüllt. Das ändert jedoch erstaunlich wenig daran, dass

3 Daniel Lerner, The Passing of Traditional Society. Modernizing the Middle East, London 1958, S. 45.

das mit der Modernisierungstheorie verbundene Bild vom Verhältnis von Religion und Moderne in das Alltagsbewusstsein vieler Menschen eingegangen ist.[4] In den Moderne-Narrationen westlicher Gesellschaften hat Religion deshalb bis heute erst mal keinen Platz. Religion und Politik sind getrennt und der Glauben ist Privatsache – wenn er nicht ohnehin stetig abnimmt. Das führt dazu, dass Religion und Moderne oft als Antagonismus gedacht werden – besonders in Bezug auf den Islam. Schon der bereits zitierte Daniel Lerner sah die islamische Welt vor der Wahl zwischen »Mecca or Mechanization«[5] und verlieh damit der bis heute populären Vorstellung Ausdruck, wonach die Religion des Islam ein Entwicklungs- und Integrationshindernis darstelle, das nur durch innere Reformen mit der modernen Gesellschaft und ihren Errungenschaften kompatibel gemacht werden könne.

RELIGION ALS OPTION IN DER MODERNE

Die Kraft einflussreicher Erzählungen liegt nicht zuletzt in deren pragmatischem Umgang mit auftauchenden Gegenevidenzen und der Fähigkeit, diese in die eigene Erzählung aufzunehmen und dadurch unwirksam zu machen. Die Moderne-Erzählung ist hiervon keine Ausnahme. Die fortdauernde Existenz von Religion – wer würde sie leugnen? – ist längst in das Moderne-Narrativ integriert worden: Religion wird weithin akzeptiert als Quell von Kraft, Mut und Sinn in Zeiten persönlicher Krisen. Für den Soziologen Hartmut Rosa fungieren Religionen als »(möglicherweise unverzichtbare) Gegenpole zur Steigerungs- und Dynamisierungslogik der Moderne« und erstarken scheinbar dort, »wo Subjekte auf die Dynamisierungsimperative der modernen Gesellschaften mit Anzeichen der Erschöpfung, der Depression oder des Burnouts reagieren«.[6] Mit anderen Worten: Religion behält eine Funktion dort, wo die Schattenseiten der Moderne dem Individuum allzu viel abverlangen. Die Moderne-Erzählung erschüttert dies in ihrem Kern jedoch nicht. Denn so verstanden bleibt Religion etwas, das in einer besseren Zukunft weiterhin überwunden werden kann, wenn ihre kompensatorische Funktion nicht länger gebraucht wird.[7]

Religion existiert also gewissermaßen als Relikt traditionaler Gesellschaften fort, ohne jedoch als Ausdruck der Moderne zu gelten. Indem sie Religion grundsätzlich als »traditionales« Phänomen versteht, verstellt diese Perspektive allerdings den Blick auf Modernisierungsprozesse innerhalb von Religionen. Der Islamist, der in der Fußgängerzone Koran-Exemplare verteilt, erscheint dann stets als Wiedergänger des Traditionalen, nie aber als moderner Zeitgenosse. Auch die beliebte Forderung nach einer »Modernisierung« des Islam findet vor allem deshalb Zuspruch, weil sie sich in das Muster von »traditional vs. modern« einfügt und dadurch an Plausibilität gewinnt.

4 Vgl. Wolfgang Knöbl, Aufstieg und Fall der Modernisierungstheorie, in: Ulrich Willems u. a. (Hg.), Moderne und Religion. Kontroversen um Modernität und Säkularisierung, Bielefeld 2013, S. 75–116, hier S. 77.

5 Lerner, S. 405.

6 Hartmut Rosa, Historischer Fortschritt oder leere Progression? Das Fortschreiten der Moderne als kulturelles Versprechen und als struktureller Zwang, in: Willems u. a., S. 117–142, hier S. 130 bzw. S. 131.

7 Vgl. Albrecht Koschorke, »Säkularisierung« und »Wiederkehr der Religion«. Zu zwei Narrativen der europäischen Moderne, in: Willems u. a, S. 237–260, hier S. 242.

Dem lässt sich entgegenhalten, dass das, was weithin unter Tradition verstanden wird, zwangsläufig immer schon ein Produkt der Moderne ist: »Tradition wird erst dann bewusst, wenn sie sich von gegenwärtiger Praxis unterscheidet. Erst wenn die Zukunft anders ist als die Gegenwart und diese sich von der Vergangenheit unterscheidet, kann es zur Traditionsbildung kommen.«[8] Auch religiöse Tradition wird in der Moderne stets neu angeeignet und dabei immer auch umgebildet, weshalb vieles dafür spricht, sie als eine *Option in* der Moderne statt als *Gegensatz zur* Moderne zu verstehen.[9] Eine solche Perspektive macht es notwendig, auch radikalisierte Formen von Religion auf ihren modernen Gehalt hin zu untersuchen.

MODERNISIERTE RELIGION: DER ISLAMISMUS ALS PHÄNOMEN DER MODERNE

Anfang des 20. Jahrhunderts hat sich der Islamismus in Reaktion auf die krisenhafte Selbstwahrnehmung islamischer Gesellschaften herausgebildet. Diese Krise manifestierte sich in erster Linie in der militärischen, technologischen und wirtschaftlichen Überlegenheit des Westens, die im Zuge der Kolonialisierung des Nahen Ostens sichtbar wurde. Als Antwort hierauf formulierten die Vordenker des Islamismus die Parole »Der Islam ist die Lösung«. Alle Bereiche der Gesellschaft, von der Politik über die Wirtschaft bis hin zur Kultur, sollten nach den Regeln des Islam gestaltet werden. Die Spaltung der islamischen Gemeinschaft sollte überwunden werden, diese so zu alter Größe zurückfinden: »Bei der Hoffnung auf Erneuerung spielt die Erinnerung an die historische Größe und den Glanz des Kalifenreiches eine wichtige Rolle: als der Islam noch ungebrochen herrschte und die Muslime nur ihren eigenen Normen verpflichtet waren, da waren sie stark und groß und marschierten an der Spitze der Wissenschaft und des Fortschritts [...].«[10]

Anders als es die weitverbreitete Vorstellung will, weist der Islamismus keineswegs den Weg zurück ins Mittelalter, sondern zeichnet sich vielmehr durch eine ambivalente und scheinbar widersprüchliche Haltung gegenüber der Moderne aus. Auf der einen Seite lehnen seine Verkünder das kulturelle und politische Programm der Moderne, also die Trennung von Religion und Politik, den säkularen Rechtsstaat und die Meinungsfreiheit, ab. Auf der anderen Seite befürworten sie die Inanspruchnahme moderner Technologien und Wissenschaft für das islamistische Projekt. Bassam Tibi hat dem Islamismus deshalb vorgehalten, dem »Traum von der halben Moderne«[11] nachzuhängen. Das Traumhafte und Illusorische liegt für ihn darin, dass der Islamismus von den Errungenschaften der Moderne profitieren wolle, ohne aber ihren kulturellen Gehalt anzuerkennen – wobei das eine aber ohne das andere nicht

8 Thomas Schwinn, Die Vielfalt und Einheit der Moderne – Perspektiven und Probleme eines Forschungsprogramms, in: Ders. (Hg.), Die Vielfalt und Einheit der Moderne. Kultur- und strukturvergleichende Analysen, Wiesbaden 2006, S. 7–33, hier S. 22.

9 Diese Perspektive nehmen Forschungsansätze ein, die von »multiplen Modernen« nach Eisenstadt ausgehen.

10 Heinz Halm, Der Islam. Geschichte und Gegenwart, München 2007, S. 84 f.

11 Bassam Tibi, Krieg der Zivilisationen. Politik und Religion zwischen Vernunft und Fundamentalismus, München 2001, S. 248.

zu haben sei. So gesehen fristet der Islamismus ein schattenhaftes Dasein am Rande der Moderne, von wo aus er radikale Gegenprogramme formuliert und Anschläge plant. Sein erstes Opfer sind dabei jene jungen Männer, die ihm als Verlierer einer überfordernden Moderne in Scharen zulaufen.

Der Islamismus nährt sich also ohne Zweifel von den krisenhaften Seiten der Moderne. Aber ist er auch ein typisch modernes Phänomen? Für Harmut Rosa ist soziale Beschleunigung das Wesensmerkmal der Moderne.[12] Danach zeichnen sich moderne Gesellschaften durch den strukturellen Zwang zu Dynamisierung und Innovation aus. Ob Wirtschaft, Politik, Wissenschaft oder Kunst: Jeder dieser gesellschaftlichen Teilbereiche ist für seinen Fortbestand auf permanentes Wachstum und ständige Neuschaffung angewiesen. Einzig Religionen sind für Rosa von diesem inneren Zwang ausgenommen – weshalb er ihnen, wie oben beschrieben, eine entlastende Funktion innerhalb der Moderne zuweist. Damit schließt Rosa zwar Weiterentwicklungen und Veränderungen von Religion nicht aus, hält aber permanente Innovation und Beschleunigung für nicht erforderlich, um die Reproduktion und Stabilisierung religiöser Ordnungen sicherzustellen.

Dagegen lässt sich der Islamismus durchaus als Paradebeispiel dynamisierter Religion lesen – was ihn zu einem modernen Phänomen macht. Sein zentrales Merkmal ist die permanente Überbietung, ein »Höher, weiter, schneller!«, das charakteristisch für moderne Gesellschaften ist. Seine Prediger legen immer strengere Auslegungen vor. Seine Anhänger wetteifern darum, wer seinen Glauben möglichst gesetzestreu praktiziert und das Leben des Propheten in besonderer Weise nachahmt. Teils auch mit kuriosen Folgen: Selbst die Zahnpflege wird heute in islamistischen Kreisen, streng nach prophetischem Vorbild, wieder mit dem *Siwak,* einem Zweig des Zahnbürstenbaums, vorgenommen.

Derweil liefern sich islamistische Terrororganisationen einen Wettkampf der Grausamkeiten. Die medialen Bilder, die auf diese Weise produziert werden, dienen nicht nur dazu, Schrecken unter ihren Gegnern zu verbreiten, sondern sind überdies zentraler Bestandteil der Propaganda im Wettbewerb um junge Rekruten. Galt Al-Kaida bis vor wenigen Jahren noch als die größte islamistische Bedrohung, hat der IS ihr mit seiner brutal in Szene gesetzten Gewalt längst den Rang abgelaufen. Die Instrumente und die Ästhetik des Terrors sind dabei seit jeher modern und folgen ebenfalls der Logik permanenter Innovation und Überbietung. In der Internet-Propaganda, ohne die der Erfolg moderner Terrororganisationen undenkbar wäre, gilt: Wer präsentiert in seinen Videos die dicksten Waffen, die größten Autos, die schnellsten Schnitte?

Auch das politische Denken des Islamismus ist in entscheidender Weise geprägt von den Ideen der Moderne: Die Leitmaxime, der Islam sei »Religion

12 Vgl. Rosa, S. 130.

und Staat«, ist gerade kein klassisch islamischer Grundsatz, sondern findet sich zum ersten Mal bei den Vordenkern des Islamismus Ende des 19. Jahrhunderts.[13] Diese Maxime ist verantwortlich für die heute weitverbreite Vorstellung, Politik und Religion seien im Islam untrennbar. Dabei gehört es zu den Eigenarten der Islamkritik, dass sie sich ihr Islambild gerne von Islamisten diktieren lässt, die sie doch eigentlich entlarven will. Der islamistische Anspruch jedenfalls lautet, alle Bereiche des öffentlichen Lebens entlang religiöser Dogmen zu regeln, d. h. soziale Ordnung mittels politischen Handelns herzustellen. Diese Vorstellung, »dass Gesellschaft und Geschichte von handelnden, aktiven Subjekten gemacht werden und dass dies über Politik geschehen könne«[14], ist eine typisch moderne Idee, die in den politischen Revolutionen der Neuzeit entstanden ist. Für Shmuel N. Eisenstadt sind fundamentalistische Bewegungen wie der Islamismus daher »nicht nur im instrumentellen oder technischen Sinne politisch, sondern vielmehr in ihrem Bestreben, ein allgemeines moralisches Leitbild mit modernen politischen Mitteln durchzusetzen, eine neue kollektive Identität zu schaffen und sich die Moderne auf der Basis eigener Maßstäbe anzueignen«[15]. Die paradoxe Kombination aus antimodernen, antiaufklärerischen Themen und modernen Komponenten beschreibt Eisenstadt als Wesensmerkmal des Fundamentalismus.

SCHLUSS: DEN ISLAM IN DER MODERNE VERORTEN

Der von der Modernisierungstheorie prophezeite Bedeutungsverlust des Religiösen ist bis heute nicht eingetreten. Das gilt nicht nur für die islamischen Länder, sondern genauso im globalen Maßstab – und auch für Europa. Stattdessen ist heute gerne die Rede von der *Rückkehr der Religion;* wobei sich hier die Frage anschließt, ob die Religion denn je weg gewesen ist. In jedem Fall hat eine Rückkehr der Religion ins Bewusstsein einer breiteren Öffentlichkeit stattgefunden, und in der Rückschau kann 1979 als das Jahr betrachtet werden, in dem diese Entwicklung ihren Anfang genommen hat. Dies liegt auf der einen Seite an der Zunahme religiös motivierter – oder zumindest religiös begründeter – Gewalt; auf der anderen Seite aber auch an der steigenden Bereitschaft, unterschiedlichste Konflikte und Probleme auf den Faktor *Religion* – meist verstanden als Überbleibsel »traditioneller Werte« – zurückzuführen. Demgegenüber wurde hier versucht zu zeigen, dass der Islam seit 1979 – entgegen der weitverbreiteten Vorstellung – nicht als Tradition, sondern als *modernisierte Religion* auf die Weltbühne tritt. Zudem ist argumentiert worden, dass dieses Missverständnis die Folge einer Moderne-Erzählung ist, die auf den Prämissen der Modernisierungstheorie fußt. Was folgt daraus?

13 Vgl. Thomas Bauer, Die Kultur der Ambiguität. Eine andere Geschichte des Islams, Berlin 2011, S. 342.

14 Schwinn, S. 22.

15 Shmuel N. Eisenstadt, Multiple Modernen im Zeitalter der Globalisierung, in: Schwinn, Die Vielfalt und Einheit der Moderne. Kultur- und strukturvergleichende Analysen, S. 37–62, hier S. 54.

Wenn der Islamismus eine Folge der Modernisierung des Islam ist, führt es in die Irre, wenn in öffentlichen Debatten eine ebensolche Modernisierung eingefordert wird. Liegt deshalb im Gegenteil die Lösung? Lässt sich modernisierte Religion nur mit klassischer Theologie sinnvoll bekämpfen? Diesen Schluss legen jene Stimmen nahe, welche die ursprüngliche Pluralität islamischer Tradition beschwören und eine informierte Religiosität als Schutzimpfung gegen das islamistische Virus verschreiben wollen. Die Ausbildung islamischer Religionslehrer – und vor allem Lehrerinnen – an deutschen Hochschulen zielt in diese Richtung. Und tatsächlich zeichnen sich islamistische Biografien meist durch einen erstaunlichen Mangel an religiöser Grundbildung aus.

Dieser Ansatz kann jedoch bestenfalls ein Teil der Lösung sein; sucht er doch die Antworten in einer vermeintlichen Tradition und bleibt damit der problematischen Perspektive von »Tradition vs. Moderne« verhaftet. Der »Weg zurück« ist jedoch unter den Bedingungen der allgegenwärtigen Moderne nicht möglich und ähnelt ohnedies zu sehr den Verheißungen des Islamismus von einer »wahren Religion«, die es wiederzuentdecken gelte.

Stattdessen steht der Islam – wie jede Religion – vor der Herausforderung, seinen Ort in der Moderne zu finden. Wie könnte aber ein modernisierter Islam jenseits des Islamismus aussehen? Um diesen ins Abseits zu stellen, braucht es Angebote, die seine Versprechungen kritisch überbieten – d.h. im besten Sinne dynamischer sind –, um wettbewerbsfähig zu werden. Das gelingt nicht ohne den Rückgriff auf authentisch islamische Quellen, bleibt aber nicht hierbei stehen. Ein solches Versprechen muss plausibel machen können, dass die islamische Lebensführung mit einem erfolgreichen Lebensentwurf innerhalb einer modernen Gesellschaft in Einklang gebracht werden kann. Darüber hinaus müssen Identitätsangebote gemacht werden, die anschlussfähig an die Jugendkultur sind. In Deutschland sind in den letzten Jahren bereits solche Ansätze sichtbar geworden – meist gelebt von jungen Muslimen, die ihr Engagement dezidiert jenseits des religiösen Bereichs und redundanter Islamdebatten verorten.[16]

Auch um solche Entwicklungen nicht im Keim zu ersticken, erscheint es angeraten, der Religion in der Moderne-Erzählung einen größeren Platz einzuräumen. Dies würde auch einen differenzierteren Blick auf unterschiedliche Modernisierungspfade innerhalb von Religion ermöglichen. Am Ende könnte die Erkenntnis stehen, dass ein modernisierter Islam, dem man bereits von Weitem ansieht, dass der Wille zum Grundgesetz der Koran-Exegese die Zügel hält, den zu Recht herbeigesehnten Sieg gegen den Islamismus nicht herbeiführen wird.

16 Exemplarisch seien hier die Initiative »Zahnräder Netzwerk«, der *Fashion*-Onlinehändler Styleoislam und die Poetry-Slammer um I,Slam genannt.

Severin Caspari, geb. 1986, ist Politikwissenschaftler und Soziologe.

»HOPELESS, TOPLESS, HEADLESS?«[1]

ZUM AUFTRITT DES PARISER BALLETTS OLIVIER BRIAC AUF DEM 27. BUNDESPARTEITAG DER CDU IN KIEL 1979

Ξ Hanna Feesche und Robert Mueller-Stahl

Es waren entgegengesetzte, kaum miteinander zu vereinende Bilder, die sich den Zuschauern des öffentlich-rechtlichen Fernsehens, zumal denen aus dem katholisch-konservativen Milieu, am Abend des 27. März 1979 boten. Eben noch waren sie im Zuge der Unterzeichnung des israelisch-ägyptischen Friedensvertrages an die Existenz und Wirkmächtigkeit christlich-fundierter (Welt-)Politik erinnert worden, als US-Präsident Jimmy Carter gekonnt ein öffentliches Gebet gesprochen und einen Hilferuf an Gott für den Erfolg des in Camp David geschlossenen Abkommens gerichtet hatte, da ging die Berichterstattung zum Parteitag der CDU in Kiel über.

Nur: Große Männer mit großen Gesten gab es hier nicht zu sehen. Stattdessen tanzte und wirbelte – dabei nur spärlich bekleidet und mit unbedeckten Busen – eine Pariser Ballettgruppe über die Bildschirme, im Hintergrund in großen Buchstaben das strahlend-rote Logo der CDU. »Welch ein Kontrast!«[2], schrieb ein Zuschauer darauf an den *Bayernkurier*, um seinem Ärger über die aus seiner Sicht sowohl taktische als auch sittlich-moralische Entgleisung Ausdruck zu verleihen. Seine Empörung blieb nicht ungeteilt. Einer Leserin des *Wiesbadener Kurier* erschien es als »ein Zeichen von besonderer Instinktlosigkeit, daß man gerade diesen Zeitpunkt des mit äußerster Not gerade eben noch geschlossenen Friedensvertrages [...] und der blutigen und gefährlichen Wirren und Unruhen in aller Welt [für] einen solchen ›Tanz auf dem Vulkan‹ wählte«[3].

Und auch die Zeitungen selbst berichteten ausgiebig, je nach Format und politischer Ausrichtung jedoch nicht selten in amüsiert-heiterem Ton, über die »ungewöhnliche Freizügigkeit«[4], das »Busen-Ballett«[5] oder die »CDU oben

1 H. J., CDU: topless, in: Rheinischer Merkur, 06.04.1979.

2 Max Koenig, CDU Parteitag. Leserbrief, in: Bayernkurier, 07.04.1979.

3 Rosaline Michaelis-von Görschen, Sex-Amüsement. Leserbrief, in: Wiesbadener Kurier, 05.04.1979.

4 Ekkehard Kohrs, Parteitag mit ungewöhnlicher Freizügigkeit, in: General-Anzeiger (Bonn), 28.03.1979.

5 O. V., Busen-Ballett zu kokett ..., in: Express, 28.03.1979.

 INDES, 2016–1, S. 96–105, © Vandenhoeck & Ruprecht GmbH & Co. KG, Göttingen, 2016, ISSN 2191-995X

ohne«[6]. Schließlich gingen zahlreiche Schreiben bei den Landesvorsitzenden der CDU oder der Parteispitze um Helmut Kohl und dessen Generalsekretär Heiner Geißler direkt ein, in denen die Autorinnen und Autoren Erklärungen verlangten oder einfach ihren Unmut über das frevelhafte Engagement der Partei zu Papier brachten.

Doch wie war der anstößige Auftritt überhaupt zustande gekommen? Im Vorfeld der Veranstaltung hatte noch wenig darauf hingedeutet, dass der 27. Bundesparteitag der CDU in Kiel große Schlagzeilen nach sich ziehen würde. Zu sehr war er in eine Phase kurzfristig aufeinanderfolgender Wahlen eingebettet, als dass die Kieler Ostseehalle zum diskursiven Ring für die Austragung parteiinterner Kontroversen hätte avancieren können. Dabei fehlte es keineswegs an strittigen Themen: Allen voran die ungeklärte Frage des Kanzlerkandidaten für das kommende Jahr, unter dem die CDU die unliebsame Oppositionsrolle endlich abgeben wollte. Zudem hatte Kurt Biedenkopf, zu diesem Zeitpunkt Mitglied des Bundestages und Vorsitzender des CDU-Landesverbandes Westfalen-Lippe, um die Jahreswende 1978/79 herum ein Memorandum aufgesetzt, in dem er Helmut Kohl die Niederlegung des Fraktionsvorsitzes empfahl und im Falle einer Absage sogar eine Gegenkandidatur auf dem Parteitag durchschimmern ließ.

Dennoch: Wenngleich die Machtkämpfe an der Parteispitze, die sich um Biedenkopfs »naßforschen Vorstoß«[7] entspannen, im Frühjahr 1979 noch keinesfalls geklärt waren, so traten sie auf dem Parteitag doch merklich in den Hintergrund, wenngleich sie nicht gänzlich verschwanden. Zwar hatte Kohl bei der Wahl zum Bundesvorsitzenden der CDU keinen direkten Widersacher zu befürchten. Nichtsdestoweniger war seine Bestätigung mit 617 Zustimmungen bei 82 Nein-Stimmen und 41 Enthaltungen ein klarer Ausdruck der intern brodelnden Kritik an seiner Amtsführung.[8] Mehr als eine Andeutung, ein erstes Aufflackern noch bevorstehender Konflikte stellte die Abstimmung jedoch nicht dar. In Anbetracht der unmittelbar bevorstehenden Landtagswahlen in Schleswig-Holstein war allen Beteiligten klar, dass es sich um einen Parteitag unter »Vorbehalten«[9] handelte. Die nach außen gerichtete Inszenierung interner Geschlossenheit stand im Zentrum der Parteitagsagenda.

Da kamen die erstmaligen Direktwahlen des Europäischen Parlamentes vom 7. bis 10. Juni 1979 gerade zur rechten Zeit. Im Vergleich etwa zur Bundestagswahl waren sie ein weitaus weniger brisantes und umkämpftes Thema und als solches für den Parteitag bestens geeignet. Richtungsweisende Grundsatzdebatten mussten hier nicht geführt, heikle Personalfragen nicht entschieden werden. Vielmehr konnte die Parteiführung unter der Leitung von Kohl ohne größere Einwände ein Europawahlprogramm durchwinken

6 O. V., Für die CDU oben ohne, in: Der Spiegel, 02.04.1979.

7 Hans-Peter Schwarz, Helmut Kohl. Eine politische Biographie, München 2012, S. 240.

8 Vgl. Wolfgang Jäger, Helmut Kohl setzt sich durch, 1976–1982, in: Hans-Peter Schwarz (Hg.), Die Fraktion als Machtfaktor. CDU/CSU im Deutschen Bundestag 1949 bis heute, Bonn 2010, S. 141–159, hier S. 149 f.

9 O. V., Kieler Vorbeihalte, in: Frankfurter Allgemeine Zeitung, 26.03.1979; vgl. außerdem Carl-Christian Kaiser, Niemand wirft den Hut in den Ring, in: Die Zeit, 12.03.1979.

und damit den Startschuss für die finale Phase des unterschwellig längst schon laufenden Bundestagswahlkampfes geben.[10] Unter dem Motto »Deutsche wählt das freie und soziale Europa. Gegen ein sozialistisches Europa« beschwor die CDU noch einmal das von jeher verbindende Moment des Antisozialismus,[11] um darüber nach innen den Schein einer geeinten Partei zu wahren und nach außen dem schwachen Interesse der Bevölkerung an den Europawahlen zu begegnen.[12]

Ganz im Zeichen dieser demonstrativen Geschlossenheit sollte nun auch der krönende und vorzeitige Höhepunkt des Parteitages stehen: der Europa-Abend. Nach der Schließung des Plenums hatte der Parteivorsitzende persönlich noch einmal zum informellen Teil des Treffens in die Ostseehalle geladen.[13] Bei Buffet und vielseitiger Unterhaltung sollte der Parteitag in versöhnlicher und stimmungsvoller Atmosphäre ausklingen. So zumindest hatten es sich die Verantwortlichen der Abendgestaltung um den Generalsekretär Heiner Geißler und den Leiter der Presse- und Öffentlichkeitsarbeit in der Bundesgeschäftsstelle, Peter Radunski, vorgestellt. Im Kern sollte die Veranstaltung dabei, wie Walter Brückmann, seinerzeit Verantwortlicher der Öffentlichkeitsarbeit der CDU, in einem Schreiben an Radunski betonte, einen »europäischen Touch«[14] tragen. Hierzu hatte man neben dem Schweizer Kabarettisten Alfredo, dem Jazz-Musiker Max Greger und den Schöneberger Sängerknaben – denn mehr als einen europäischen Anstrich sollte der Abend dann doch nicht bekommen – auch die deutsch-französische Sängerin Marlène Charell für einen Auftritt gebucht. »Bei Frau Charell«, so fuhr Walter Brückmann in seinem Erklärungsbrief an Peter Radunski fort, »stellte sich ferner die Überlegung, ihr ein Ballett, sozusagen als Garnierung, beizugeben, da sie schon häufiger so aufgetreten ist.«[15]

Nach einem Gespräch mit Charell und einer Anfrage bei einem, wie Brückmann betonte, sowohl renommierten als auch stark mit der CDU sympathisierenden Künstleragenten fiel die Wahl schnell auf das Pariser Ballett Olivier Briac.[16] Schließlich war die aus den Pariser Revuetheatern bekannte Tanzgruppe bereits mehrmals im deutschen Fernsehen aufgetreten und hatte darüber hinaus auch die nicht zuletzt für ihre langen Beine berühmte Marlène Charell bei einigen Auftritten unterstützt. Vieles sprach also dafür, dass der Abend in sicheren Bahnen verlaufen würde und die rund 2.500 Delegierten, Gäste und Journalisten sich bei einem ausgewogenen Maß an deutschen und europäischen Unterhaltungseinlagen gemeinsam auf den Europawahlkampf würden einstimmen können.

Die Eröffnung der Festlichkeiten durch Heiner Geißler und das »Europa-Buffet« mit seinen Marktständen, Bier aus einer lokalen Brauerei und

10 Vgl. Jochen Blind, Das Heimspiel der »Europa-Parteien«? Die Europawahlkämpfe der Union von 1979 bis 2009, Wiesbaden 2012, S. 57.

11 Vgl. Franz Walter u. a., Die CDU. Entstehung und Verfall christdemokratischer Geschlossenheit, Baden-Baden 2011, S. 25–28.

12 Vgl. Blind, S. 50.

13 Vgl. Einladung zum Europa-Abend, 26.03.1979, in: Archiv für Christlich-Demokratische Politik (ACDP) 07-001:7805-10.

14 Walter Brückmann, Vermerk über das Engagement des Balletts Olivier Briac, Paris, für den Europabend in Kiel an Peter Radunski, 04.04.1979, in: ACDP 07-001-22190.

15 Ebd.

16 Vgl. ebd.

begleitender Mozart-Musik ließen auch zunächst nichts anderes erwarten.[17] Gegen 21 Uhr fanden sich die Anwesenden dann allmählich an den ihnen zugewiesenen Tischen ein, während Max Greger mit der Vorstellung seines Orchesters und ein paar Grußworten an die internationalen Ehrengäste das Show-Programm des Abends einleitete. Es folgten ein kurzer Auftritt der Schöneberger Sängerknaben und noch einmal Max Greger, der nunmehr gemeinsam mit seiner Band ein »Europa-Potpourri« vorführte.

So weit, so konventionell. An eben jenem Punkt, als Max Greger zum zweiten Mal die Bühne verließ und das Ballett Olivier Briac, vorerst noch ohne Marlène Charell, auf die Bühne gebeten wurde, nahm der Abend jedoch eine neuartige Dynamik an. Die zahlreichen medialen Berichterstattungen gehen in der Darstellung der Geschehnisse von hier an weit auseinander. Selbst vermeintlich eindeutige Fragen wie die Anzahl der Tänzerinnen und vor allem derer, die barbusig vor den versammelten Parteitag traten, unterscheiden sich von Artikel zu Artikel deutlich. Auch die anwesenden Journalisten schienen also von der allgemeinen Aufregung, für die der Auftritt des Balletts schlagartig sorgte, nicht ausgenommen gewesen zu sein.

Sicher scheint, dass die freizügige Darbietung geradezu tumultartige, im Kern aber mehrheitlich positive Reaktionen im Publikum hervorrief. So berichten mehrere Zeitungen von begeisterten Schenkelklopfern, tobendem Jubel, brausendem Beifall und lautstarken »Zugabe«- und »Attacke«-Rufen, die zum Ende der Aufführung durch den Saal schallten.[18] Nichtsdestoweniger erblickten mehrere Beobachter in den Gesichtern vieler Senioren, ein paar jüngerer Gäste und vor allem zahlreicher Frauen Verständnislosigkeit und Ärger.[19] Einige wenige, unter ihnen Marlene Lenz und Annemarie Schuster von der Frauenvereinigung der CDU, verließen gar umgehend die Veranstaltung.[20]

An dieser Stelle hatten die Organisatoren des Europa-Abends einen harten dramaturgischen Bruch vorgesehen. Kaum hatte das Ballett die Bühne verlassen, erhob sich Konrad Adenauers mahnende Stimme, die über den an eine Leinwand projizierten Film an die Bedeutung eines europäischen Leitgedankens appellierte. Nach diesem kurzen Intermezzo ging das Programm zu Marlène Charell über, die – wenngleich kaum mehr bekleidet als das Pariser Ballett – mit einem wohlausgewählten Programm mit Titeln wie »Glory, Glory Hallelujah« das aufgebrachte Parteitagspublikum vorübergehend wieder zu versöhnen wusste.[21]

Sein eigentliches Thema hatte der Parteitag dennoch gefunden; und das umso mehr, als die Revuetänzerinnen zum Abschluss der Veranstaltung noch einen Cancan zum Besten gaben – nur dass diesmal noch mehr Damen als beim ersten Auftritt oben herum unbedeckt auf die Bühne traten.[22] Seine

17 Vgl. Ablauf des Europa-Abends am 26. März 1979 beim 27. Bundesparteitag in Kiel, in: ACDP 07-001-22190; vgl. außerdem Eberhard Nietschke, Erst das Ballett riß die Delegierten vom Stuhl, in: Die Welt, 28.03.1979.

18 Vgl. Eghard Mörbitz, Barbusig vor dem »Hohen C«, in: Frankfurter Rundschau, 28.03.1979; vgl. außerdem Kohrs; o. V., »Applaus für Oben-ohne-CDU?«, in: Die Welt, 29.03.1979.

19 Vgl. Norbert Iserlohe, Nicht jeder ein Busenfreund, in: Bonner Rundschau, 28.03.1979; Nietschke.

20 Vgl. o. V., Bare Busen bringen Christdemokraten in Wallung, in: Süddeutsche Zeitung, 28.03.1979.

21 Vgl. Iserlohe.

22 Vgl. ebd.; vgl. außerdem o. V., Busen-Ballett zu kokett …

Wirkung verfehlte auch diese Showeinlage in der ohnehin aufgeheizten Atmosphäre der Kieler Ostseehalle nicht.

Wichtiger als die Stimmungen der »breiten Masse« sind jedoch die Reaktionen der Parteispitze oder genauer: ist das, was den führenden Köpfen der CDU im Nachhinein zugesprochen worden ist. Denn in der Tat findet sich in den nachfolgenden Presseberichten kaum eine Aussage, die nicht mindestens zwei Personen zugeordnet wird. So wurde Heinrich Köppler, Fraktionsvorsitzender der CDU in Nordrhein-Westfalen, in der Tageszeitung *Die Welt* mit der Aussage zitiert, dass die »knackigen Tanzmariechens ganz hübsch aussahen«; und weiter: »Da sagen doch die Ehefrauen der biederen Delegierten aus dem Münster- und dem Sauerland zu Recht, daß ihre Männer nur nach Kiel gereist sind, um nacktes Fleisch zu sehen.«[23]

Der *Bonner Anzeiger* hingegen sah Köppler neben Hans Katzer, Horst Waffenschmidt und der Tochter Konrad Adenauers, Libet Werhan, als Mitautor einer spontan verfassten »Resolution«, die noch während des Auftrittes durch die Tischreihen kursierte. Ihre Botschaft: »Marlene genügt, das Ballett brauchen wir nicht.«[24] In der sich anschließenden Debatte habe er sich neben Hans Katzer als einer der schärfsten Kritiker des Auftrittes positioniert. In ganz ähnlicher Weise ließen sich für den häufig aufgegriffenen Ausspruch: »Das soll uns die SPD erst einmal nachmachen«, je nach zugrundeliegender Quelle neben Bundestagspräsident Karl Carstens noch mehrere weitere Urheber finden.[25] Schließlich blieben auch die organisatorischen Hintergründe der Show unklar.

Indes, um die weitreichenden Konsequenzen zu verstehen, die der skandalträchtige Auftritt des Pariser Balletts nach sich gezogen hat, sind die Fragen danach, wer sich im allgemeinen Tohuwabohu vor der Parteitagsbühne wie verhielt und was er oder sie wann genau sagte, zweitrangig. Entscheidend ist vielmehr, wie die Parteispitze mit dem heillosen Durcheinander des Europa-Abends im Nachhinein umgegangen ist. Denn zumindest die kritischen, einen Tabubruch und moralische Zügellosigkeit witternden Christkonservativen in den CDU-nahen Milieus der Bundesrepublik mussten sich durch die Rechtfertigungsversuche der Führungsspitze in ihrem Argwohn geradezu bestätigt fühlen.

Die Geschehnisse des Europa-Abends riefen bei vielen Konservativen, die während des Parteitages zu Hause geblieben waren, ein Echo hervor, das der Stimmungslage in der Kieler Ostseehalle diametral widersprach. In Leserbriefen, Anrufen im Bonner Konrad-Adenauer-Haus und persönlichen Schreiben an die Parteiführung drückten sie ihren Unmut, ja mitunter ihre Entrüstung und Fassungslosigkeit ob des von ihnen so empfundenen

23 O.V., Nackte Tatsachen gegen die Leibfeindlichkeit, in: Die Welt, 29.03.1979.

24 Siehe Iserlohe.

25 Vgl. o.V, Das soll uns die SPD erst mal nachmachen, in: TZ; o.V., Christdemokraten in Wallung.

politischen und darüber hinaus auch menschlich-moralischen Vergehens aus. »War es vielleicht ein Agent der anderen Seite«[26], der den Vorfall eingefädelt habe, fragte eine bestürzte Verfasserin den Ministerpräsidenten Schleswig-Holsteins, Gerhard Stoltenberg. Auch in einer Senioreninitiative war man sich »so gut wie sicher, daß diese ›oben-ohne‹-Darbietung eine ganz raffinierte ausgeklügelte Sabotage ist«[27]. Noch drastischer formulierte ein anderer Parteianhänger seine Wut über das, was er in der Zeitung lesen musste: »Wer sind die Leute in der CDU, welche die Entgleisung von Kiel inszeniert

26 Postkarte an Gerhard Stoltenberg, in: ACDP 04.04.1979, 01-626-083/3.

27 Brief an Gerhard Stoltenberg, in: ACDP 10.04.1979, 01-626-083/3.

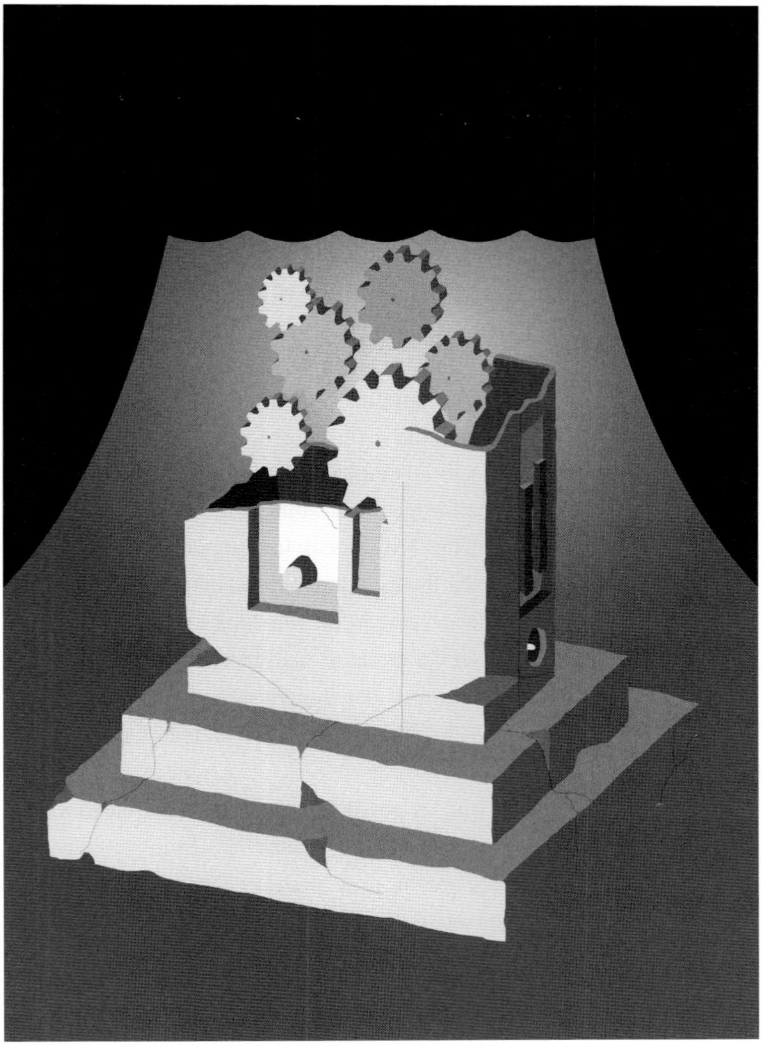

haben? Wer hatte die Kontakte zu den schamlosen Pariser Etablissements? Wer immer sie sind, diese Leute sollten schleunigst aus der CDU entfernt werden! Es sind bezahlte oder unbezahlte Agenten Honeckers.« Und: »Welche Pikanterien sind auf künftigen Parteitagen zu erwarten? Haschisch, LSD, russisches Roulette ...?«[28]

Schon aus wahltaktischen Motiven heraus schien manch einem Kommentator unbegreiflich, wie die CDU solche »Scherze« verantworten könne, die – wie der Landesvorsitzende der CDU Schleswig-Holsteins, Werner Zeyer, zu lesen bekam – »insbesondere unsere Wählerinnen auf dem Land zumindest peinlich berührt« hätten und die unter ihnen »sicher eher Stimmenverluste als -gewinne herbeizuführen geeignet«[29] seien. Geradezu zynisch stellte eine Verfasserin in einem Brief an Stoltenberg fest: »Ihren Gegnern haben Sie bestimmt eine große Freude gemacht; ich höre sie direkt lauthals lachen!«[30] Ähnlich aufgebracht, wenn auch weniger spöttisch, sondern offen erbost, beurteilte ein angehender Priester den Eklat um das »Oben-Ohne-Ballett«: »Ich fand es schlichtweg eine Schweinerei. Was mich aber am meisten ärgert, es war die beste Reklame für die SPD.«[31]

Und dennoch, so schien es, wäre der konzeptionelle Fehltritt nach einer ersten Welle der Empörung gerade unter der katholisch-konservativen Kernwählerschaft nachträglich zu verzeihen gewesen, wenn die Verantwortlichen, allen voran Generalsekretär Geißler, einen Anflug von Reue hätten erkennen lassen – oder wenn sie sich zumindest zu ihrem Fauxpas bekannt hätten. Ein Einfallstor für eine öffentliche Distanzierung stand dabei durchaus offen, war doch auch im Nachhinein nicht eindeutig, ob Geißler die Tanzgruppe bewusst mit ihrem barbusigen Programm gebucht hatte oder ob dem Auftritt nur ein organisatorisches Missverständnis zugrunde lag. Immerhin kursierten beide Varianten der Erzählung in den Medien.[32] Doch während CDU-Sprecher Günther Heinrich eine kurze Meldung im *Spiegel* energisch dementierte[33], der zufolge Geißler bei einer »ausgezogenen« Generalprobe anwesend gewesen wäre, stellte sich der Generalsekretär mit breiter Brust hinter die Entscheidung, die Tänzerinnen in dieser unbedeckten Form auftreten zu lassen.

Zwar ließ er öffentlich und in persönlichen Antwortschreiben verlauten, dass er für die allgemeine Aufregung »volles Verständnis«[34] habe und dass »auf diesen Teil des Programms ohne weiteres hätte verzichtet werden können«. »Unbeschadet dessen« – fügte Geißler jedoch im gleichen Atemzug hinzu – »bin ich allerdings der Meinung, daß der Auftritt des Balletts Briac keine Maßstäbe der Sittlichkeit verletzt hat.«[35] Zudem habe es sich um einen »Unterhaltungsabend gehandelt [...], dem man keine grundsätzliche

28 Brief an Gerhard Stoltenberg, in: ACDP 31.03.1979, 01-626-083/3.

29 Brief an Werner Zeyer, in: ACDP 01-487-026.

30 Brief an Gerhard Stoltenberg, in: ACDP 28.03.1979, 01-626-083/3.

31 Brief an Werner Zeyer, 04.04.1979, in: ACDP 01-626-083/3.

32 Vgl. Friedrich Hange, Busen halten CDU in Wallung, in: Augsburger Allgemeine, 31.03.1979; o. V., Wegen der »Oben ohne« in Kiel verliert in Bonn keiner den Kopf, in: General-Anzeiger (Bonn), 29.03.1979.

33 Siehe o. V, Für die CDU; zu Heinrichs Replik vgl. Günther Heinrich, Parteitag des freien Busens, in: Der Spiegel, 14.05.1979.

34 Exemplarisch dazu: o. V., »Oben ohne« bringt die CDU nicht aus dem Gleichgewicht, in: Süddeutsche Zeitung, 04.04.1979.

35 Entwurf eines persönlichen Antwortschreibens an Heiner Geißler, in: ACDP 07-0001-22190.

Bedeutung beimessen sollte.«[36] Ohnehin, so konnte man vielerorts in den Zeitungen lesen, hätten die eingegangenen Briefe »nicht mal ein Körbchen füllen«[37] können.

»Als wenn das ein Maßstab sein könnte!«[38], bekam Heinrich Köppler in einem wütenden Kommentar zu lesen. Schließlich waren die Protest-Bekundungen nicht selten aus Perspektive von Vermittlern zwischen einer abgehobenen Parteispitze und einer sich ungehört, übergangen oder rechts liegen gelassen fühlenden Basis geschrieben. So betonte ein Vertreter der Katholischen Arbeitnehmer-Bewegung aus dem Saarland gleich mehrmals, wie er von der Oberregierungsrätin bis zur Haushälterin aufgefordert und »wiederholt dazu gedrängt«[39] worden sei, dieses Schreiben aufzusetzen. Selbst aus einer informelleren Position heraus griff eine Autorin die Debatte »bei einem Familientreffen in der Pfalz« auf, die »für die CDU äußerst negativ« sei: »In der Diskussion meinte jemand in der Verärgerung, die sollen doch statt sich CDU zu nennen sich Hurenpartei titulieren, dann seien Sie [sic!] der Wahrheit näher.« Und weiter: »Mir tut der Zwist leid, habe ihn nicht heraufbeschworen, kann ihn aber bei christlichen soliden Familien durchaus verstehen.«[40] An anderer Stelle versicherte ein Diözesanpräses Heinrich Köppler: »Ich habe in diesen Tagen das Urteil vieler Menschen hören können: aus dem Dorfe, aus der Stadt, aus der Großstadt; Arbeiter, Bauern, Studenten, Akademiker. Alle waren konsterniert.«[41]

Es waren Erzählungen wie diese, mit denen die Protestierenden nicht nur ihre persönliche Entrüstung ausdrücken wollten, sondern mit denen sie eine übergreifende Stimmung in den CDU-nahen Milieus einzufangen und plastisch wiederzugeben versuchten. Auch den Briefen, die nicht aus der Rolle eines Sprachrohrs von unten geschrieben worden sind, ist deutlich anzumerken, dass die in ihnen transportierten Haltungen aus der Sicherheit einer milieuübergreifenden Übereinkunft heraus gewachsen gewesen sind.

Die wenigen Versuche, den Auftritt der Pariser Revuetänzerinnen in ein positives Licht zu stellen, wirken demgegenüber völlig isoliert. Bekundungen wie jene des Parteitagsdelegierten Klaus Blödt, der in der Tageszeitung *Die Welt* auch im Nachhinein selbstbewusst dazu stand, sich während der Show »köstlich amüsiert«[42] zu haben, verschwanden im Rausch der Empörung fast vollkommen.

Vor diesem Hintergrund las sich die Stellungnahme der CDU-Bundesgeschäftsstelle im parteiinternen Informationsdienst in der folgenden Woche für viele der verärgerten Parteitagskommentatoren wie eine Infragestellung ihrer Weltanschauung. Zwar konnte das Schreiben einige der umherschwirrenden Falschmeldungen etwa zu Kosten- und Finanzierungsfragen korrigieren. Statt

36 Entwurf für Briefe an Helmut Kohl und Heiner Geißler, 04.04.1979, in: ACDP 07-0001-22190.

37 Exemplarisch o. V., CDU: Feste Moral trotz »oben ohne«, in: Hamburger Abendblatt, 04.04.1979.

38 Brief an Heinrich Köppler, 09.04.1979, in: ACDP 01-258-034/5

39 Brief an Werner Zeyer, 28.03.1979, in: ACDP 01-626-083/3.

40 Brief an Werner Zeyer, 03.04.1979, in: ACDP 01-626-083/3.

41 Brief an Heinrich Köppler, 09.04.1979, in: ACDP 01-258-034/5.

42 Klaus Blödt, Nackte Tatsachen. Leserbrief, in: Die Welt, 18.04.1979.

den häufig vermuteten 300.000 Mark hatte die Show »nur« 60.000 Mark gekostet und war aus einer externen Spendenquelle, nicht aus Mitgliederbeiträgen finanziert worden.[43] Doch enthielt der Text in noch größerer Klarheit eine positive Würdigung der barbusigen Showeinlage: Der Europa-Abend habe eine »überwiegend freundliche und heitere öffentliche Resonanz ausgelöst«, hieß es darin; und weiter: »Die Künstler wählten das übliche Programm aus ihrem Repertoire. Ihnen Vorschriften zu machen, anders aufzutreten als sie es in ihrer Heimat gewohnt sind, hätte allen Gepflogenheiten widersprochen und schädliche öffentliche Reaktionen ausgelöst.« »[W]ie die meisten künstlerischen Darbietungen« habe die »Show [...] keine ungeteilte Zustimmung gefunden. Die große Mehrheit der Teilnehmer am Europa-Abend hat sie aber als einen guten und künstlerisch hochwertigen Beitrag empfunden.«[44]

Für die Verfasserinnen und Verfasser der Beschwerdebriefe mussten diese Worte wie blanker Hohn klingen. Nicht nur legitimierte die Bundesgeschäftsstelle – und nicht etwa eine einzelne Person wie Geißler, denn das Schreiben war anonym gehalten – den skandalumwobenen Auftritt im Sinne der freien Künste. Obendrein stilisierte sie die Position der Protestierenden als marginal und abwegig. Die nachträgliche Rechtfertigung durch die Parteiführung erweckte bei der Basis letztlich Entfremdungsängste gegenüber der eigenen Partei, die das Ausmaß der Aufregung über den Auftritt an sich bei Weitem überschritten. Allen voran schien ihnen das »C«, das von jeher alle tagespolitischen Meinungsdifferenzen umschlingende Bindeglied der Union, im Angesicht der blanken Brüste auf der Parteitagsbühne dahinzuschwinden. Derartige »Konzessionen ›an den Zeitgeist‹«[45] bedeuteten für die Protestierenden zugleich eine Unterhöhlung christlicher Politik.

So fragte ein Kölner Notar in einem Brief an den Parteivorsitzenden, »was eigentlich das Wort ›christlich‹ noch im Namen dieser Partei soll«. Nach immerhin zwanzig Jahren Mitgliedschaft und einem Vater, der »zu den Mitgliedern der ersten Stunde bei der Gründung der CDU in Köln« gehört habe, wüsste er nun nicht mehr, ob »diese Partei noch meine politische Heimat sein kann«.[46] Noch dramatischer brachte eine Verfasserin ihre Sorgen um den vermeintlichen liberalen Kurswechsel der CDU durch Heiner Geißler und Kohl zu Papier: »Ein Mann mit solchen sittl. Empfinden an der Führungsspitze einer christlichen Partei, sollte besser zu einer liberalen Partei überwechseln. Oder man sollte das ›C‹ in der Namengebung streichen, damit man recht orientiert ist.« Sie schloss ihre erzürnte Schrift mit einem düsteren Blick in die Zukunft: »›Wenn das Herz Europas – Deutschland – aufhört christlich zu schlagen, ist ganz Europa verloren‹. Dann beugt keine noch so gerüstete Nato den noch nie dagewesenen Schrecken eines dritten Weltkrieges vor.«[47]

43 Vgl. o. V., Der Europa-Abend in Kiel, in: Union in Deutschland, 05.04.1979.

44 Ebd.

45 Brief an Gerhard Stoltenberg, 28.03.1979, in: ACDP 01-626-086/3.

46 Brief an Helmut Kohl, 30.03.1979, in: ACDP 07-001-22190.

47 Brief an Werner Zeyer, 15.05.1979, in: ACDP 01-487-026.

Eine derart drastische Deutung der Ereignisse um den Kieler Europa-Abend spiegelt natürlich nur bedingt Klima und Tonfall der Diskussion wider. Dennoch: In überspitzter Form ist die hier heraufbeschworene Apokalypse Zeugnis einer tiefen Verunsicherung, die das konservative Milieu zum Ende der 1970er Jahre ergriff. In öffentlichen Liberalisierungs-Debatten etwa um die Verbreitung der Pornografie erkannten ihre Anhänger den Durchbruch einer mehr und mehr säkularisierten und – aus ihrer Sicht – ungehaltenen und sittlich verwahrlosenden Gesellschaft. Das Aufkommen der Sozialen Bewegungen verstärkte dieses Gefühl eines unaufhaltsamen Modernisierungsschubes noch.

Umso fester versuchte man, dem Zeitgeist in den konservativen Hochburgen standzuhalten. Und das keineswegs erfolglos: Immerhin konnte die CDU ihre Mitgliederzahlen in den 1970er Jahren mehr als verdoppeln. Desto kritischer reagierte die konservative Kernwählerschaft der CDU aber auch auf Anzeichen parteiinterner Auf- und Umbrüche. Und gerade hier taten sich unverhoffte Konflikte auf. Nicht nur schien die Führungsspitze um Helmut Kohl, allen voran aber der Generalsekretär Heiner Geißler, der sich durch und durch liberalisierenden Gesellschaft wenig entgegenzusetzen, sie stattdessen vielmehr mitzutragen.[48] Was jedoch noch unerträglicher war: Sie tat dies alles aus der unliebsamen Oppositionsrolle heraus. Denn Macht ist von jeher, über alle themenspezifischen Positionierungen hinweg, die eigentliche »Raison d'Être klassischer konservativer Bürgerlichkeit«[49].

Die befürchteten Folgen des Kieler Europa-Abends blieben indes aus. Sowohl aus den Landtagswahlen in Schleswig-Holstein als auch aus den erstmaligen Direktwahlen des Europäischen Parlaments ging die CDU als stärkste Fraktion hervor. Dennoch können der Auftritt des Pariser Balletts Olivier Briac und vor allem sein intensives Nachspiel als Indizien eines sowohl gesellschaftlichen als auch parteiinternen Wandlungsprozesses gesehen werden, den kaum jemand so sensibel erspürte wie das beharrlich konservative Milieu der CDU.

48 Vgl. Frank Bösch, Macht und Machtverlust. Die Geschichte der CDU, Stuttgart 2002, S. 212–218. Vgl. außerdem Walter u. a., S. 45–49.

49 Franz Walter, Konservatismus als Mentalität und Methode. Zur politischen Technik Konrad Adenauers und Angela Merkels, in: INDES. Zeitschrift für Politik und Gesellschaft, Jg. 4 (2015), H. 3, S. 93–102, hier S. 100.

Hanna Feesche, geb. 1991, arbeitet am Göttinger Institut für Demokratieforschung und studiert Transkontinentale Europäische Geschichte in der Moderne an der Universität Göttingen.

Robert Mueller-Stahl, geb. 1991, arbeitet am Göttinger Institut für Demokratieforschung und studiert Geschichte an der Universität Göttingen.

PORTRAIT

DIE OPPOSITION ÜBERNIMMT DIE VILLA HAMMERSCHMIDT

BUNDESPRÄSIDENT KARL CARSTENS ALS SPEERSPITZE DER GEGENREFORM?

Ξ Franz Walter

Stand der bundesrepublikanische Staat im Jahr 1979 unmittelbar vor der Machtübernahme einer »Gang«? Diese sinistere Befürchtung äußerte seinerzeit nicht etwa ein verschrobener Verschwörungsrauner, von denen es damals zumindest in der öffentlichen Präsenz auch längst nicht so viele Exemplare gab wie in der aktuellen Gegenwart. Vielmehr war es ein veritabler Finanzsenator und später – von 1995 bis 2005 – durchaus reputierlicher Bürgermeister der Freien Hansestadt Bremen: Henning Scherf. Der Sozialdemokrat gab 1979 in einem Interview mit der Tageszeitung seiner Heimatstadt seine private apokalyptische Vorstellung über den Verlauf der Politik kund: »Stellen Sie sich vor, einer wie Carstens, den ich nicht mag, an der Spitze des Staates, dann Stücklen als Bundespräsident und schließlich Strauß als Kanzler. Das ist doch ein Alptraum. Für mich wäre das so, als ob dieser Staat dann an eine Gang abgetreten würde.«[1]

KOHL MOCHTE NICHT

Ganz so drastisch hätten und haben es andere prominente Sozialdemokraten Anfang 1979 zwar nicht zugespitzt. Aber Sorgen machten sie sich schon, dass im Laufe des Jahres 1979 die Weichen für einen Machtwechsel nach rechts, in Richtung des dezidiert konservativen Flügels der Christlichen Union gestellt werden könnten. Und die Übernahme des Bundespräsidentenamtes, erstmals in der Geschichte der Republik aus der Opposition heraus, schien ein symbolischer Markstein der machtpolitischen Verschiebung zu sein.[2]

Ende 1977 hatte der Vorsitzende der Sozialdemokraten, Willy Brandt, dergleichen noch konterkarieren wollen, indem er die Bereitschaft seiner Partei signalisierte, die Wiederwahl des amtierenden liberalen Bundespräsidenten Walter Scheel zu unterstützen. Damals ging das Kalkül Brandts allerdings

1 Zit. nach Erich Böhme, Keine Hoffnung, in: Der Spiegel 13.08.1979.

2 Vgl. Rolf Zundel, Ein bisschen Machtwechsel?, in: Die Zeit, 02.02.1979.

besonders dahin, seinem christdemokratischen Pendant Helmut Kohl zuvorzukommen, dem er nicht zu Unrecht unterstellte, ebenfalls vorzeitig für eine zweite Amtsperiode Scheels eintreten zu wollen, um auf diese Weise – da er im Unterschied zur CSU von Franz Josef Strauß strategisch nicht auf eine künftige absolute Mehrheit für die CDU/CSU im Bundestag setzte – die FDP wieder als Koalitionspartner zurück ins bürgerliche Lager zu locken.[3] Durch Brandts Vorstoß war ihm dieser Weg jedoch versperrt.

Da zugleich die CSU in den Reihen der Union kräftig die Nominierung von Helmut Kohl für das Amt des Bundespräsidenten kolportierte, um den Weg für Strauß als Bundeskanzlerkandidaten der Union freizuräumen, blieb dem CDU-Bundesvorsitzenden, der sich dem bayrischen Manöver natürlich verweigerte, nichts anderes übrig, als der zweiten Präferenz der mächtigen christsozialen Fraktionsgruppe in der gemeinsamen Bundestagsfraktion nachzugeben: Karl Carstens. Kohl selbst hätte eher einen christdemokratischen Repräsentanten liberaler Prägung, wie etwa Richard von Weizsäcker, bevorzugt. Aber nachdem man 1978 den Ministerpräsidenten von Baden-Württemberg, Hans Karl Filbinger, aufgrund des massiven öffentlichen Drucks wegen dessen denkbar uneinsichtig-sturen Umgangs mit seiner fatalen Vergangenheit als Marinerichter während der letzten Weltkriegsjahre hatte fallen lassen müssen, brauchten die verbitterten Konservativen und Deutschnationalen im Lager der Union Vergeltung und personelle Entschädigung – in Gestalt eben von Karl Carstens.

Dass man Carstens Ende der 1970er Jahre so deutlich als Exponenten der rechtskonservativen Gegenreform betrachtete, lag zweifelsohne im Wesentlichen an dessen Auftritten als Chef der CDU/CSU-Bundestagsfraktion während der Jahre 1973 bis 1976. Allein, dass Carstens mit dieser herausragenden Führungsfunktion im parlamentarischen Geflecht der Union betraut wurde, war eigentümlich und ungewöhnlich genug in der Geschichte der beiden großen bundesdeutschen Volksparteien, Ausdruck der einzigartigen Depression und tiefen Ratlosigkeit der CDU/CSU nach der niederschmetternden Niederlage bei den Bundestagswahlen im November 1972. Denn Carstens war kein in langen innerparteilichen Freundschaftsbündnissen, Flügelauseinandersetzungen und taktischen Schachzügen der Mehrheitsbildung groß gewordener Politiker. Carstens war gelernter Beamter, durchaus in der politischen Administration gewachsen, aber eben doch ein Mann der Bürokratie, für den das Dienstrecht galt, nicht der intuitiv zu nutzende Spielraum demokratischen *Leaderships*.

MÜHSELIGER, ABER ZIELSTREBIGER AUFSTIEG EINES 1914ERS

Carstens war ein 1914er.[4] Als er im Dezember des ersten Weltkriegsjahres auf die Welt kam, war sein Vater, ein Studienrat in Bremen, kurz zuvor schon an

3 Siehe hierzu auch Eghard Mörbitz, Eine Brautwerbung mit leeren Händen, in: Frankfurter Rundschau, 03.03.1979.

4 Zur politischen Biografie von Carstens vgl. insgesamt Tim Szatkowski, Carl Carstens, Köln 2007.

der französischen Front umgekommen. Die Witwe versuchte dem einzigen Sohn den bildungsbürgerlichen Wertehimmel der Studienratsfamilie zu erhalten. Aber materiell war man von saturierter Bürgerlichkeit weit entfernt. Es war nicht einfach, den Sohn auf das traditionsreiche Alte Gymnasium in Bremen zu schicken. Seine eher ärmliche Ausstattung ließ Carstens im Kreise seiner weiterhin honorabel bürgerlichen Mitschüler etwas randständig wirken. Immerhin, dies hatte Carstens mit vielen anderen, lange von der Politik angezogenen sozialen Außenseitern gemein, die ihre inferiore Herkunft durch besonders viel Energie, Zielstrebigkeit und Härte zu überwinden sich getrieben fühlten und auf diese Weise nach oben kamen.[5] Er habe »sehr, sehr viel« und »mehr als die anderen« arbeiten müssen, so Carstens im Rückblick.[6] Derart schaffte er, natürlich als Klassenbester, einige Wochen, nachdem Hitler Reichskanzler geworden war, das Abitur. Dann studierte Carstens Jura und stellte einen Antrag auf Mitgliedschaft in der NSDAP, um auf seinem weiteren beruflichen Weg nicht auf Barrieren zu stoßen.

Die Zeit seines systematischen Aufstiegs lag in den 1950er und 1960er Jahren. Nach Anfängen in einer Bremer Anwaltskanzlei schickte ihn der Bremer Senat von 1949 bis 1954 als Bevollmächtigten des Stadtstaates beim Bund nach Bonn. Mitte der 1950er Jahre wechselte Carstens, inzwischen Mitglied der CDU geworden, zum Europarat nach Straßburg, von wo er ins Bonner Auswärtige Amt berufen wurde. Das Jahr 1960 markierte dann eine bemerkenswerte Station in seiner Biografie: In diesem Jahr avancierte er zum Staatssekretär im Auswärtigen Amt; zugleich stattete ihn – der sich im Jahr 1952 über »Grundgedanken der amerikanischen Verfassung und ihre Verwirklichung« habilitiert hatte – die Universität Köln mit dem Titel des persönlichen Ordinarius aus.

Diese Zweigleisigkeit, politischer Beamter in der staatlichen Administration hier, unabhängiger Universitätswissenschaftler und Professor dort, behielt Carstens in den folgenden Jahren bei. Nach drei Jahren Staatssekretärstätigkeit im Verteidigungsministerium ernannte ihn Bundeskanzler Kurt Georg Kiesinger 1968 zum Chef des Bundeskanzleramts, wo er gewissermaßen als der Staatssekretär aller Staatssekretäre amtierte. In diesen Funktionen der klassischen Ressorts der Macht prägte sich das Selbstverständnis und Selbstbild von Carstens fest und unerschütterlich aus: Er war Diener des Staates, kein kleiner, kein unbedeutender, sondern ein sehr einflussreicher, aber doch ganz der Räson des Staates untergeordnet, unbedingt loyal gegenüber seinen jeweiligen Dienstvorgesetzten. Als Ideologen hätten ihn weder Freund noch Feind betrachtet; dafür agierte der Staatssekretär zu kühl, an präzisen Fakten interessiert, nicht an politischen Deklamationen.

5 Auch Jürgen Leinemann, »Ja, mein Gott, dann muß ich wohl«, in: Der Spiegel, 21.05.1979.

6 Zit. nach Sibylle Krause-Burger, Wer uns jetzt regiert. Die Bonner Szene nach der Wende, Stuttgart 1984, S. 227.

Denn so hatte ein Beamter zu sein: sachlich, neutral, ohne überschüssige Emotionen. Daran waren in Carstens' Augen keine Zweifel erlaubt. Aber in anderen Berufen, anderen Funktionen ging es eben nicht so zu, etwa bei Parlamentariern und politischen Mandatsträgern. Hier waren Fertigkeiten und Eigenschaften gefragt, die dem Beamten keineswegs zustanden, die der Berufspolitiker aber anwenden, möglichst perfekt beherrschen musste. Auch dessen war sich Carstens gewiss. Und als er ein wenig überraschend mit 57 Jahren, nachdem er 1969 nach dem sozialliberalen Regierungswechsel in den Ruhestand versetzt worden war, 1972 mit der Wahl zum Bundestagsabgeordneten in die aktive Parlamentspolitik changierte, versuchte er, der stets Korrekte, den Wechsel seiner Rollen in einer möglichst perfekten Form zu vollziehen. Das galt erst recht, als der Novize im Bundestag, wieder: ein wenig überraschend, alsbald gar zum Vorsitzenden der Bundestagsfraktion von CDU/CSU gewählt wurde. Nun war er Politiker vorn an der Front; jetzt hatte er nicht mehr sachlich oder streng analytisch wie in den Jahrzehnten zuvor zu sein, sondern volkstümlich, wie es sich gehörte, dazu mit einer scharfen rhetorischen Klinge gegen den Gegner von links.

EINPEITSCHER DER GEGENREFORM?

Ließ sich Carstens auf eine neue Rolle ein, dann auch richtig. Immerhin trat er, als es im Mai 1973 um die Nachfolge des zuletzt so unglücklich agierenden Rainer Barzel ging, gegen seinen früheren Dienstvorgesetzten an, gegen Gerhard Schröder, in den 1960er Jahren Bundesminister im Auswärtigen Amt und im Verteidigungsressort, wo Carstens ihm als Staatssekretär gedient hatte. Das hätten nur wenige, die den hierarchiebewussten Beamten der früheren Jahre gut kannten, für denkbar gehalten. Aber Carstens, fast zehn Jahre älter als sein Vorgänger Barzel, doch in der Fraktion nicht belastet durch die Niederlagen und Intrigen der letzten Jahre – ein bisschen also ein neues Gesicht, dabei beruhigend geerdet als ein seit den 1950er Jahren schon unter Adenauer bewährter Mann der Administration –, machte eindeutig das Rennen.[7]

In den nun folgenden drei Jahren versuchte Carstens, der perfekte Beamte, auf ebenso perfekte Weise den Chef einer Oppositionsfraktion zu geben. Kerzengerade, mit knarzender Stimme und vorgestrecktem Kinn attackierte er in polemischen Wendungen die Regierung, verdächtigte sie aller möglichen Verirrungen in das Linksradikale, der Nachgiebigkeit gegenüber dem Feind im Osten, der Zaghaftigkeit im Kampf gegen den Linksterrorismus.[8] Vielen erschien er seinerzeit als ein zweiter Franz von Papen, ein neuer Herrenreiter; er wirkte wie die inkarnierte Rückkehr des Deutschnationalismus auf

7 Vgl. Friedrich Karl Fromme, Ein Herr aus Bremen, in: Frankfurter Allgemeine Zeitung, 23.02.1974.

8 Vgl. o. V., Politik und Polemik, in: General-Anzeiger (Bonn), 15.6.1975.

die parlamentarische Bühne, ein Scharfmacher und Einpeitscher des rigorosen Rechtskonservatismus. Linksintellektuelle verhöhnten, verachteten, aber fürchteten ihn auch, als er Ende 1974 in einer von mehreren tausend Bürgern besuchten Versammlung Heinrich Böll grotesk verdreht als jemanden denunzierte, »der noch vor wenigen Monaten unter dem Pseudonym Katharina Blum ein Buch geschrieben hat, das eine Rechtfertigung von Gewalt darstellt«[9].

Unverdrossene Sozialliberale durften sich 1979 also Sorgen machen, dass man es in den folgenden fünf Jahren mit einem Herold und Trompeter der Gegenreformation zu tun bekommen würde, der die Villa Hammerschmidt als Zitadelle der parlamentarischen Opposition benutzen mochte. Die Republik stand damit vor einem Novum: Noch nie hatte ein Repräsentant der Oppositionsparteien im Präsidentenpalais residiert. Immerhin saß der Staatssekretär des Bundespräsidenten Woche für Woche mit am Kabinettstisch der Bundesregierung. In der politisch konfrontativen Situation der späten 1970er Jahre bedeutete das manchen Sozialdemokraten, dass derart ein Spion des Feindes, der Rechten, zu den Verhandlungen der Macht zugelassen werden würde. Hier waren erfahrene Regenten wie Helmut Schmidt oder Willy Brandt weniger aufgeregt, da sie um die tatsächliche Bedeutung von Kabinettstreffen, die nicht die zentralen Orte listiger Strategiedebatten waren, wussten. Aber mulmig war auch ihnen zumute, da die Macht der Zentralregierung durch die Vetokräfte eines mehrheitlich von den Oppositionsparteien dominierten Bundesrats und des politisch nicht unbedingt freundlichen Bundesverfassungsgerichts zuletzt sowieso zunehmend begrenzt worden war.

Geschichtsbewusste Sozialdemokraten fürchteten wohl am stärksten die keineswegs folgenlos bleibende politische Symbolik einer Wahl von Carstens zum Bundespräsidenten. Denn die Sozialdemokraten hatten im Jahrzehnt zuvor diese politische Methodik selbst mit Erfolg vorexerziert: 1964 wählten sie demonstrativ den von Herbert Wehner sorgfältig und systematisch umhätschelten Bundespräsidenten Heinrich Lübke für eine zweite Amtsperiode – denn das sonst von vielen Seiten wegen evidenter Defizite kritisierte Staatsoberhaupt war bekennender Befürworter einer schwarz-roten Allianz. Zwei Jahre später kam die Große Koalition. Und die Wahl von Gustav Heinemann im März 1969 durch Sozialdemokraten und Freidemokraten sollte, nach dessen eigener, geradezu triumphaler Aussage, als Signal zum Machtwechsel in der Republik begriffen werden, der sich dann ein gutes halbes Jahr später mit der Bildung des Kabinetts Brandt/Scheel in der Tat vollzog. Musste man infolgedessen eine Kür von Carstens zum Bundespräsidenten nicht als zwingendes Zeichen dafür deuten, dass die Union auf einen neuerlichen Machtwechsel, diesmal durch absolute Mehrheit zielte?

9 Vgl. etwa Robert Weniger, Streitbare Literaten. Kontroversen und Eklats in der deutschen Literatur von Adorno bis Walser, München 2004, S. 101.

Die Vorkämpfer in den großen, jetzt scharf entgegengesetzten Volksparteien zogen sich mithin die Rüstungen an. Nun läuten anstehende Bundespräsidentenwahlen regelmäßig die große Stunde der Parteien ein. An kaum einer anderen Stelle politischer Entscheidungen können sie so souverän agieren. Man hat keine komplizierten Arrangements, keine differenzierten korporatistischen Bündnisse zu beachten, ist nicht restriktiv gebremst durch europäische Auflagen oder internationale Rechtsregelungen. Den Bundespräsidenten nominieren und wählen die Parteien, das ist ihre ureigene Prärogative. Jetzt können ihre Strategen und Taktiker, die Parteimanager und Strippenzieher unbehindert wie selten sonst tricksen, finassieren, Nebelkerzen werfen, überraschende Loopings drehen. Und irgendwie scheinen diese Wochen die besonders gerissenen propagandistischen Artisten in den Parteien notorisch zu verleiten, dem Volk, das all die mitunter dreisten Schachzüge nur von außen und oft lediglich kopfschüttelnd betrachten kann, plebiszitäre Melodien vorzuspielen, um den Gegner zu ärgern und schnelle, aufgrund des Unernstes und der Folgenlosigkeit des Manövers aber ebenso rasch vergängliche Punkte in der Publikumsgunst zu sammeln. Ganz uninteressant wäre gewiss nicht, durch eine eigene Studie erkunden zu lassen, welchen Anteil Bundespräsidialwahlkämpfe in der Geschichte der Bundesrepublik am Auf- und Ausbau des Phänomens der »Parteienverdrossenheit« besitzen.

PSEUDOPLEBISZITÄRE KAMPAGNE

1979 jedenfalls zogen die Parteien in dieser Hinsicht alle Register – die irgendwann dann negativ auf sie selbst zurückschlugen. Damals inszenierten Sozial- und Freidemokraten den »Appel au peuple«. Sie hätten gerne Walter Scheel weitere fünf Jahre im Amt gesehen, kamen aber um den für sie unerfreulichen Umstand nicht herum, dass die Union nach Lage der Dinge in der Bundesversammlung auf eine Mehrheit von rund 530 der insgesamt 1.036 Mitglieder bauen konnte.[10] Daher streuten insbesondere die SPD-Zentrale und vorneweg der SPD-Bundesgeschäftsführer Egon Bahr – gewissermaßen ein Erzfeind von Carstens, da die beiden in der Frage des diplomatischen Ethos fundamental differierten – systematisch und hartnäckig das Gerücht, rund dreißig Abgeordnete der CDU/CSU präferierten Walter Scheel und wären willens, am Tag der Bundesversammlung den Seitenwechsel auch zu vollziehen.[11] Denn, so zog man den Argumentationsstrang zielstrebig weiter, auch die Abweichler aus der Union würden die hohe Popularität von Scheel im Amt anerkennen und schätzen. In diese Kerbe der auch demoskopisch ermittelten Beliebtheitswerte des noch amtierenden Bundespräsidenten aus den Reihen der FDP hieben Bahr, aber auch Herbert Wehner, Helmut

10 Vgl. Heinz Schweden, Die Zeichen stehen schlecht für Walter Scheel, in: Rheinische Post, 19.01.1979.

11 Siehe etwa Sten Martenson, Das Spiel mit der Präsidentschaftskandidatur, in: Stuttgarter Zeitung, 18.01.1979.

Schmidt, Horst Ehmke, Wolfgang Mischnick, Hans-Dietrich Genscher und der FDP-Generalsekretär Günter Verheugen, der gar für eine Volksbefragung plädierte, immer wieder hinein. Als die Bürgerinitiative »Bürger für Walter Scheel« nach eigenen Angaben rund eine Million Unterschriften für ihr Anliegen gesammelt hatte, wurde sie natürlich mit offenen Armen, herzlich und öffentlichkeitswirksam von den Fraktionsvorsitzenden der FDP und SPD, Mischnick und Wehner, empfangen.[12]

In der Haushaltsdebatte des Deutschen Bundestages am 24. Januar 1979 konterte der Oppositionschef, Helmut Kohl, als er, von der Debatte des Etats etwas abweichend, auf den direktdemokratischen Impetus der Regierungsparteien in der Bundespräsidentenfrage einging. Mit einigem Recht warf er den Sozialliberalen vor, ein »Pseudo-Plebiszit« veranstalten zu wollen. Doch werde ein Bundespräsident »nicht dann, wenn es Ihnen passt, von der Versammlung gewählt, und wenn es Ihnen nicht passt, wird ein Plebiszit veranstaltet«[13].

Nun war allerdings schwerlich zu erwarten, dass sich die Sozialdemokraten den gegebenen Stimmenverhältnissen in der Bundesversammlung fatalistisch fügen und jegliche Kritik am Kandidaten der Gegenseite einstellen würden. Das taten sie auch nicht. In einer bis dahin in der Geschichte der Bundespräsidentenwahlen ungewohnten Härte setzten sie den Mann der Gegenseite unter Druck. Natürlich nahmen einige Sozialdemokraten – wenngleich nicht alle und insgesamt keineswegs massiv – Anstoß an der Mitgliedschaft des jungen Carstens in der NSDAP. Repräsentativ für diese Gruppe war die nicht unplausible Frage des niedersächsischen SPD-Bundestagsabgeordneten Olaf Schwencke, wieso »den rund 60 Millionen Bundesbürgern, aus der Zahl von noch ca. einer Millionen lebender ehemaliger NSDAP-Mitglieder, einer von ihnen als höchster Repräsentant dieser Republik zugemutet [werde]?«[14]

Bissiger noch spitzte es der vom späteren Bundeskanzler Gerhard Schröder geführte Bundesvorstand der Jungsozialisten zu, der es als instinktlos und unerträglich bezeichnete, dass am 23. Mai – dem Tag der Präsidentenwahl und dreißigsten Jahrestag der Verkündung des Grundgesetzes – »des antifaschistischen Charakters des Grundgesetzes gedacht werden soll und gleichzeitig ein Mann für die Wahl zum Bundespräsidenten kandidiert, dessen Lebenslauf in eklatantem Widerspruch zu dieser antifaschistischen Tradition steht«[15].

Doch auch der damals amtierende Bundeskanzler, Helmut Schmidt, attackierte Carstens mit einer verblüffenden, wenn auch in der für ihn typischen, kühl und präzise eingesetzten Schärfe. An der NSDAP-Mitgliedschaft rieb er sich gar nicht; für dergleichen Anpassungsleistungen in jungen Jahren hatte er stets alles Verständnis. Vielmehr wurden aus dem Kanzleramt Unterlagen an den *Stern* und den *Spiegel* lanciert[16], die Zweifel an der Glaubwürdigkeit

12 Siehe Hilde Purwien, Scheel-Nachfolge: Annemarie Renger gegen Karl Carstens?, in: Neue Ruhr Zeitung, 27.01.1979.

13 Zit. nach Manfred Schell, Kohl: Kampagne gegen Carstens ist so einmalig wie abstoßend, in: Die Welt, 25.01.1979.

14 Zit. nach Frankfurter Rundschau, 23.01.1979.

15 Zit. nach o. V., Carstens glaubt fest an seine Wahl, in: Kieler Nachrichten, 07.02.1979.

16 Vgl. o. V., Wirbel um Auskunft des Kanzleramts, in: Süddeutsche Zeitung, 22.02.1979.

Carstens', der in einem Prozess mit dem ehemaligen SPD-Abgeordneten Günther Metzger darüber stritt, ob der frühere Chef im Bundeskanzleramt Kiesingers vor einem Untersuchungsausschuss die Unwahrheit über seine Einbeziehung in Waffengeschäfte des Bundesnachrichtendienstes Ende der 1960er Jahre gesagt habe, zu stützen schienen.[17] Die Konfrontation aber trieb Schmidt selbst in einer Wahlkampfrede für seine Partei in Koblenz voran, indem er Carstens als »erzkonservativ« bezeichnete, als einen Mann »vom äußersten rechten Rand«, den zum Bundespräsidenten zu wählen er für schlichtweg »abwegig« hielt. Überhaupt: Wie sollte jemand als Bundespräsident amtieren, so Schmidt, »der gegen alle wesentlichen Stücke der von Frankreich und England und dem Westen gemeinsam betriebenen Entspannungspolitik«[18] eingetreten sei.

Die Politiker der Union, sichtlich überrascht vom Aplomb der Vorwürfe aus der sozialdemokratischen Regierungspartei, empörten sich rüde zurück. Helmut Kohl geißelte den Kanzler als »Vorreiter einer Rufmordkampagne, die bisher ohne Beispiel ist«. Der Vorsitzende der CSU-Landesgruppe im Bundestag, Friedrich Zimmermann, prangerte eine »linke Menschenjagd« an und drohte zugleich damit, »bis ins letzte Detail« demnächst »die kommunistischen und nationalsozialistischen Hintergründe« einiger prominenter Sozialdemokraten öffentlich zu dokumentieren. In Bezug auf Helmut Schmidt begann damit sogleich der christdemokratische Oppositionsführer im Düsseldorfer Landtag, Heinrich Köppler: »Der aktive HJ-Führer Schmidt, der in jungen Jahren selbst in der braunen Uniform herumgelaufen ist«, solle besser schweigen. Die Erklärung des Juso-Bundesvorstandes bezeichneten die Unions-Vertreter als »infam«; der Fraktionsgeschäftsführer der CDU/CSU, Philipp Jenninger, qualifizierte den sozialdemokratischen Jugendverband gar »als allein destruktive und politisch gemeingefährliche Organisation«.[19] Einen deftigen Kommentar lieferte auch noch der Generalsekretär der CSU, Edmund Stoiber, der Carstens als Zielscheibe der vom Kanzleramt versorgten »Polit-Porno-Presse« kennzeichnete.[20]

Jedenfalls rückte die Union, in deren Reihen sich zunächst keineswegs alle euphorisch hinter Karl Carstens gesammelt hatten,[21] unter dem Druck fortwährender sozialdemokratischer Angriffe, nun eng zusammen.[22] Falls es zuvor in der Tat eine stattliche Anzahl von Christdemokraten gegeben haben sollte, die ein Votum für Walter Scheel nicht ausschließen wollten – unter den Bedingungen der mittlerweile entfesselten Polarisierung trauten sie sich nicht mehr, die Schützengräben im Kampf der Lager zu verlassen.

Je stabiler auf diese Weise die Bundesversammlungsmehrheit der Union wurde, desto fragiler und orientierungsloser erwies sich am Ende das sozialliberale Lager. Walter Scheel, der sich lange über seine Absichten in kryptisches

17 Siehe o. V., Fall Carstens: Wer glaubt ihm noch?, in: Der Spiegel, 26.02.1979; Heiner Bremer u. Werner Heilemann, Die Gedächtnislücken des Dr. Karl C., in: Stern, 22.02.1979.

18 Siehe o. V., Attacke Schmidts gegen Carstens, in: Neue Zürcher Zeitung, 14.02.1979.

19 Zit. nach Jürgen Lorenz, »Spekulationen um Unions-Abweichler nicht seriös«, in: Badische Neueste Nachrichten, 07.02.1979.

20 Insgesamt zu den gegenseitigen Vorwürfen: o. V., Union: Rufmordkampage gegen Carstens, in: Süddeutsche Zeitung, 12.02.1979.

21 Siehe Gunter Hofmann, Der ungeliebte Bewerber, in: Die Zeit, 02.03.1979; Oskar Fehrenbach, Poker um das Präsidentenamt, in: Stuttgarter Zeitung, 01.03.1979; Ludger Stein-Ruegenberg, Scheel mit Schaden, in: Deutsche Zeitung, 16.02.1979.

22 Auch: Friedrich Karl Fromme, Alles nur Politik, in: Frankfurter Allgemeine Zeitung, 21.02.1979.

Schweigen gehüllt hatte, verzichtete auf eine zweite Kandidatur. Auf einen neuen gemeinsamen Kandidaten konnten sich SPD und FDP in der Kürze der verbliebenen Zeit nicht einigen; die FDP hatte daran auch kein Interesse, da sie seit einiger Zeit vielmehr primär darauf achtete, Eigenständigkeit zu demonstrieren, um Optionen auch in andere Richtungen als die des Sozialliberalismus herauszustellen.

Die Sozialdemokraten in ihrer Not kamen auf den Gedanken, rasch noch eine »unabhängige Persönlichkeit« zu nominieren. Angefragt wurde beim Physiker und Philosophen Carl Friedrich von Weizsäcker, der allerdings ablehnte. Eine turbulente Konfusion brach daraufhin bei den Sozialdemokraten im unmittelbaren Vorfeld des Wahltages, des 23. Mai, aus. Anfangs war noch von Georg Leber als möglicher präsidialer Figur die Rede. Dann brachte Herbert Wehner urplötzlich auf einer Vorstandssitzung seiner Partei den SPD-Vorsitzenden, Willy Brandt, ins Spiel, was dieser empört von sich wies. Brandt-Anhänger schlugen daraufhin ihrerseits Herbert Wehner für den Wettbewerb mit Carstens vor. Am Ende dieses destruktiven Mensch-ärgere-dich-nicht-Spielchens einigte man sich auf die Vizepräsidentin des Deutschen Bundestages, Annemarie Renger, gewissermaßen als respektable Zählkandidatin, da die Freien Demokraten sich explizit auf Stimmenthaltung verständigt hatten.[23]

DER KORREKTE IM AMT

Karl Carstens musste schließlich am 23. Mai in der Bonner Beethovenhalle, in der die Bundesversammlung tagte, nicht durch das Säurebad mehrerer Wahlgänge, um das Bundespräsidialamt zu erreichen. Bereits im ersten Wahlgang erlangte er knapp, aber sicher eine absolute Mehrheit. Der Jubel unter den Wahlfrauen und -männern der Opposition war groß; der Katzenjammer auf Seiten der Regierungsparteien nicht minder. Dabei hatte es die Bundesregierung im Folgenden angenehm leicht mit dem neuen Bundespräsidenten aus den Reihen der Opposition. Denn Carstens pflegte seine jeweiligen Ämter und Funktionen verlässlich mit äußerster »Korrektheit« – kaum einen anderen Begriff bevorzugte er mehr, um sein eigenes Selbstverständnis zu charakterisieren – auszufüllen. Daher war er als schneidiger Polemiker in der Zeit des Fraktionsvorsitzes aufgetreten. Nun hatte er sich hingegen von allem Parteiengezänk fernzuhalten, neutral zu sein, der Regierung nicht ins Handwerk zu pfuschen. Das war sein Amtsverständnis, das er, Jurist und Professor, bereits 1971 in einem Buch über »Politische Führung« akribisch dargelegt hatte.[24]

Im deutlichen Unterschied zu einigen Vorgängern, besonders Heinrich Lübke und auch Walter Scheel, sowie Nachfolgern, allen voran Horst Köhler,[25] reklamierte Carstens kein materielles Prüfungsrecht von Bundesgesetzen für

23 Vgl. o. V., Carstens wird heute gewählt, in: Hamburger Abendblatt, 23.05.1979.

24 Siehe Karl Carstens, Politische Führung: Erfahrungen im Dienst der Bundesregierung, Stuttgart 1971, S. 103 f.

25 Hierzu Gerd Strohmeier, Der Bundespräsident: Was er kann, darf und muss bzw. könnte, dürfte und müsste, in: Zeitschrift für Politik, Jg. 55 (2008), H. 2, S. 175–198.

den Bundespräsidenten. Im Gegenteil: Darin sah er eine Übertreibung der Maxime von *Checks and Balances,* fürchtete in einem solchen Fall eine zusätzliche Schwerfälligkeit der Staatstätigkeit. Überdies: Wie sollte ein Bundespräsident, der nicht ausgewiesener Verfassungsjurist wäre, eine derartige Prüfung hinreichend kompetent wahrnehmen? Sollten ihn Beamte – aber mit welchem Recht? – dann ersetzen? Dergleichen hielt Carstens für abwegig; bei Zweifeln der Verfassungsmäßigkeit von Gesetzen kam für ihn allein das Bundesverfassungsgericht zur Klärung infrage. Kurzum: Die sozialdemokratisch-freidemokratische Bundesregierung musste sich in den Jahren 1979 bis 1982 keineswegs mit einem weiteren *Veto Player,* nun aus der Villa Hammerschmidt, herumplagen. Der Bundeskanzler, der Carstens Anfang 1979 noch so heftig unter Beschuss genommen hatte, fand rasch zu einem guten Einvernehmen mit dem neuen Bundespräsidenten, der in keinem Moment, auch nicht mit versteckten Subtilitäten, zum Sturm gegen die sozialliberalen Regenten aufrief, wie anfangs von diesen befürchtet worden war.

Karl Carstens war fraglos ein außerordentlich konservativer Bundespräsident. Schließlich hatte sich, auch in der Präsidentenvilla, nichts an seiner Wertematrix verändert. Er hing einer unter Juristen in der Bundesrepublik während der 1950er Jahre vorherrschenden protestantischen Variante des Naturrechts an.[26] Dessen Verständnis von ewigen Wahrheiten, unverrückbaren Ordnungen, verbindlichen, ja heiligen Normen hinterfragte er zeitlebens nicht, hielt es für den ehernen Kern abendländischer Gesinnung und Moral. Das stand nicht zur Diskussion, konnte kein Gegenstand von konfliktreichen Diskursen sein, nichts, von dem man sich entbinden, lösen, emanzipieren durfte. Aus dem Menschenbild der von Gott geschaffenen Ordnung ließen sich für ihn wie für viele Rechtswissenschaftler der frühen Bundesrepublik einige zentrale, im Grundsatz unauflösbare Prinzipien ableiten, die für die sittliche Gesundheit einer Nation existenziell waren. Sie drückten sich in elementaren Institutionen aus: Kirche, Familie, Kinder, Ehe, Nation, Heimat. Daraus wieder konnte man für das Alltagshandeln substanzielle Regeln schöpfen, die fixe Stützen im Leben des Karl Carstens bildeten: Disziplin, Leistungswillen, Fleiß, Pünktlichkeit, Sauberkeit.[27] Merkwürdigerweise hat ihn nie irritiert, dass diese Verhaltensimperative gerade auch im Nationalsozialismus einen zumindest rhetorisch denkbar hohen Stellenwert eingenommen hatten.

AUS DER ZEIT GEFALLEN, ABER IM RICHTIGEN MOMENT IM AMT

Die Haltung von Carstens war hinlänglich bekannt, als er sein Amt als Bundespräsident antrat. Vor allem während der Jahre, als er Präsident des Deutschen Bundestages war (1976 bis 1979), hatte er seine Ansichten in Festreden

26 Zu dieser Auffassung unter Juristen vgl. Daniel Herbe, Hermann Weinkauff (1894–1981). Der erste Präsident des Bundesgerichtshofs, Tübingen 2008, S. 105–243.

27 Vgl. etwa E. Nitschke, In der »Sonne« plädiert Carstens für Fleiß, Ordnung und Freiheit, in: Die Welt, 02.03.1979.

gern und ausgiebig vorgestellt. Als Bundespräsident hielt er sich eher damit zurück; so legte es ihm sein »korrektes« Amtsverständnis nahe. Er hütete sich davor, als Kulturrevolutionär von rechts die Rednertribünen zu betreten. Er sah sich nicht als sendungsbewusster Missionar sinnstiftender Botschaften. Er nahm sich vielmehr zurück, blieb blass.[28] Konservative Ermahnungen aus der Vorpräsidentenzeit, mit denen er außerfamiliale Erziehungseinrichtungen als Irrweg getadelt hatte,[29] fanden sowieso zunehmend weniger Resonanz selbst in seinem eigenen Milieu, im nachwachsenden Teil des akademischen Bürgertums. Nicht konservative Manifeste wurden zum Signum seiner Präsidentschaft, sondern seine lange Wanderung durch die Republik, von der Ostsee bis nach Garmisch-Partenkirchen, womit er den Bürgern illustrieren wollte, wie schön doch die Heimat sei.[30] Viele zuckten darüber gleichgültig die Achseln, einige spöttelten ein wenig, aber ohne Aggressivität; manche fanden die 1.600 Kilometer lange Exkursion durch die Republik durchaus sympathisch. Man hätte aus dieser Tour, medial angefeuert und forciert, ein riesiges Event mit einer planvoll ins Hunderttausendfache gesteigerten Zahl von Mitwanderern machen können; aber das war Carstens nicht gegeben, der ein populärer »Präsident zum Anfassen« nicht wurde.

So blieb der fünfte Bundespräsident in der Geschichte der Bundesrepublik eine merkwürdig unpassende Figur in jener Zeit des Wandels der Werte weit weg vom Kodex der 1950er Jahre, in denen sich Carstens' Weltbild gezimmert, zumindest vollendet hatte. Aber da Ende der 1970er Jahre nicht ganz wenige ebenfalls von der Kultur und den Einstellungen in den Basisjahren der Bundesrepublik (und denen davor) geprägt waren, spendete allein Carstens' Dasein in prominenter Position ihnen Trost, wirkte beruhigend. Die Jüngeren, Träger neuer Werteorientierungen, kümmerten sich – nachdem sich die trübsten Befürchtungen aus den ersten Monaten des Jahres 1979 über den gegenreformatorischen Eifer Carstens' im Bundespräsidialamt als überspannt erwiesen hatten – nicht groß um Carstens, hielten ihn zwar vielfach für eine etwas skurrile, antiquierte Figur, die aber Scharfmachereien offenkundig nicht betrieb.

So war Carstens, der »unpolitische Präsident«[31], geradezu ideal für diese Jahre aufwühlender Demonstrationen, weltanschaulich durchtränkter Emotionen und hochpolarisierter Generationenkämpfe, die keinen wortmächtigen und deutungsfreudigen Prediger an der Spitze des Staates hätten vertragen können – gleich welcher politischer und ideologischer Couleur auch immer. Der aus der Zeit gefallene Mann korrekter Repräsentanz war damit wohl wirklich eine paradox richtige Person im richtigen Moment. Bemerkenswerte geistige Konturen schuf er deshalb nicht. Zum Glück.

28 Vgl. Hubert Kleinert, Carstens hinter seiner Zeit, in: Neue Gesellschaft/Frankfurter Hefte, Jg. 41 (1984), H. 4, S. 340–344.

29 Siehe Karl Carstens, Familie – Schwerpunkt der Politik, in: Katholische Nachrichten-Agentur, 23.06.1977, S. 41–46.

30 Etwa: Thomas Meyer, Ein Präsident, der wandernd auf das Volk zuging, in: Kölner Stadt-Anzeiger, 01.06.1992.

31 So die Charakterisierung von Robert Leicht, Beamter, Politiker und Präsident, in: Die Zeit, 05.06.1992.

Prof. Dr. Franz Walter, geb. 1956, ist Professor für Politikwissenschaft an der Universität Göttingen.

PREUSSEN ALS VORBILD?

SEBASTIAN HAFFNERS BESTSELLER »PREUSSEN OHNE LEGENDE«

Ξ Jürgen Peter Schmied

Kurz vor Weihnachten des Jahres 1978 kam ein opulent gestalteter Bildband im Quartformat auf den Markt, der 1979 trotz seines stolzen Preises von 78 Mark (und 65 Mark Subskriptionspreis) für lange Zeit die vorderen Plätze der *Spiegel*-Bestellerliste belegen sollte. Dabei handelte es sich um das Buch »Preußen ohne Legende«. Autor war der gebürtige Preuße Sebastian Haffner (1907–1999), der sich in den 1960er Jahren in der Bundesrepublik Deutschland einen Namen als streitbarer politischer Kommentator gemacht hatte. In seinen Kolumnen für die Illustrierte *Stern* und die linke Studentenzeitschrift *Konkret* ergriff er ohne Einschränkung Partei für die protestierende Jugend, plädierte für eine bedingungslose Anerkennung der DDR, lobte Rudi Dutschke und Mao Tse-tung und nannte Walter Ulbricht den »erfolgreichste[n] deutsche[n] Politiker seit Bismarck«[1]. Mitte der 1970er Jahre wurde es allerdings ruhiger um Haffner, der seinen Posten beim *Stern* 1975 aufgab, im Frühjahr 1978 aber erneut von sich reden machte. Damals erschienen im Münchner Kindler Verlag seine »Anmerkungen zu Hitler«[2]. Der schmale Band über den deutschen Diktator wurde zur erfolgreichsten Buchveröffentlichung Haffners, zumindest zu dessen Lebzeiten. Etliche Übersetzungen, diverse Preisverleihungen, zahlreiche Einladungen zu Lesungen, Vorträgen und Podiumsdiskussionen sowie lukrative Anfragen für Gastbeiträge und weitere Buchpublikationen waren die Folge.

Für »Preußen ohne Legende« ist Haffner zu seinem früheren Arbeitgeber *Stern* zurückgekehrt, dessen Buchverlag den großangelegten Essay über den Hohenzollernstaat veröffentlichte. Den Gepflogenheiten des Hauses entsprechend, wurde der Band mit zahlreichen Abbildungen von herausragender Qualität bestückt. Zwei Jahre soll Ulrich Weyland auf die Illustrierung

1 Sebastian Haffner, Monatslektüre, in: Konkret, H. 9/1966; zu Haffner insgesamt vgl. Jürgen Peter Schmied, Sebastian Haffner. Eine Biographie, München 2010.

2 Sebastian Haffner, Anmerkungen zu Hitler, München 1978.

verwandt und dabei auch langwierige Recherchen in Österreich, der DDR und Polen nicht gescheut haben, bis er die vielen Fotos von Gemälden, Stichen, Dokumenten und Originalschauplätzen beisammen hatte. Schon der Aufmachung nach handelte es sich um ein äußerst repräsentatives Produkt, eine Angelegenheit für Liebhaber. In den Einband ist der preußische Adler imprägniert, und beim Aufschlagen des Buches nimmt den Leser verheißungsvoll eine doppelseitige Aufnahme der Burg Hohenzollern im Gegenlicht der Morgensonne in Empfang.[3]

GEGEN ZWEI LEGENDEN

Ganz klassisch ist »Preußen ohne Legende« chronologisch gegliedert; wobei sich Haffner, der ein ausgeprägtes Gespür für den dramatischen Charakter der Geschichte besaß, die Chance nicht entgehen ließ, das Auf und Ab des preußischen Staates gebührend zur Geltung zu bringen. Das erste Kapitel behandelt unter der Überschrift »Das lange Werden« die mittelalterlichen Anfänge Preußens und dessen Aufstieg bis zum Ende des 17. Jahrhunderts. In »Der rauhe Vernunftstaat« schildert Haffner die innere Konsolidierung und Hochrüstung Preußens im Zeitalter der Aufklärung, vornehmlich unter dem sogenannten Soldatenkönig Friedrich Wilhelm I. und seinem Sohn König Friedrich II. Dem wechselvollen außenpolitischen Schicksal des Staates unter dem großen Preußenkönig ist der Abschnitt »Die kleine Großmacht« gewidmet. Mit »Die Zerreißprobe« hat Haffner seine Ausführungen über die napoleonischen Kriege betitelt. In »Die drei schwarzen Adler« thematisiert er die Wandlungen und vor allem die Religiosität und die Kunstsinnigkeit des romantischen Preußen, die Haffner wie der »verspätete Wunsch eines Kunststaats« erschienen, »sich um der Staatsräson willen eine Seele zu geben«.[4] »Preußens Reichsgründung« und »Das lange Sterben«, das Haffner bereits sehr früh ansetzt – »Es [Preußen] war mit der Reichsgründung von 1871 am Ziel und am Ende seiner Karriere angelangt«[5] –, bilden die Schlusskapitel des Buches.

Wie der Titel des Werks andeutet, ging es Haffner um Entmystifizierung. Preußen war für ihn vor allem ein »Staat ohne Eigenschaften«[6], es verfügte über keine nationale, ethnische, religiöse oder ideologische Identität, sondern war, wie Haffner anderweitig angemerkt hat, »ein Staatskunstwerk; ein sinnreich konstruiertes Regierungs-, Verwaltungs- und Militärsystem, das sich wie ein Zelt hin- und hertragen und verschiedenen Stämmen, sogar verschiedenen Völkern überstülpen ließ«[7]. Von daher bekämpfte Haffner entschieden jene Ansicht, die im 19. Jahrhundert die Historiker Heinrich von Treitschke und Gustav Droysen verfochten hatten und der zufolge

3 Vgl. Ders., Preußen ohne Legende. Ein Stern-Buch, Hamburg 1978.

4 Ebd., S. 218.

5 Ebd., S. 341.

6 Ebd., S. 74.

7 Sebastian Haffner, Die Selbstzerstörung Preußens. Anmerkungen zu einem kontroversen Geschichtsbild, Typoskript, S. 3 f., in: Bundesarchiv Berlin-Lichterfelde, NL Sebastian Haffner, N2523/206.

die Gründung des Deutschen Reiches die historische Mission der Hohenzollern gewesen sei.[8]

In bewusster Abkehr von jener »goldenen Preußenlegende«[9] betonte Haffner immer wieder den künstlichen Charakter seines Untersuchungsgegenstandes. Schon im Eingangskapitel hob er hervor, dass sich die im 12. und 13. Jahrhundert durchgeführte Christianisierung und Kolonisierung im preußischen Ordensstaat wesentlich von derjenigen in Pommern und Schlesien unterschieden habe und in Brandenburg noch einmal ganz anders verlaufen sei. Außerdem hob er das Unplanmäßige und Zufällige hervor, das der Entstehung Preußens in der Folgezeit innegewohnt habe.[10]

Das Fehlen einer historisch gewachsenen Staatsidee sei dann im 18. Jahrhundert – so Haffner – zur entscheidenden Voraussetzung für Preußens rasanten Aufstieg geworden. Profitiert habe Preußen dabei auch von einer »besonderen Elastizität« und einer »gummiartigen Ausdehnungsfähigkeit« sowie von den allgemeinen Umständen – »Dieser Vernunftstaat paßte ins Zeitalter der Vernunft wie bestellt«,[11] lautete Haffners Bilanz der preußischen Expansionspolitik. 1795, als Preußen nach der dritten Teilung Polens den vorläufigen Höhepunkt seiner Ausdehnung erreicht hatte, war der Zeitgeist jedoch bereits am Umschlagen. In der anbrechenden Ära des Nationalismus sei der borussische »Zweivölkerstaat«[12] unweigerlich in die Defensive geraten, erklärte Haffner, der im Folgenden besonders auf die akute Existenzgefahr hingewiesen hat, in welcher Preußen während der internationalen Umwälzungen im napoleonischen Zeitalter geschwebt habe.

In der Einigung Deutschlands unter preußischer Ägide sah Haffner bestenfalls so etwas wie eine Flucht nach vorn; und im Rückblick erschien sie ihm als ein geradezu paradoxer Vorgang: »Preußen als Reichsgründer«, befand Haffner, das sei, »wenn man es historisch betrachtet, eine beinahe so phantastische Vorstellung wie Luther als Papst.«[13] Die Reichsgründung habe letztlich den »Anfang von Preußens Ende« markiert, behauptete Haffner, welches er denn auch eher früher als später eintreten sah. »Die Verfügung der Siegermächte, die zu allem Überfluß 1947 den preußischen Staat für aufgelöst erklärte«, sei »nur noch Leichenschändung« gewesen, urteilte Haffner.[14] Mit den verhängnisvollen Entwicklungen der deutschen Geschichte im 20. Jahrhundert, mit den Eroberungsgelüsten, den militaristischen Tendenzen und der nationalsozialistischen Gewaltherrschaft, hatte der Hohenzollernstaat seiner Meinung nach nichts zu tun gehabt. Sowohl 1914 als auch 1939, argumentierte Haffner, hätte die Entscheidung für einen Waffengang nicht bei den Militärs gelegen; vor dem Zweiten Weltkrieg habe die Wehrmachtsleitung sogar von einem Feldzug abgeraten. Und anders als

8 Vgl. Felix Gilbert, Johann Gustav Droysen und die preußisch-deutsche Frage, München 1931; Jörn Rüsen, Johann Gustav Droysen, in: Hans-Ulrich Wehler (Hg.), Deutsche Historiker. Bd. 2, Göttingen 1971, S. 7–23, hier S. 15; Georg Iggers, Heinrich von Treitschke, in: ebd., S. 66–80, hier S. 70 f. u. S. 76.

9 Haffner, Preußen, S. 21.

10 Vgl. ebd., S. 42–48.

11 Ebd., S. 128.

12 Ebd., S. 126; vgl. ebd., S. 127, S. 168, S. 174 u. S. 179.

13 Ebd., S. 278.

14 Ebd., S. 266 u. S. 20.

Hitlers »Drittes Reich« sei Preußen seit der Aufklärung ein Rechtsstaat gewesen, in dem man mit anderen Völkern und Kulturen in der Regel äußerst tolerant umgegangen sei.[15]

Mit solchen Überlegungen wartete Haffner immer wieder auf – war doch seine erklärte Absicht, nicht nur mit »der goldenen«, sondern auch mit »der schwarzen Preußenlegende« aufzuräumen, die den Staat der Hohenzollern als Inbegriff eines »räuberischen Militarismus« verunglimpfe »und in Friedrich und Bismarck heute noch Vorläufer Hitlers« erkenne.[16] Haffner verfolgte daher eine doppelgleisige Strategie: Während er einerseits das Künstliche und Maschinelle an Preußen betonte, hob er andererseits die europäische Normalität des Hohenzollernreiches hervor – sofern er nicht gerade die ausgesprochene Fortschrittlichkeit des untergegangenen Gemeinwesens beschwor.

Gewöhnlichkeit und Modernität prägten also das Gesicht des klassischen Preußen. Mit Blick auf dessen innere Angelegenheiten referierte Haffner zwar getreulich das Für und Wider, verstand aber in der Regel, dem Geschilderten einen gefälligen Anstrich zu geben. Gewiss sei die preußische Armee in Relation zur Bevölkerung übermäßig groß gewesen, und sicher hätten die Hohenzollernherrscher beinahe ihre gesamte Politik dem Ziel untergeordnet, die militärische Macht ihres Staates zu vergrößern. Aber wenigstens habe die Generalität nie Einfluss auf die Regierungsgeschäfte genommen; immerhin hätten der Soldatenkönig Friedrich Wilhelm I. und sein Nachfolger Friedrich II. auf die damals übliche verschwenderische Hofhaltung verzichtet; und schließlich habe die energisch vorangetriebene Heeresvermehrung durchaus menschenfreundliche Nebenwirkungen gezeitigt. Flüchtlinge und Emigranten aus ganz Europa seien in Preußen willkommen gewesen und zukunftsweisende Wirtschaftszweige großzügig gefördert worden, schon wegen der benötigten Steuereinnahmen.[17]

Ähnlich freundlich bewertete Haffner die Vorgänge auf anderen Politikfeldern. Junker und Bauern bildeten demnach eine Art Schicksalsgemeinschaft; während die sogenannten Leuteschinder, die es natürlich auch gegeben habe, gerade in landadeligen Kreisen schlecht angesehen gewesen seien. Die Rechtsstaatlichkeit habe unter Friedrich dem Großen sogar einen nie gekannten Stand erreicht, und die religiöse Toleranz sei derart fortschrittlich gewesen, dass sie viele Untertanen überfordert habe. Selbst in den Eroberungen Friedrichs II. – und namentlich in dessen Einfall in Schlesien im Dezember 1740 – wollte Haffner keinen moralischen Tabubruch erkennen, mit dem sich der Preußenkönig komplett isoliert habe. 1741 habe schließlich nicht die angegriffene Vertreterin des Hauses Habsburg, Maria Theresia,

15 Vgl. ebd., S. 341 u. S. 348.

16 Ebd., S. 21.

17 Vgl. ebd., S. 75–79.

internationale Unterstützung gefunden, sondern der Aggressor Friedrich; und 1772, als sich Russland, Österreich und Preußen in einer ersten gemeinsamen Aktion größere Teile Polens einverleibten, sei ja dann auch die Kaiserin mit von der Partie gewesen.[18]

GEGEN DEN TREND DER WISSENSCHAFT

Eben diese fast rundum positive Sichtweise zog erwartungsgemäß viel Kritik auf Haffners Buch. Der Verfasser verschweige die aus heutiger Sicht bedenklichen Seiten der preußischen Geschichte: »the barrackroom discipline, the Junker prejudices, the rigged constitutional system, the antisemitism and the rest«[19], meinte etwa der anonym gebliebene Rezensent des *Economist* im August 1980, nachdem die englische Übersetzung von »Preußen ohne Legende« erschienen war. Mit solchen und ähnlichen Vorwürfen ist Haffner wiederholt konfrontiert worden – etwa mit Blick auf die jüdische Bevölkerung, die gerade unter Friedrich dem Großen erheblichen Benachteiligungen ausgesetzt gewesen sei; oder hinsichtlich der Polen, die als preußische Staatsbürger keineswegs die gleichen Chancen und Rechte gehabt hätten wie ihre deutschen Landsleute.

Kritik ganz grundsätzlicher Art äußerten die Vertreter der universitären Geschichtswissenschaft. So beanstandete Michael Stürmer in seiner Rezension von Haffners Buch, dass dessen einziger Bewertungsmaßstab das Kalkül der Staatsräson sei und dass er fast ausschließlich die Herrschenden in den Blick nehme und darüber die »Frage nach den sozialen Kosten«[20] vernachlässige. In diesem Zusammenhang monierte er auch Haffners traditionelle Vorgehensweise: »[D]a Haffner das differenzierte methodische Handwerkszeug moderner Sozial- und Verfassungsgeschichte nicht anrührt, versagt er sich und dem Leser die Auseinandersetzung mit der Schwerkraft der materiellen Bedingungen«[21], bemängelte Stürmer. Hans-Ulrich Wehler, der in dem Hohenzollernstaat sogar ein Paradebeispiel an Rückständigkeit und Unterdrückung sah, meinte gar, Haffners Buch müsste »im Hinblick auf das Ancien Régime« eigentlich »›Preußen als Legende‹ heißen«.[22]

Zwar war Haffner, was die einstigen Leiden breiter Bevölkerungsschichten anging, mit einer robusten Wurstigkeit ausgestattet; unerwähnt ließ er das Fehlen eines Sozialstaates in seinem Buch deshalb aber nicht. Da es sich jedoch um ein länderübergreifendes Defizit gehandelt habe, lehnte er ab, sich über die preußischen Verhältnisse zu entrüsten: »Es ist ohnehin unfair genug, wenn auch natürlich nicht zu ändern, daß immer nur die Gegenwart die Geschichte der Vergangenheit schreiben kann und niemals die Vergangenheit die heutige Geschichte«, merkte er an anderer Stelle

18 Vgl. ebd., S. 81–84 u. S. 118 f.

19 O. V., The Return of Fritz, in: The Economist, 23.08.1980.

20 Michael Stürmer, Rezension von Haffner, Preußen. Typoskript [o. D.], S. 4, in: Bundesarchiv Berlin-Lichterfelde, NL Sebastian Haffner, N2523/298.

21 Michael Stürmer, Preußen: Mythos und Widerspruch. Ein Buch von Sebastian Haffner, in: Süddeutsche Zeitung, 20./21.01.1979.

22 Hans-Jürgen Puhle u. Hans-Ulrich Wehler, Vorbemerkung, zu: Dies. (Hg.), Preußen im Rückblick, Göttingen 1980, S. 7 ff., hier S. 8; vgl. Hans-Ulrich Wehler, Preußen ist wieder chic. Der Obrigkeitsstaat im Goldrähmchen, in: Der Monat, Jg. 31 (1979), H. 3, S. 92–96, hier S. 93 ff.

an. »Ein Preuße des 18. Jahrhunderts, mit der deutschen Geschichte des 20. konfrontiert, würde über vieles den Kopf schütteln – und über manches die Hände ringen.«[23]

Auch Haffners These, 1871 habe das »lange Sterben« Preußens begonnen, stieß auf eine breite Front der Ablehnung. Insbesondere Forscher wie Hans-Ulrich Wehler oder Hans-Jürgen Puhle, die in ihren Untersuchungen die gesellschaftlichen Verhältnisse in den Mittelpunkt rückten, haben dem preußischen Element großen Einfluss auf die Geschichte des Kaiserreichs und der Weimarer Republik zugeschrieben. Namentlich die ostelbischen Junker mit ihrem tief-konservativen Standesbewusstsein hätten dank ihrer mächtigen Bastionen in Politik, Verwaltung und Armee die Geschicke des Reiches bestimmt und entscheidend zum Aufstieg Hitlers beigetragen. Er betreibe eine »Schmalspur-Historie«, ist Haffner von dieser Warte aus vorgeworfen worden; die Behauptung, mit Bismarck habe die Geschichte Preußens geendet, sei »nicht nur nicht überzeugend«, sondern »schlichtweg falsch«.[24]

Immerhin hat Haffner zumindest posthum einen prominenten Verteidiger aus den Reihen der Wissenschaft gefunden – auch wenn es sich bei dem australischen Historiker Christopher Clark um einen eher ungewöhnlichen Vertreter des Fachs handelt. Clark jedenfalls hat 2007 sogar einen »absoluten Gegensatz« zwischen Preußen und dem Nationalsozialismus ausgemacht. »Preußen steht für die Hoheit des Staats, für die Idee, dass der Staat die gesamten Interessen der Zivilgesellschaft in sich aufnimmt«, erklärte er in einem Interview mit dem *Spiegel*. »Für die Nazis war das unvorstellbar, sie wollten ein völkisches Gebilde an die Stelle des Staats setzen.«[25] In seinem Buch »Iron Kingdom« von 2006 gelangte Clark des Öfteren zu ähnlichen Einschätzungen wie Haffner; etwa was die Situation der preußischen Bauern betrifft oder was die zeitgenössische Normalität des schlesischen Coups Friedrichs II. angeht.[26] Selbstverständlich hat der in Cambridge lehrende Historiker diese Ansichten nicht direkt von Haffner übernommen; aber zumindest führte er – eine seltene Würdigung seitens der historischen Zunft – »Preußen ohne Legende« im Literaturverzeichnis seines Buches an.

IM TREND DER ZEIT

Beim Publikum fand Haffner hingegen sofort großen Anklang. Über 100.000 Exemplare will der *Stern* bis zum Sommer 1981 verkauft haben,[27] und allein zwischen März und Oktober desselben Jahres konnte der Goldmann Verlag noch einmal mehr als 125.000 Taschenbücher von »Preußen ohne Legende« absetzen.[28] Mit seinem »glänzend formulierte[n] und hervorragend

23 Haffner, Preußen, S. 85; vgl. ebd., S. 82.

24 Klaus-Jörg Ruhl, Mutmaßungen, glänzende Formulierungen und verzerrte Perspektiven, in: Badische Zeitung, 15.08.1979; vgl. auch Wehler, Preußen ist wieder chic, S. 95; Hans-Jürgen Puhle, Preußen. Entwicklung und Fehlentwicklung, in: Ders. u. Wehler, Preußen im Rückblick., S. 32–42.

25 Christopher Clark, Bemerkung, in: »Ein Bollwerk der Demokratie«. Der australische Historiker und Bestsellerautor Christopher Clark über Preußen und den deutschen Sonderweg, in: Der Spiegel, 13.08.2007.

26 Vgl. Christopher Clark, Iron Kingdom. The Rise and Downfall of Prussia, 1600–1947, London 2006, S. 160–167 u. S. 196.

27 Vgl. o.V., Von Kopf bis Fuß auf Preußen eingestellt, in: Stern, 06.08.1981.

28 Vgl. den Brief von Karl-Heinz Görke an Sebastian Haffner vom 12. November 1981, in: Bundesarchiv Berlin-Lichterfelde, NL Sebastian Haffner, N2523/8.

konzipierte[n]« Werk, hieß es in einem Bericht des *Kölner Stadt-Anzeiger* vom August 1981, habe Haffner »in der politischen Kultur der Bundesrepublik eine Rehabilitierung Preußens ohnegleichen« eingeleitet und spiele »seitdem eine maßgebliche Präzeptoren-Rolle«.[29]

Dieser Erfolg war nicht unerwartet gekommen. »It is a short, incisive, brillantly-written work, and the author deserves congratulation for his style and his masterly summaries of complex events«[30], hatte schon der Rezensent des *Economist* im Sommer 1980 befunden; und andere Beobachter zogen Parallelen zu seinem Hitler-Bestseller: »Auch im Hinblick auf Preußen werden von ihm nur ›Anmerkungen‹ gemacht, bleibt Haffner ein Kolumnist im Großformat, dem es weniger um Wissensvermehrung als um Geländeorientierung, weniger um Detailversenkung als um Begriff und Überblick«[31] gehe, bemerkte der Kritiker des Berliner *Tagesspiegel.*

Selbst die Konkurrenz konnte nicht umhin, die Qualität des Werkes anzuerkennen: »Eigentlich ist das eine Frechheit«, beschwerte sich Christian Graf von Krockow, seines Zeichens selbst ein intimer Kenner der borussischen Geschichte, mit halb gespielter Eifersucht in der *Zeit* vom 2. März 1979. »Für 1981 wird eine große Preußen-Ausstellung geplant, eine Art Preußenjahr steht ins Haus [...]. Und plötzlich ist ein Buch auf dem Markt, das die Schau stiehlt, das fast alles schon vorwegnimmt und womöglich in den Schatten rückt.«[32]

Tatsächlich sollte aus Anlass des 200. Geburtstags des preußischen Baumeisters Karl Friedrich Schinkel in Berlin eine umfassend angelegte Ausstellung mit dem Titel »Preußen – Versuch einer Bilanz« stattfinden, die 1981 eine halbe Millionen Besucher in den Gropiusbau im Westteil der Stadt strömen ließ.[33] Im Vorfeld und Gefolge der groß angekündigten Kulturveranstaltung des West-Berliner Senats kam eine Flut von Veröffentlichungen auf den Markt, die eine erstaunliche Vielzahl von Preußenbildern transportierten. Für den Historiker Hans-Joachim Schoeps etwa war Preußen in erster Linie eine Idee,[34] für seinen Fachkollegen Hans-Ulrich Wehler vor allem ein autoritärer und ausbeuterischer Obrigkeitsstaat[35] und für den Publizisten Bernt Engelmann ein »Land der unbegrenzten Möglichkeiten«; wobei sich Engelmann, der auch gute Kontakte zur Staatssicherheit der DDR unterhielt, vornehmlich auf das »rote Preußen« Friedrich Engels und Ferdinand Lassalles, Kurt Tucholskys und Ernst Niekischs kaprizierte.[36] Haffner, dessen Buch zu Beginn der Preußenwelle erschienen war, hat sich gegen die zahlreich angetretene Konkurrenz hervorragend behauptet. Trotz des hohen Preises belegte »Preußen ohne Legende« auf Anhieb vordere Platzierungen in den Sachbuch-Ranglisten der Republik

29 Heinz Verführt, Viele Gesichter einer Legende. Am Lack gekratzt und am Ruhm poliert, in: Kölner Stadt-Anzeiger, 25.08.1981.

30 O. V., Return of Fritz.

31 Joachim Günther, Die Legende Preußen – alt und neu. Zu Sebastian Haffners illustriertem Groß-Essay, in: Der Tagesspiegel, 28.01.1979.

32 Christian Graf von Krockow, Ein Essay in preußischem Stil. Sebastian Haffners bemerkenswerte Anti-Legende, in: Die Zeit, 02.03.1979.

33 Zum folgenden vgl. Edgar Wolfrum, Geschichtspolitik in der Bundesrepublik Deutschland. Der Weg zur bundesrepublikanischen Erinnerung 1948–1990, Darmstadt 1999, S. 316–325; Joachim Rohlfes, Das Interesse an Preußen. Eine Nachlese zum ›Preußenjahr‹, in: Geschichte in Wissenschaft und Unterricht, Jg. 33 (1982), H. 11, S. 523–549; Gavriel D. Rosenfeld, A Mastered Past? Prussia in Postwar German Memory, in: German History, Jg. 22 (2004), H. 4, S. 505–535.

34 Vgl. Hans-Joachim Schoeps, Was war Preußen?, in: Ders., Üb' immer Treu und Redlichkeit. Preußen in Geschichte und Gegenwart, Düsseldorf 1978, S. 9–42, hier S. 40ff.

35 Vgl. Hans-Ulrich Wehler, Nicht verstehen – der Preußennostalgie widerstehen!, in: Ders., Preußen ist wieder chic ... Politik und Polemik in zwanzig Essays, Frankfurt a. M. 1983, S. 67–71; Ders., Preußen vergiftet uns. Ein Glück, daß es vorbei ist, in: Frankfurter Allgemeine Zeitung, 23.02.2002.

36 Siehe Bernt Engelmann, Preußen. Land der unbegrenzten Möglichkeiten, München 1979.

und ließ den fast zeitgleich veröffentlichten Band von Bernt Engelmann mühelos hinter sich.[37]

Aber nicht nur die Bundesrepublik Deutschland erlebte damals ein gesteigertes Interesse an dem vielfältig schillernden Hohenzollernreich. Auch in der DDR kam es Ende der 1970er Jahre zu einer Preußenrenaissance; ja, beide deutsche Staaten fühlten sich in seltsamer Synchronität bemüßigt, das Andenken an die untergegangene Monarchie hochzuhalten, und wetteiferten regelrecht darum, das preußische Erbe für sich zu reklamieren. Ein auf beiden Seiten des Eisernen Vorhangs vorhandenes Bedürfnis nach historischer Selbstvergewisserung spielte bei der merkwürdigen Konkurrenz zweifelsohne eine Rolle; zumal Preußen als supranationales Gemeinwesen sowie als Gründer eines Nationalstaates zum identitätsstiftenden Vorbild geradezu prädestiniert war.

Haffners Bestseller »Preußen ohne Legende« kann damit, trotz aller konservativen oder auch nostalgischen Einsprengsel, als eines der prominentesten Phänomene der 1979 einsetzenden westdeutschen Preußeneuphorie noch in einen ganz anderen Diskurs eingeordnet werden: denjenigen um die Frage nach der Identität der Bundesrepublik Deutschland. Denn je länger die deutsche Einheit auf sich warten ließ, desto größer wurde unweigerlich das Bedürfnis, die Legitimitätsbasis des ursprünglich als kurzzeitiges Provisorium geplanten Staates zu erweitern, nachdem der Rekurs auf die Nation nicht mehr möglich war. Einen ersten größeren Anlauf in diese Richtung hatte 1974, im 25. Jubiläumsjahr der westdeutschen Verfassung, die Bundesregierung unternommen, als sie sich darum bemühte, den 23. Mai, den Tag der Verkündung des Grundgesetzes, zum Staatsfeiertag zu erheben.[38] »Verfassungspatriotismus«[39] lautete das griffige Schlagwort, das der Politikwissenschaftler Dolf Sternberger 1979 für dieses Ansinnen und die ihm zugrundeliegende Einstellung prägte. Schon drei Jahr zuvor hatte sein Fachkollege Karl Dietrich Bracher die Bundesrepublik eine »post-nationale Demokratie unter Nationalstaaten«[40] genannt.

Mit den Umwälzungen von 1989/90 kamen die Bestrebungen, in Deutschland ein post-nationales Bewusstsein zu etablieren, erst einmal zum Erliegen. Doch nur vorläufig. Spätestens seit Beginn der europäischen Finanzkrise sind die Diskussionen um Ordnungsmodelle jenseits des Nationalstaats wieder im Gange.

37 Vgl. Buchreport, 05.01.1979; Börsenblatt für den deutschen Buchhandel, 16.03.1979. Im Frühjahr 1979 rangierte das Buch sogar zeitweise auf Rang drei der *Spiegel*-Bestsellerliste, wo auf Platz eins nach wie vor die »Anmerkungen zu Hitler« standen; vgl. die Bestsellerlisten »Sachbuch« in: Der Spiegel, 26.03.1979 u. 02.04.1979.

38 Vgl. Wolfrum, Geschichtspolitik, S. 286–296.

39 Dolf Sternberger, Verfassungspatriotismus, in: Ders., Verfassungspatriotismus. Gesammelte Werke, Bd. 10, Frankfurt a. M. 1990, S. 13–16; zuerst in: Frankfurter Allgemeine Zeitung, 23.05.1979.

40 Karl Dietrich Bracher, Die deutsche Diktatur. Entstehung, Struktur, Folgen des Nationalsozialismus, Köln 1976, S. 544.

Dr. Jürgen Peter Schmied, geb. 1974, ist Historiker und lebt in Bonn. Er hat 2010 im Verlag C. H. Beck eine Biografie über Sebastian Haffner vorgelegt.

PERSPEKTIVEN

INTERVIEW

»ENTSCHEIDEND IST, WAS JEMAND SCHREIBT, NICHT WO ER SCHREIBT«

EIN GESPRÄCH ÜBER STAND UND PERSPEKTIVEN DER POLITIKWISSENSCHAFT

Ξ Eckhard Jesse

Herr Prof. Jesse, Sie haben ein Buch über deutsche Politikwissenschaftler herausgegeben. Da liegt die Frage nahe, was einen guten Politikwissenschaftler eigentlich auszeichnet?

Es ist zu unterscheiden zwischen einem guten Politikwissenschaftler an der Universität, also dem Hochschullehrer, und einem guten Politikwissenschaftler in den Medien, in staatlichen Institutionen, in der Politikberatung, der politischen Bildung sowie anderen Bereichen jenseits von Forschung und Lehre. Ich konzentriere mich auf die Wissenschaft. Einer meiner Sätze, die ich oft und gerne wiederhole, lautet: »Politikwissenschaft ist nicht die Fortsetzung der Politik mit anderen Mitteln.« Ein guter Hochschullehrer sollte Distanz zur Parteipolitik wahren, originell sein, Produktivität auf verschiedenen Gebieten an den Tag legen, in die Tiefe gehen, Analyse- und Urteilskraft besitzen. Dass Werke derartiger Wissenschaftler rezipiert werden, weil sie Neues gebracht haben, versteht sich: zum Beispiel – um nur »Heidelberger« mit ihren Referenzwerken zu nennen – Carl Joachim Friedrich, der den Totalitarismusbegriff systematisiert hat, Dolf Sternberger dank seiner »Drei Wurzeln der Politik«, Klaus von Beyme und seine vergleichend angelegte Habilitationsschrift zu den parlamentarischen Regierungssystemen, Dieter Nohlen, dessen Definition der Wahlsysteme, bezogen auf die Unterscheidung zwischen Repräsentations- und Verteilungsprinzip, weiterführend ist, Manfred G. Schmidt mit seinen Schriften zum »mittleren Weg« Deutschlands oder Wolfgang Merkel zur Systemtransformation. Diese Arbeiten, vielfach übersetzt, haben auch außerhalb Deutschlands für Furore gesorgt. Ein weiteres Beispiel für

 INDES, 2016–1, S. 126–142, © Vandenhoeck & Ruprecht GmbH & Co. KG, Göttingen, 2016, ISSN 2191-995X

einen wirkmächtigen Politikwissenschaftler ist etwa Peter Graf Kielmansegg – übrigens ein studierter Jurist und promovierter Historiker. Er legte in seiner Habilitation über Volkssouveränität überzeugend dar, dass diese nur *einen* Aspekt des demokratischen Verfassungsstaates erfasst; und in seinem Buch mit dem doppelsinnigen Titel »Nach der Katastrophe« schilderte er anschaulich die Prägung Deutschlands durch seine leidvolle Vergangenheit. Ebenso zählt der Empiriker Jürgen W. Falter dazu: nicht nur durch das Werk »Hitlers Wähler«, in dem mit Mythen, die Wählerschaft der NSDAP sei eine »reine« Mittelstandspartei gewesen, aufgeräumt wird. Dass Kielmansegg in Köln und Mannheim, Falter u. a. in München und Mainz gelehrt hat, überrascht den, der in Schul-Kategorien denkt. Umgekehrt wäre es eher erwartbar gewesen. Meines Erachtens gehört zu einem guten Politikwissenschaftler öffentliche Sichtbarkeit, die sich u. a. im Vermeiden von »Fachchinesisch« äußert. Schließlich: Für mich ist ein solcher jemand, der stimmige empirische Analyse mit begründeter normativer Orientierung verbindet. All das trifft bspw. auf Helga Haftendorn aus der dritten Generation der deutschen Politikwissenschaft zu, auf Wilhelm Hennis aus der zweiten und auf Wolfgang Abendroth aus der ersten; wobei vor allem der »alte« Abendroth ideologieanfällig wurde.

Wieso haben Sie ein solches Sammelwerk, das den Anspruch erhebt, fünfzig im Fach führende Personen, mit zwei Ausnahmen (Herfried Münkler und Manfred G. Schmidt) allesamt über siebzig Jahre, zu charakterisieren, auf den Markt gebracht? Sie müssen sich damit doch zwischen alle Stühle setzen. Welche Notwendigkeit haben Sie gesehen, dies trotzdem zu tun?

Die Motive, ein solches Buch in Angriff zu nehmen, sind vielfältig. Mit dem Gedanken daran habe ich mich schon länger getragen. Jedoch sollte es erst mit meinem Ausscheiden an der Universität erscheinen, um jeden Eindruck von »Schleimerei« zu vermeiden. Mit Sebastian Liebold, der an einer Werkbiografie über Arnold Bergstraesser sitzt, seiner Habilitationsschrift, fand ich einen engagiert-zupackenden Mitherausgeber, der erfolgreich mit dazu beitrug, alle Fährnisse zu umschiffen. Das Hauptmotiv war: eine Forschungslücke zu schließen. Wie die deutsche Politikwissenschaft mit nur wenigen Ausnahmen, etwa Hans-Peter Schwarz, die Rolle der Persönlichkeit in der Politik vernachlässigt, so vernachlässigt sie die personelle Dimension im Fach. Es gibt zwar mittlerweile sowohl eine Reihe von Autobiografien (zuletzt etwa die Claus Leggewies und Klaus von Beymes) als auch eine Anzahl von Werkbiografien zu bedeutenden Politikwissenschaftlern (u. a. über Karl Dietrich Bracher, Ernst Fraenkel, Wilhelm Hennis), aber keine systematisch vergleichenden Porträts zu bedeutenden Vertretern des Faches, mit Ausnahme zweier kleinerer Bände Hans Karl Rupps und Thomas Noetzels von Anfang der 1990er Jahre. Der Befund steht in einer erstaunlichen Diskrepanz zur sonstigen Selbstreferenzialität des Faches. Wem an der Identität der Politikwissenschaft gelegen ist und wer zu ihrer Integration beitragen will, kommt nicht umhin, Rechenschaft über die Großen des Faches abzulegen. Dieser Aspekt der Selbstvergewisserung war mir wichtig. So ist in gewisser Weise eine Geschichte der deutschen Politikwissenschaft im Spiegel des Werkes ihrer führenden Repräsentanten entstanden. Die Auswahl ist trotz eingehender Begründung immer umstritten und hängt von der Gewichtung der Kriterien ab (fachliche Kompetenz, erfolgreiches Wissenschaftsmanagement, öffentliche Sichtbarkeit). Um dies an Grenzfällen zu verdeutlichen: Bei der Aufnahme von nur 25 Autoren wären Wilhelm Bleek, Hans-Hermann Hartwich, Manfred Hättich, Dieter Oberndörfer und Gerda Zellentin unberücksichtigt geblieben, bei der Aufnahme von 75 Autoren Heidrun Abromeit, Michael Freund, Werner Kaltefleiter, Ekkehart Krippendorff und Gesine Schwan berücksichtigt worden.

In Ihrem Text über den erwähnten Hans-Peter Schwarz schreiben Sie, dass dessen Adenauer-Biografie im engeren Sinn Zeitgeschichte sei und nicht Politikwissenschaft. Wodurch unterscheiden sich denn beide in Ihren Augen?

Frage ich Studenten oder Doktoranden zuweilen nach dem Unterschied von Politik- und Geschichtswissenschaft, bin ich enttäuscht, wenn es heißt: »Politikwissenschaft analysiert Gegenwartsprobleme, Geschichtswissenschaft Vergangenheitsprobleme.« Die Geschichtswissenschaft kann sich ebenso auf die Gegenwart (»Zeitgeschichte«) beziehen, die Politikwissenschaft ebenso auf die Vergangenheit. Der Unterschied liegt woanders, auch wenn die Grenzen fließend sind: Die Geschichtswissenschaft geht oft individualisierend vor und fragt eher nach situativen Konstellationen, die Politikwissenschaft dagegen mehr nach strukturellen Gegebenheiten, klassisch gesagt: nach der Ordnung und dem Leben des Gemeinwesens. Sie sucht das Allgemeine im Besonderen zu erkennen. Hans-Peter Schwarz hat in der Tat beides gemacht: früher stärker Politikwissenschaft vornehmlich im Bereich der internationalen Politik, heute durch seine großen Biografien (nicht nur über Adenauer, sondern auch über Springer und Kohl) eher Zeitgeschichte. Da Schwarz stets auf einen Lehrstuhl für Politikwissenschaft berufen wurde, war seine Aufnahme in den Band unumgänglich. Wohl keiner hat neben Klaus von Beyme so viel auf unterschiedlichen Feldern geschrieben wie er. Die historische Fundierung der Politikwissenschaft ist leider massiv zurückgegangen (viele Gründungsväter der deutschen Politikwissenschaft waren stark zeithistorisch orientiert). Wilhelm Bleek (über siebzig), Karl Dietrich Bracher (über neunzig) und eben Hans-Peter Schwarz (über achtzig) gehören zu den Ausnahmen. Von den jungen Kollegen fällt mir nur Alexander Gallus aus Chemnitz ein. Die starke »Versozialwissenschaftlichung« der Politikwissenschaft drängt die historische Dimension zurück. Wir können als Politologen nicht angemessen urteilen, wenn wir die auf Erfahrung basierende historische Dimension vernachlässigen. Meines Erachtens ist die Verbindung zwischen Geschichts- und Politikwissenschaft eng, sollte es jedenfalls sein. Die Praxis im Fach sieht jedoch anders aus, und viele Politologen (der Gegenwart) schauen mitunter regelrecht herablassend auf stark historisch arbeitende Kollegen (der Vergangenheit). Das war auch eine Facette beim Streit um Theodor Eschenburg.

Wo sehen Sie die Gründe dafür, dass es zu dieser »Versozialwissenschaftlichung« der Politikwissenschaft gekommen ist?

Die deutsche Politikwissenschaft ist sehr stark beeinflusst durch die amerikanische. Bei ihr dominiert die sozialwissenschaftliche Vorgehensweise, wie ein Blick nicht nur in die *American Political Science Review* zeigt, das dortige Flaggschiff. Vor allem seit der dritten Generation spielt auch in Deutschland der Szientismus eine zunehmend große Rolle, pejorativ gesprochen: gewinnt die »Methodenhuberei« an Gewicht. Es gibt mit der Ausnahme von Jürgen Hartmann so gut wie keine politikwissenschaftlichen Analysen zum Einfluss der Persönlichkeiten in der Politik. Wer den Untergang des Kommunismus verstehen will, muss die (so wohl nicht vorhersehbare) Rolle Michail Gorbatschows würdigen. In politologischen Theorien der Internationalen Politik etwa bei Koryphäen wie Ernst-Otto Czempiel und Dieter Senghaas kam dies jedoch kaum zur Sprache. Dieser Fortschritt ist hier ein Rückschritt. In der heutigen Politikwissenschaft fristen wissenschaftliche Ansätze der Gründungsväter ein Dasein als Stiefkind. Geschichtswissenschaftlich und an Personen orientierte Politikwissenschaftler gehen beim Bemühen um einen Lehrstuhl häufig leer aus, zum Beispiel Torsten Oppelland aus Jena, u. a. Verfasser einer ausgezeichneten Biografie über Gerhard Schröder, den früheren Außen-, Innen- und Verteidigungsminister.

Wenn Sie die Entwicklung der Politikwissenschaft als eine Angleichung an amerikanische Ideen darstellen, was macht dann heute eigentlich noch die nationale Besonderheit der deutschen Politikwissenschaft aus?

Nun bin ich nicht der polyglotte Klaus von Beyme, der diese Frage souverän zu beantworten wüsste und sie in seinen vielfältigen Studien auch beantwortet hat. Die »frühe« Demokratiewissenschaft in der Bundesrepublik Deutschland war ein wichtiges Distinktionsmerkmal der hiesigen Politikwissenschaft, seinerzeit gefördert durch *Reeducation*. Sie erlebte im Zusammenhang mit der Besetzung der Lehrstühle in den ostdeutschen Bundesländern Anfang der 1990er Jahre vorübergehend eine Renaissance. Da sich die deutsche Politikwissenschaft der US-amerikanischen angeglichen hat, besitzt die demokratiewissenschaftliche Dimension längst nicht mehr das Gewicht wie früher; wobei ein gewisses Umdenken bemerkbar ist, nachdem die politische Stabilität in und um Europa begonnen hat, abzunehmen. Ohnehin sind in der deutschen Politikwissenschaft normative Elemente immer noch stärker als in den USA, wo die politische Theorie zum Teil in die Philosophie abgewandert ist. Bei aller Gefahr der Verallgemeinerung: Die britische Politikwissenschaft ist, anders als die US-amerikanische, von Pragmatismus geprägt. Sie geht vom Einzelfall aus, ohne eine ganze Batterie von Thesen zu überprüfen. Wer britische Texte liest, etwa über Parteien, erkennt eine stärkere »Leichtfüßigkeit«, auch ein eher auf Diskurs angelegtes Vorgehen. Nicht immer ist die deutsche Politikwissenschaft zugleich verständlich und originell. Arthur Schopenhauer hat mal gesagt: »Man gebrauche gewöhnliche Worte und sage ungewöhnliche Dinge.« Zuweilen ist es in der Praxis leider häufig umgekehrt. Effekthascherei überlagert Substanz. Der norwegische Politologe Johan Galtung hat 1983 pointiert den teutonischen, den angelsächsischen, den gallischen und den nipponischen Stil beschrieben, ohne eigens auf die Politikwissenschaft abzuheben. Übertragbar ist Galtungs Sicht auf unser Fach wohl schon. In diesem Text bescheinigt er deutschen Wissenschaftlern mancherlei Verkrampftheiten. Zudem würden sie von ihrem Duktus her zu einem gewissen »Extremismus« neigen, mal in die eine, mal in die andere Richtung. Der Hamburger Politikwissenschaftler Jürgen Hartmann hat dem widersprochen, durch den Bierernst seiner Argumentation freilich eher Galtungs These bestätigt. Quantitativ steht die deutsche Politikwissenschaft, auch aufgrund der Anzahl ihrer Professuren, international gesehen, nicht schlecht da. Die Frage ist nur: Reicht Masse aus? Die hiesige Politikwissenschaft hat nicht annähernd mehr die Sichtbarkeit wie vor fünfzig, sechzig Jahren. Neulich ist auf dem DVPW-Kongress in Duisburg Michael Zürn, einer der Direktoren des Berliner Wissenschaftszentrums für Sozialforschung und herausragender Repräsentant der Internationalen Politik, wenige Stunden nach seiner Wahl als Vorsitzender der Politologenvereinigung zurückgetreten, da »seine Leute« nicht in den Vorstand gelangt waren; doch die Öffentlichkeit nahm einen derartigen Vorfall kaum zur Kenntnis – wohl deshalb, weil das Fach Politikwissenschaft im Vergleich zur historischen Zunft offenbar wenig Resonanz besitzt. Das bestätigen – freilich wenig aussagekräftige – »Intellektuellenrankings« des Periodikums *Cicero*. Ich halte nichts davon, die Politikwissenschaft zur »Königswissenschaft« oder zur »Leitwissenschaft« zu stilisieren; aber sie braucht eine gewisse Ausstrahlung – und die sehe ich gegenwärtig kaum. Sie ist hochgradig selbstreferenziell. Das muss kein deutsches Spezifikum sein. So hat der amerikanische Politologe Lawrence M. Mead, dessen Beitrag im Erstling von *INDES* nachgedruckt wurde, den Scholastizismus der dortigen Politikwissenschaft frontal attackiert, ihre methodenfixierte Empirieferne angeprangert, die bestimmte Dinge absolut setzt und auf Erkenntnisnähe weniger Wert legt.

Sie halten für wichtig: öffentliche Sichtbarkeit, Originalität, die Vermeidung eines exklusiven Fachjargons, einen flüssigen Stil und die generalistische Kenntnis größerer Zusammenhänge. Ist das nicht aber genau das Gegenteil dessen, was in Projektanträgen, in Berufungsverfahren und politikwissenschaftlichen Zeitschriften Erfolg verspricht?

Das ist eben die Crux, weswegen das Wort von der Krise der Politikwissenschaft vielleicht nicht übertreibt. Ein Organ wie die *Politische Vierteljahresschrift*, herausgegeben vom Vorstand und Beirat der DVPW, sollte politikwissenschaftlich exzellente und auch politisch relevante Beiträge bringen, dabei auf methodisches Klein-Klein verzichten. Leider sind in der *PVS* führende deutsche Politikwissenschaftler kaum mehr vertreten. Die Redaktion will offenkundig Abhilfe schaffen – so gibt es seit einigen Jahren einen »Kommentar«, der nicht in einem anonymisierten Verfahren begutachtet wird, zumeist verfasst von einem renommierten Kollegen. Dieser Kommentar ist faktisch eine eingehende Analyse. Auf diese Weise sucht das Periodikum bekannte Namen für die Zeitschrift zurückzugewinnen. Bei Anträgen für die DFG, die VW- oder die Thyssen-Stiftung, die erfolgreich sein wollen, ist eine Ausrichtung am *Mainstream* förderlich – sodass neue Wege selten beschritten, wahrhaftig originelle Ansätze, die einen »Aha-Effekt« erwarten lassen, wenig erörtert werden. Das Antrags- und Begutachtungswesen bindet obendrein viel zu viele Kapazitäten. Wir müssen uns darum bemühen, Drittmittelprojekte an Land zu ziehen – und vernachlässigen dabei die eigentliche wissenschaftliche Leistung: das Schreiben von Büchern und Aufsätzen, die möglichst über den Tag hinausweisen. Bei Berufungsverfahren sollte stärker Originalität zählen. Wer auf – scheinbar – messbare Kriterien wie begutachtete Zeitschriftenbeiträge, Auslandsaufenthalte, Drittmittelprojekte setzt, unterliegt einem Objektivitätswahn. Zudem ist das Gremien(un)wesen allenthalben ausgeufert, freilich nicht nur in unserem Fach.

Wie erklären Sie das prognostische Versagen der Politikwissenschaft?

Sie ist mit Prognosen im strengen Sinne oft überfordert. Jedoch erweckt ein Teil der Politikwissenschaftler den überzogenen Eindruck, dies sei durch das Aufzählen aller Faktoren und Bedingungen möglich. Wir haben die Studentenbewegung nicht vorhergesehen, das Ende der DDR ebenso wenig, dasselbe gilt für das Aufkommen des Islamismus und die Arabische Revolution, aktuell für die Flüchtlingskrise. Mich stört besonders, dass Grundlagen der Urteilskraft an den deutschen Universitäten kaum gelehrt und gefordert werden. Sie war in der ersten Generation stärker ausgeprägt. Heute glauben viele, durch Mathematisierung ließe sich dieses und jenes erklären; doch dürfte das ein Trugschluss sein. Verbirgt sich hinter »objektiven« Daten nicht auch die Angst davor, öffentlich eine Position zu vertreten (und dafür harsch kritisiert zu werden)? – sind die Modelle, Formeln und Methoden nicht vielleicht ein Feigenblatt für wenig ausgeprägte Urteilskraft? Als Anhänger des Wissenschaftspluralismus akzeptiere ich Methodenvielfalt. Allerdings: Die sozialwissenschaftliche Sichtweise, die sich vor Kritik immunisiert, drängt normative Positionen an den Rand. Die Blickverengung auf Strukturen, Methoden und Theorien blendet die Rolle von Personen, die Politik machen, und die Ordnung, in der wir leben, weithin aus. Gerade der informelle Aspekt von Politik lässt sich eben schwerlich in Zahlen, Korrelationen und Variablen ausdrücken. Kritikwürdig war keineswegs, den Zusammenbruch der DDR nicht vorhergesehen zu haben, sondern die verbreitete systemimmanente Perspektive, wodurch Unrecht vielfach nicht mehr Unrecht genannt wurde. Die Fixierung auf einen derartigen Ansatz war ein Versagen eines Teiles der politikwissenschaftlichen DDR-Forschung.

Wie verlief denn Ihr ganz persönlicher Annäherungsprozess an die Politikwissenschaft? Was hat Sie dazu bewogen, Politikwissenschaftler zu werden, was fasziniert Sie an diesem Fach?

Da ist vieles lebensgeschichtlich bedingt. Mein Vater musste die schlesische Heimat nach 1945 verlassen, und 1958 flüchtete die Familie aus Sachsen – dafür bin ich meinen Eltern noch heute dankbar. Die Politik hat mich schon deshalb interessiert, weil sie etwas mit meinem Leben zu tun hatte. Ich fühlte mich daher zu einem Studium der Politik- und Geschichtswissenschaft hingezogen. Nach Berlin bin ich bewusst gegangen, weil mir einige der dort lehrenden Politologen aus Zeitungen, Funk und Fernsehen bekannt waren: etwa Arnulf Baring, Ossip K. Flechtheim oder Richard Löwenthal. Von der hochpolitisierten Situation am überlaufenen Otto-Suhr-Institut war ich sehr enttäuscht. Oft wurde während meines Studiums in den Jahren 1971 bis 1976

»gestreikt«. Also begann ich, Broschüren (für die politische Bildung), Aufsätze, Artikel und Rezensionen zu schreiben, und es war ein großes Glück, dass ich nach meiner ersten Rezension über Bücher des Demokratietheoretikers und Begründers des Neopluralismus, Ernst Fraenkel, der aus dem Dritten Reich emigrieren musste, diesen kennengelernt habe. In dessen letztem Lebensjahr konnte ich ihn regelmäßig besuchen, fast jede Woche mehrmals. Fraenkel, der bis auf Winfried Steffani im Grunde ohne Schüler war, aber doch in gewissem Sinne eine Schule begründet hat, faszinierte mich u. a. in seiner Unerschrockenheit, die dem Zeitgeist keinen Tribut zollte. Von seiner Auffassung, der Pluralismus sei für die westliche Gesellschaft charakteristisch und notwendig, war mein Weg nicht weit zur Erforschung derjenigen, die diesen Pluralismus ablehnten – sei es in verdeckter, sei es in offener Form. Nicht nur, aber auch wegen Fraenkel bin ich Extremismusforscher geworden; wobei die Reduzierung auf dieses Etikett mir nicht gefällt. Karl R. Poppers »Die offene Gesellschaft und ihre Feinde« war für mich seinerzeit eine Art Offenbarung. Beeindruckt hat mich als Stipendiat der Friedrich-Ebert-Stiftung auch ein, u. a. von Thilo Sarrazin herausgegebener Band mit Texten Poppers und anderer (»Kritischer Rationalismus und Sozialdemokratie«), der durch ein ausführliches Vorwort Helmut Schmidts geadelt wurde. Obwohl ich schon vorher kleinere Aufsätze zur Extremismusthematik verfasst hatte, folgte der Durchbruch erst zu meinen Trierer Zeiten durch die Verbindung mit Uwe Backes. Unser erster gemeinsamer Aufsatz von 1983 lautete: »Demokratie und Extremismus. Anmerkungen zu einem antithetischen Begriffspaar«.

Sie haben eben im Zusammenhang mit Ernst Fraenkel den Begriff der »Schule« erwähnt. Welche Rolle spielen Schulen heute noch? Was gehört zu einer Schule, wie entsteht sie, wodurch zeichnet sie sich aus?

Eine Schule braucht einen Gründungsvater, der ein neues Paradigma setzt. Sie braucht – generationenübergreifend – auch eine Reihe von Schülern, die nicht bloß imitieren, sondern über den Ursprungsansatz hinausgehen. Das Paradigma muss so angelegt sein, dass es weitergeführt werden kann. Eine Schule löst Kontroversen aus und erzielt Wirkung, etwa durch Schriftenreihen und Zeitschriften. Persönliche Bindungen spielen eine große Rolle, zum Beispiel bei Berufungen. Eine Schule ist mehr als eine bloße »Seilschaft« (pejorativ gesagt) bzw. ein »Netzwerk« (positiv gesprochen). Zu ihr gehört, wie erwähnt, ein neuer wissenschaftlicher Ansatz. Man denke an die marxistische Marburger Schule um Wolfgang Abendroth, die Kölner Schule um Ferdinand A. Hermens, welche die Demokratie zu stabilisieren suchte, nicht nur durch die Einführung eines mehrheitsbildenden Wahlsystems, und die

Freiburger Schule Arnold Bergstraessers mit ihrer Idee der »guten Ordnung«. Wer die verschiedenen Schulen Revue passieren lässt, wird den Aspekt des Netzwerkes bei den »Freiburgern« besonders hoch veranschlagen, bei den »Marburgern« stärker die kohärente Ideologie. Während die »Marburger Schule« zunehmend dogmatischer wurde, zeigte sich bei den »Freiburgern« eine gewisse Beliebigkeit. Dies ist dann jeweils das Ende.

Gerade anhand der von Ihnen genannten Beispiele erscheinen Schulen heute eher als Relikte der Vergangenheit. Die Freiburger Schule, die Marburger Schule, die Kölner Schule: Sie alle haben ihre Blütezeit hinter sich. Wie erklären Sie sich, dass sich offenkundig keine richtigen Schulen mehr bilden?

Vor 1945 fehlte Politikwissenschaft als Universitätsdisziplin. In den 1950er und 1960er Jahren kommt es zur Bildung von politikwissenschaftlichen Schulen, auch deshalb, weil es zumeist nur einen Politikprofessor an einer Universität gab. Mittlerweile erschwert das hohe Maß an Differenzierung die Etablierung einer Schule erheblich. Die Gründungsväter waren »Generalisten«, die nahezu das ganze Fach abgedeckt haben, besser: abdecken mussten. Heutzutage, und das ist unvermeidlich, gibt es Professuren für Teilbereiche des Faches. Da ist es weitaus schwieriger, »Schulen« zu gründen. Gleichwohl dürften sie nicht obsolet geworden sein. Ich beziehe das nicht nur darauf, dass Leute »zusammenhalten«, sondern auch darauf, dass sie bestimmte gemeinsame Positionen vertreten. Die erwähnte »Versozialwissenschaftlichung« setzt allerdings der Etablierung von Schulen im Bereich der Politikwissenschaft Schranken. Wir haben in Zeiten eines (gefühlt hohen) Anpassungsdrucks eine gewisse Einförmigkeit, unabhängig von der politischen Position. Die Kollegen, die auch steile Thesen entfalten, sind klar in der Minderheit. Zugleich verwässert die Fachidentität. Ich wünsche mir mehr – beispielsweise – Karl-Rudolf Kortes und Claus Leggewies, um zwei Autoren unterschiedlicher Couleur zu nennen.

Spricht aus dem Paradigma der quantifizierenden Beweisführung der Wunsch nach Objektivierbarkeit? Und ist diese axiomatische Suche nach Objektivierbarkeit nicht ein Irrweg – gerade auch angesichts der normativen Entstehungsgeschichte der Politikwissenschaft als Schutzmacht der Demokratie in der Nachkriegszeit?

In den Naturwissenschaften mag die Suche nach Gesetzmäßigkeiten sinnvoll sein, aber in der Politikwissenschaft sind Überraschungen, die nicht in das Schema passen, gang und gäbe. Nehmen Sie das »Wahlvolk«. Welcher Forscher hat die Alleinregierung einer Partei nach den Unterhauswahlen in

Großbritannien 2015 vorhergesagt? Die quantifizierende Forschung, die alles zu messen versucht, gerät schnell an ihre Grenzen. Setzt sich die quantifizierende Form der Politikwissenschaft durch, wird unser Fach gesellschaftlich irrelevant. Handelt es sich bei manchen Ergebnissen nicht um Trivialitäten, zugegeben: methodisch breit abgesichert? Forscher, die kleinteilig dies und jenes untersuchen, betreiben eine in vielerlei Hinsicht unfruchtbare Wissenschaft. Urteilskraft, es kann nicht oft genug betont werden, ist vonnöten. Es sei bspw. Wilfried von Bredow, der sich in Marburg behauptet und über politische Urteilskraft geschrieben hat, positiv erwähnt. Ich möchte nicht kulturpessimistisch von einem einst »goldenen Zeitalter« der Politikwissenschaft sprechen; gleichwohl ist der Hinweis auf die erste Generation der deutschen Politikwissenschaft mit ihrer demokratiewissenschaftlichen Ausrichtung keinesfalls deplatziert: Zentrale Fragen der Politik wurden mit großer Urteilskraft in luzider Sprache aufgegriffen, ob nun bei Otto Heinrich von der Gablentz oder Eugen Kogon, um lediglich zwei Personen von den »Gründern« zu nennen. Gerne räume ich ein: Die Sicht auf Schwächen des demokratischen Gemeinwesens war seinerzeit zuweilen nicht genügend entfaltet.

Lassen Sie uns noch einmal einen Blick zurückwerfen. Die deutsche Nachkriegs-Politikwissenschaft verstand sich in ihrer Entstehungszeit als Demokratiewissenschaft; der politischen Bildung wurde anfangs eine große Bedeutung beigemessen. Wie erklären Sie sich, dass es aktuell gerade in der deutschen Politikwissenschaft ein derart großes Misstrauen gegenüber öffentlichen Interventionen von Kollegen gibt? Müsste nicht ein Kernanliegen der Politikwissenschaft sein, in den wichtigen politischen Debatten präsent zu sein?

Ist die Scheu vor öffentlichen Interventionen tatsächlich so ausgeprägt? Allerdings fürchten manche Politikwissenschaftler, sie würden bei Stellungnahmen zu brisanten Fragen der Politik abgewertet, weil es dann heißt, »Partei« zu sein. Das gilt nicht nur für die quantifizierende Richtung. Ich selber habe mich immer gesträubt, einer Partei beizutreten, obwohl mir bewusst ist: Wissenschaftlichkeit und Parteizugehörigkeit schließen sich nicht aus. Die beiden für mich bedeutendsten Politikwissenschaftler, Hans-Peter Schwarz (CDU) und Klaus von Beyme (SPD), sind seit über fünfzig Jahren in einer Partei. Wenn Politikwissenschaftler versucht haben, Karriere in der aktiven Politik zu machen, sind sie fast immer gescheitert: Kurt Sontheimer wollte ins EU-Parlament, Klaus von Beyme in den Bundestag, Werner Kaltefleiter ebenso. Diejenigen Politologen, die in die Politik gegangen sind, waren wissenschaftlich wenig etabliert: zum Beispiel Björn Engholm, Walter Momper, Rudolf Scharping, Bernhard Vogel. Die große Ausnahme, die mir einfällt:

Hans Maier. Mit Abstrichen ließe sich dies auch für Carlo Schmid und Peter von Oertzen behaupten. Hans Maier war ein herausragender Politikwissenschaftler, dann fast zwanzig Jahre bayerischer Kultusminister, übrigens zunächst parteilos, schließlich Rückkehr an die Universität und Fortsetzung wissenschaftlicher Publikationen. Der eine oder andere Politikwissenschaftler, wie Peter Graf Kielmansegg, hat Avancen, in die Politik zu gehen, nach reiflicher Überlegung abgelehnt. Die Politikwissenschaft kann einen Sachverhalt oft tiefgründiger durchdringen als etwa die Publizistik. Insofern ist eine stärkere Präsenz des Faches bei den »Themen der Zeit« höchst sinnvoll. Wir hatten mit Theodor Eschenburg in den 1950er, 1960er, 1970er und 1980er Jahren einen Professor, der sich in fast zweihundert *Zeit*-Artikeln jeweils einen aktuellen Fall aus der Politik herausgegriffen und dann versucht hat, ihn politikwissenschaftlich einzuordnen. Eschenburg, anfangs von der Union, der SPD und der FDP gleichermaßen umworben, aber parteilos geblieben (jedenfalls in der Bundesrepublik), »schoss« nach allen Richtungen. Seine Artikel, weniger seine Bücher, waren für mich beeindruckend: eine Art politikwissenschaftliche Lehrschrift *en miniature*. Die Einordnung von Kontroversen hat dem Fach wie der Politik sehr genützt. Hier sprach ein Wissenschaftler, kein Partei-Mann. Uns fehlt ein neuer Eschenburg. Vielleicht befindet sich Frank Decker aus Bonn auf diesem Weg.

Ist die Angst, vereinnahmt zu werden, begründet?

Die Furcht ist verbreitet, im Falle regelmäßiger politischer Interventionen als Person dieses oder jenes Lagers wahrgenommen zu werden, übrigens auch verständlich. Medien glauben zuweilen, wir seien bloß Stichwortgeber und Verstärker ihrer jeweiligen Richtung. Mitnichten ist es die Aufgabe eines Politikwissenschaftlers, den Tenor des Journalisten zu untermauern; wir wollen und sollen nicht instrumentalisiert werden. So mancher Journalist ist enttäuscht darüber, kommt nicht die gewünschte Meinung zustande. Grundsätzlich sollten Politikwissenschaftler sich der Öffentlichkeit keineswegs verschließen; jedenfalls dann nicht, wenn sie für die entsprechende Materie Kompetenz besitzen: *fortiter in re, suaviter in modo*. Die Politik braucht die Öffentlichkeit, die Öffentlichkeit braucht die Wissenschaft. Eine Wagenburgmentalität schadet allen: der Politik, der Publizistik, der Politikwissenschaft.

Wir haben im Jahr 2009 den DVPW-Kongress in Kiel besucht. In der Woche vor der Bundestagswahl versammelte sich die deutsche Politologenschaft mehrere Tage lang zu ihrem größten Standestreffen. In einer Phase, in der die öffentliche Nachfrage nach politikwissenschaftlichen Deutungen so groß war wie selten, igelten sich die Politikwissenschaftler in stickigen Tagungsräumen ein und diskutierten Beiträge, in denen diffizile Methoden langatmig ausgebreitet wurden, um zu jeden Neuigkeitswert entbehrenden Ergebnissen wie etwa dem zu kommen, dass eine schwarz-gelbe Koalition die wahrscheinlichste Bündnisvariante nach der Wahl sei. Ist das nicht grotesk? Zeigt sich hier nicht wie in einem Brennglas die Debattenirrelevanz der zeitgenössischen Politikwissenschaft?

Da ist etwas dran. Es gibt nicht mehr so häufig Leute wie Wilhelm Hennis, Kurt Sontheimer und Dolf Sternberger, die gar nicht mal Politikwissenschaft studiert haben mussten, aber breit gebildet waren und hohe Autorität genossen. Heutzutage dominiert eher der Spezialist, der sein meist kleines Fachgebiet aus dem Effeff beherrscht. Ein Beispiel: Seit 1980 erscheint nach jeder Bundestagswahl in der »blauen Reihe« ein dickleibiges Buch mit dem Untertitel »Analysen aus Anlass der Bundestagswahl xxx«. Es dauert fast vier Jahre, bis dieser Band auf dem Markt ist. Und zuweilen finden sich Texte, bei denen sich – leicht übertrieben – sagen lässt: Nun bin ich als »armer Tor« dann »so klug als wie zuvor«. Es sind allerdings gegenläufige Tendenzen erkennbar. Ein Beispiel auch hiefür: Kurz nach dem Aufkommen des überraschenden Protestphänomens Pegida wandten sich Dresdner Politologen wie Werner Patzelt und Hans Vorländer mit Erklärungsversuchen an die Öffentlichkeit, die auf Umfragen fußten. Und Franz Walter legte mit seinem Göttinger Team kein halbes Jahr nach der ersten Pegida-Demonstration eine empiriegesättigte Analyse vor, ergänzt um normative Einordnungen. Ein Teil der Politikwissenschaft reagiert also durchaus auf aktuelle Probleme. Bei der Flüchtlingsthematik sehe ich das momentan weniger. Juristen und Ökonomen laufen unserem Fach hier den Rang ab.

Als Extremismusforscher befassen Sie sich mit den Gefährdungen, denen sich die demokratische Ordnung ausgesetzt sieht. Wie ist es um diese bestellt? Was schließlich sind für Sie die entscheidenden Themen, die sich die Politikwissenschaft vornehmen muss?

Ein zentrales Problem ist die Frage, ob und unter welchen Umständen Demokratien in Diktaturen intervenieren sollen. Welche Konsequenzen kann dies haben (Stichwort Flüchtlingskrise)? Damit hängt die Kardinalfrage nach der Universalität der Menschenrechte zusammen. Bezogen auf die Bundesrepublik: Wichtig scheint mir, auf das Auseinanderklaffen der Wahrnehmungen in der politischen Klasse einerseits sowie in der Bevölkerung andererseits hinzuweisen und nach den Gründen zu fragen. Die Diskrepanzen, die immer schon da waren, sind angewachsen. Insofern ist es um die demokratische Ordnung, die Konflikte aushalten muss, nicht bestens bestellt. Allerdings:

Die Parallelen zur Weimarer Republik, die manch einer sieht und zieht, sind vordergründig. Wir müssen auf Herausforderungen gelassener reagieren, weniger gereizt. Wer von einem »Extremismus der Mitte« spricht, wie das manche tun – nicht nur solche, die unser System delegitimieren wollen –, irrt gewaltig. In der Vergangenheit hat die Politikwissenschaft, das wird oft verkannt, vielfach gute Dienste geleistet. Wenn Sie sich anschauen, wie der emotionsgeladene Bestseller von Franz Alt zur Friedensbewegung durch ein herausragendes Werk des rational argumentierenden Manfred Hättich gekontert worden ist; wenn Sie sich überlegen, wie viele Politikwissenschaftler der linken Mitte – von Karl Kaiser über Erhard Forndran bis zu Gesine Schwan – den Nato-Nachrüstungs-Doppelbeschluss verteidigt und die Gefahr eines emotionalen Anti-Amerikanismus angeprangert haben; wenn Sie die so massive wie besonnene Stellungnahme Herfried Münklers und Iring Fetschers gegen den Terrorismus in den 1970er Jahren sehen; oder wenn Sie an die Gründung der *Zeitschrift für Parlamentsfragen* im Jahr 1970 durch Politikwissenschaftler wie Winfried Steffani und Uwe Thaysen denken, auf dem Höhepunkt der Studentenbewegung: Dann erkennen Sie, dass die Politikwissenschaft wiederholt in der Lage gewesen ist, unsere Demokratie zu verteidigen, ungeachtet systemüberwindender Tendenzen im Fach. Insofern hat die Politikwissenschaft wichtige Themen berührt und diese auch in einer Art und Weise behandelt, die dem demokratischen Gemeinwesen zugutekam. Wer nicht anstößig ist, kann kein Anstöße geben. Als Extremismusforscher ist mir an Äquidistanz gegenüber rechts- und linksaußen gelegen. Daran hapert es vielfach: in der Politik, in der Öffentlichkeit, in der (Politik-)Wissenschaft. Ein Extremismusforscher ist zugleich ein Demokratieforscher. Was zu wenig zur Sprache kommt: Gefahren für die Demokratie gehen auch von ihr aus. Als Anhänger einer wertgebundenen und abwehrbereiten Demokratie möchte ich den Demokratieschutz nicht im jakobinischen Sinne von »keine Freiheit den Feinden der Freiheit« verstanden wissen. Der Umgang mit der antidemokratischen NPD ist kein Ruhmesblatt für unsere Demokratie. Geistige Auseinandersetzung mit der geächteten Partei ist gefragt, kein Verbotsverfahren. Ein Lob gilt der FDP, die nicht den »Verbotsruf« angestimmt hat.

Sie haben in den 1970er Jahren Politikwissenschaft studiert, in einer hochgradig politisierten Zeit. Würden Sie sagen, dass die Dynamik im Fach korrespondiert mit der Dramatik gesellschaftspolitischer Konfliktlagen? Und würden Sie, 45 Jahre jünger, heute wieder Politikwissenschaft studieren?

Ich bin nicht sicher. Auf der einen Seite ist Politikwissenschaft ein faszinierendes Fach (etwa Wahl-, Parteien- oder Koalitionsforschung) – mit Politik ist jeder konfrontiert; auf der anderen Seite ist der Soupçon etwa gegenüber der Extremismusforschung sehr groß – als seien Wissenschaftler, die auf diesem Feld wirken, der verlängerte Arm des Verfassungsschutzes; um nur einen Vorwurf zu benennen. Die Kultur des Verdachts, die grassiert, ist deprimierend. Was die Frage nach den gesellschaftlichen Spannungen betrifft, so weiß ich nicht, ob die Dynamik der Politikwissenschaft davon geprägt ist. Die gesellschaftlichen Konflikte sind heute nicht schwächer geworden, doch unser Fach reagiert schwächer. Ein Beispiel: In der ersten Hälfte der 1970er Jahre kam von Berliner Politikwissenschaftlern ein dickleibiger Band zum »Parteiensystem in der Legitimationskrise« auf den Markt, zu einem Zeitpunkt, als die Wahlbeteiligung bei über neunzig Prozent lag und die beiden Volksparteien ebenfalls über neunzig Prozent der Stimmen auf sich vereinigen konnten, obwohl von »Krise« nicht ansatzweise die Rede sein konnte. Heute gibt es kein solches Werk, obwohl die kritische Situation dies eher rechtfertigte. Es ist gut, dass die Politikwissenschaft weniger aufgeregt ist, aber es ist keineswegs gut, dass sie brisante Themen nicht rege aufgreift.

Bei Ihnen wurden bisher etwa 85 junge Wissenschaftler promoviert und fünf habilitiert. Würden Sie eine derartig umfassende Nachwuchspolitik erneut betreiben? Ist das im Zeitalter von Graduiertenkollegs nicht anachronistisch? Und besteht angesichts der nachlassenden Relevanz der Politikwissenschaft nicht die Gefahr, in die Arbeitslosigkeit zu investieren?

Zu den befriedigendsten Erfahrungen als Hochschullehrer in den vergangenen 25 Jahren zählte für mich die Förderung motivierter Wissenschaftler. Die dreitägigen Doktorandenseminare zweimal im Jahr (manchmal auch fünf Tage, manchmal auch im Ausland) sind oft beglückende Momente für den, der eine Arbeit angeschoben hat und ihren positiven Fortgang sieht. Mein Versuch war und ist es, Doktoranden im Geiste wissenschaftlicher Liberalität zu begleiten. Ob der Versuch gelungen ist? Das vermag ich nicht zu beurteilen. Meine Erfahrung: Wer keine Nischenthemen wählt und eine gewisse Flexibilität zeigt, hat gute Chancen, auf dem Arbeitsmarkt seiner Ausbildung gemäß unterzukommen. Hingegen war ich sehr vorsichtig, Leute zu einer Habilitation zu ermutigen, eingedenk der schwierigen Berufungssituation an den Universitäten. Alle fünf bei mir Habilitierten (Lothar Fritze, Alexander Gallus, Steffen Kailitz, Tom Mannewitz, Tom Thieme) sind ausgezeichnete Wissenschaftler, und sie haben schon oft genug Rückgrat bewiesen. Solange ich gesund bleibe, möchte ich die Arbeit mit jungen, lernwilligen Menschen fortsetzen und ihnen auf ihrem Weg Ratschläge geben. Sie brauchen einen Ansprechpartner, der die Verantwortung nicht auf andere abwälzt. Allerdings rege ich sie nicht zu bestimmten Themen an, ist mir doch die intrinsische Motivation wichtig (dazu gehört die eigenständige Wahl des Dissertationsprojektes). Gewisse Themen – etwa in der vergleichenden Extremismusforschung – dürften nicht karrierefördernd sein. Freilich möchte ich noch einige Doktoranden davon überzeugen, dass es sich lohnt, eine Werkbiografie über diesen oder jenen Politikwissenschaftler von Rang in Angriff zu nehmen.

Ist die Extremismusforschung solch ein undankbares Tätigkeitsfeld?

Na ja, ich mache das bereits seit über dreißig Jahren, und es reizt mich nach wie vor, mich mit Positionen auseinanderzusetzen, von denen ich weiß, dass es notwendig ist, sie zu beschreiben, zu analysieren und kritisch zu bewerten. Mit der Kritik muss man leben: Wem es in der Küche zu heiß ist, der darf kein Koch werden. Aber manchmal komme ich ernsthaft ins Grübeln. Ich habe etwa zehn extremistische Zeitschriften von rechts ebenso wie von links abonniert. Wer dauernd alle möglichen Dinge über (behauptete) Verschwörungen liest, fragt sich, ob es der Sinn der knapp bemessenen Lebenszeit sein kann, solche Periodika fortwährend zu sichten. Was mich irritiert: Ich erlebe, dass selbst Kollegen nach dem zweiten Wein und nach dem dritten Grappa meinen: Sag mal, bei dem NSU, da war doch der Verfassungsschutz beteiligt; oder: Sag mal, am 11. September 2001, da hatten doch die Amerikaner die Hände im Spiel. Der Glaube an Verschwörungen ist weit über extremistische Kreise hinaus verbreitet.

Damit zusammenhängend, dass Sie zumindest nicht völlig überzeugt sind, ob Sie wieder Politikwissenschaft studieren würden: Herfried Münkler hat im Interview mit INDES gesagt, er sehe die Gefahr, dass die Politikwissenschaft zwischen der Geschichtswissenschaft und den Wirtschaftswissenschaften zerrieben würde, sie sich perspektivisch gesehen also in einem Existenzkampf befinde. Sehen Sie das auch so?

Viele Politiker meinen, Biologie, Chemie und Physik, auch die Wirtschaftswissenschaften seien nützlicher als die Politikwissenschaft. Die Geschichtswissenschaft spielt in Deutschland ohnehin eine traditionell starke Rolle, und die Wirtschaftswissenschaften verfügen in der Politikberatung über gewichtigen Einfluss. Die Politikwissenschaft muss aufpassen, dass sie nicht weiter in die Defensive gerät und sich nicht zum Anhängsel anderer Fächer macht. Das hiesige Fach vermochte sich in den 1950er Jahren dank der Intellektualität seiner Gründungsväter zu behaupten und durchzusetzen. Verfestigt sich in der Öffentlichkeit der Eindruck, es habe nicht mehr die einstige Ausstrahlung, dann dürfte es von Kürzungsmaßnahmen stärker betroffen sein als so

EINFÜHRUNG IN DIE POLITIKWISSENSCHAFT VOL. 1
EINFÜHRUNG IN DIE POLITIKWISSENSCHAFT VOL. 2
EINFÜHRUNG IN DIE POLITIKWISSENSCHAFT VOL. 3
WISSENSCHAFT VOL. 4
EINFÜHRUNG IN DIE POLITIKWISSENSCHAFT VO

manch andere Disziplin. Diese Gefahr besteht besonders für das Teilgebiet der Politikwissenschaft, die Politische Theorie, in dem Herfried Münkler lehrt, da es heißt, sie stütze sich zu wenig auf Empirie und generiere kaum verwertbare Erkenntnisse. Münkler stellt übrigens ein gutes Beispiel dafür dar, dass die Politikwissenschaft weder ein bloßes »Diskussionsfach« noch eine Disziplin für rein empirisch-quantifizierende Ansätze ist. »Existenzkampf«? Nein, wer davon spricht, betreibt Alarmismus. Die Existenz der Politikwissenschaft steht nicht zur Disposition.

Sie haben eben im Vorgespräch Peer-Review-Verfahren als anfällig für Mauschelei bezeichnet. Das ist eine Ansicht, auf die wir in Gesprächen mit renommierten, meist schon leicht angegrauten Wissenschaftlern nicht selten treffen. Wenn diese Ansicht, dass der Peer-Review-Prozess keinen Mehrwert an Qualität mit sich bringe, so weitverbreitet ist, wieso gelten dann Publikationen in begutachteten Zeitschriften geradezu als Zentralkriterium für wissenschaftliche Exzellenz?

Ich habe in Prüfungskommissionen mehrfach vorgeschlagen, fünf vom Bewerber eingereichte Beiträge als Beurteilungsgrundlage zu nehmen. Wieso soll ein Aufsatz in einer referierten Zeitschrift im Vergleich zu einem in der *Zeitschrift für Parlamentsfragen*, die ohne Peer-Review-Verfahren auskommt (die Redaktion bürgt für die Qualität), besser sein? Entscheidend ist, was jemand schreibt, nicht wo er schreibt. Heutzutage grassiert die Auffassung, alles lasse sich in Rankings messen, vom Unsinn der »Zitations-Zählerei« gar nicht zu reden. Eine Auseinandersetzung in der Sache sei nicht mehr notwendig. Viele der Gründungsväter der deutschen Politikwissenschaft brächten ihre Texte wohl gar nicht in Periodika mit einem Peer-Review-System unter, zum Beispiel wegen ihres nicht quantifizierend angelegten, stärker narrativ und zeithistorisch grundierten Ansatzes. Ich gehöre zu denjenigen, die massiv bedauern, dass die Habilitation in unserem Fach als entscheidendes Qualifikationsmerkmal immer mehr an Gewicht einbüßt. Mit der zunehmenden Zahl der Bewerber verstärken sich Mauscheleien. Das »zweite Buch« muss sein!

Das Interview führten Felix Butzlaff und Matthias Micus.

Prof. Dr. Eckhard Jesse, geb. 1948, ist Politikwissenschaftler und Extremismusforscher und hatte von 1993 bis 2014 den Lehrstuhl für Politische Systeme und Politische Institutionen an der Technischen Universität Chemnitz inne.

AKADEMISCHER MITTELBAU ALS BERUF

BERICHT AUS DEM KURIOSITÄTENKABINETT[1]

Ξ Tom Pürschel und Jana Rüger

»Glauben Sie, daß Sie es aushalten, daß Jahr um Jahr Mittelmäßigkeit nach Mittelmäßigkeit über Sie hinaussteigt, ohne innerlich zu verbittern und zu verderben?«[2] Bereits 1917 leitete Max Weber mit dieser provokativ formulierten Frage sein Resümee über die Rahmenbedingungen wissenschaftlicher Tätigkeit an deutschen Hochschulen ein. Er stellte diese Frage im Rahmen seines Vortrags »Wissenschaft als Beruf« vor Münchener Studentinnen und gab die Antwort anschließend selbst: Er selbst kenne nur wenige, welche die Widrigkeiten wissenschaftlicher Laufbahnen unbeschadet überstünden. Die von Weber etwas zynisch beschriebene Mittelmäßigkeit derjenigen, die in der Wissenschaft aufsteigen, resultiere hauptsächlich aus dem Zufall (»Hasard«) bei der Bewertung von Gelehrten im Sinne des Humboldt'schen Ideals und bei der Praxis von Stellenbesetzungen. Letztere sei einer gewissen Willkür unterworfen und orientiere sich nicht ausschließlich an der wissenschaftlichen Qualifikation der Bewerberinnen. Wer dennoch Wissenschaft als Beruf ausüben wolle, der gehe daher das Risiko ein, trotz aller Begabung und allen Willens kein gesichertes Beschäftigungsverhältnis zu erlangen.

Mit Blick auf die auch heute bestehende Unabsehbarkeit und Zufälligkeit akademischer Karrierewege hat diese Frage nichts an Aktualität eingebüßt. Entsprechend der Postulate der modernen Wissensgesellschaft strebt ein zunehmender Teil der Jahrgänge an die Hochschulen. Diesen steigenden Studierendenzahlen steht im Vergleich zur Situation etwa vor zehn Jahren zwar auch eine absolut wachsende Anzahl an Mitarbeiterinnen in Forschung, Lehre und Verwaltung gegenüber. Jedoch ist der Anstieg beim wissenschaftlichen und künstlerischen Hochschulpersonal unterproportional. Die Betreuungsrelation an den Hochschulen hat sich bundesweit seit 2005 verschlechtert, wobei starke regionale Unterschiede zwischen den Ländern bestehen.[3]

1 Wir bedanken uns herzlich bei der Arbeitsgruppe um Matthias Rosendahl sowie bei den zahlreichen anonymen Zitatgeberinnen für die Erhebung, Auswertung und Bereitstellung zugehöriger Daten. Für ihre Unterstützung bei der Erstellung dieses Artikels danken wir weiterhin Dr. Michael Dobstadt, Dorothea Riese, Daniel Siegmund und Dr. Alexander Yendell vielmals. Zur verbesserten Lesbarkeit bei gleichzeitiger Berücksichtigung der Genderperspektive verwenden wir in diesem Beitrag das generische Femininum.

2 Max Weber, Wissenschaft als Beruf, Stuttgart 2010, S. 11.

3 Vgl. Statistisches Bundesamt, Personal an Hochschulen, Wiesbaden 2015, S. 17, URL: https://www.destatis.de/DE/Publikationen/Thematisch/BildungForschungKultur/Hochschulen/PersonalHochschulen2110440147004.pdf?__blob=publicationFile [eingesehen am 07.01.2016].

Auf die schlechteste Betreuungsrelation müssen sich Studierende in Baden-Württemberg, Thüringen und Sachsen einstellen, während Studierende in den Bundesländern Nordrhein-Westfalen, Hessen und Rheinland-Pfalz im Vergleich die besten Bedingungen vorfinden.[4]

Nun wird gelegentlich argumentiert, dass in den letzten Jahren lediglich alte strukturbedingte Überkapazitäten abgebaut worden und infolgedessen schlankere, effizientere und bedarfsgerechte Personalstrukturen entstanden seien. Wenngleich dieses Argument sicherlich für Teilbereiche nicht von der Hand zu weisen ist, ergibt sich aus Sicht der unmittelbar Betroffenen häufig allerdings ein anderes Bild: Unterfinanzierte Hochschulen recken und strecken sich, um mit den vorhandenen Ressourcen einerseits Lehrbetrieb und -qualität bestmöglich aufrechtzuerhalten sowie andererseits der gesellschaftlichen Erwartungshaltung zu entsprechen, exzellente und international konkurrenzfähige Forschungsergebnisse zu produzieren. Im engen Korsett aus Mittelzuweisung, arbeitsrechtlichen Vorgaben sowie administrativer Logik geschieht dies jedoch nicht selten zulasten der im Mittelbau Beschäftigten. Dabei haben sich allerlei Konstellationen und Praktiken etabliert, die sich bestenfalls als universitäre Kuriositäten beschreiben lassen, jedoch – im Widerspruch zu dem, was in Ermangelung aktueller und belastbarer Daten gerne behauptet wird – leider keine Einzelfälle mehr darstellen.

Dem Vorbild Webers folgend, wollen wir die äußeren, heutigen Bedingungen an Hochschulen schildern und ausschnittsweise einige Charakteristika des deutschen Systems skizzieren. Am Beispiel der Themenkomplexe Stellenbesetzungspraxis, veränderte Aufgabenprofile in der modernen Wissenschaftslandschaft sowie Karriereperspektiven von Wissenschaftlerinnen weisen wir aus der Sicht des Mittelbaus auf Fehlentwicklungen und Missstände hin. Den Ausgangspunkt bildet dabei die Situation an der Universität Leipzig. So stützen sich unsere Ausführungen vorwiegend auf Daten aus einer Erhebung* der Mittelbauinitiative Universität Leipzig (MULE) zur Beschäftigungssituation des Mittelbaus sowie auf unsere Erfahrungen als Sprecherinnen dieser Initiative. Im Austausch mit Mittelbauinitiativen und Kolleginnen an anderen Hochschulstandorten hat sich allerdings gezeigt, dass die Universität Leipzig hier keinerlei Sonderstellung einnimmt. Vergleichbare Zustände finden sich bundesweit an Hochschulen, aber auch an außeruniversitären Forschungseinrichtungen.

Dem klassischen Verständnis universitärer Laufbahnen zufolge beginnen Wissenschaftlerinnen nach dem erfolgreichen Studium ihre Promotion, lassen darauf eine Habilitation folgen, um abschließend auf eine Professur berufen zu werden. Dabei werden diejenigen unter der Bezeichnung Mittelbau subsummiert, die weder Studierende noch auf eine Professur Berufene

4 Siehe ebd.

* Die MULE hat im Jahr 2015 eine Befragung zur Beschäftigungssituation des Mittelbaus an der Universität Leipzig durchgeführt (URL: http://mittelbau-leipzig.de/mule-praesentation-04115neu/ [eingesehen am 07.01.2016]). Dabei konnten 607 Fragebögen verwertet werden, sodass die Umfrage bei einer Grundgesamtheit von 5.400 Mittelbaulerinnen repräsentativ ist (Universität Leipzig, Jahresbericht 2014, Leipzig 2014, S. 18, URL: https://www.zv.uni-leipzig.de/fileadmin/user_upload/Service/PDF/Publikationen/Jahresbericht_2014.pdf [eingesehen am 07.01.2016]). Per Online-Fragebogen wurden quantitativ auswertbare Abschnitte mit Freitextfeldern kombiniert. Die Resultate einer ersten Auswertung der Umfrage sowie ergänzende Originalzitate aus den Freitextfeldern dienen unserem Beitrag als Beispiele. Entsprechende Angaben im Text sind mit * gekennzeichnet.

sind. Betrachten wir hingegen allein die Vielfalt der Dienstverhältnisse an deutschen Universitäten, wird schnell deutlich, dass dieses klassische Verständnis akademischer Laufbahnen nur einen Teil der universitären Berufslandschaft abbildet. Beispielsweise finden sich folgende Stellen mit Bezug zu Lehre und Forschung, die nach unserem Verständnis ebenfalls zur Gruppe des Mittelbaus zählen: Promovierende, Post-Doktorandinnen, Habilitandinnen, Habilitierte, Stipendiatinnen, wissenschaftliche Hilfskräfte, Mitarbeiterinnen (Drittmittel-Projektstelle), Lehrkräfte für besondere Aufgaben, Lehrbeauftragte, Akademische Räte (auf Zeit), Nachwuchsgruppenleiterinnen, Privatdozentinnen, Dozentinnen und Lehrerinnen im Hochschuldienst sowie weitere wissenschaftlich und künstlerisch Tätige unterhalb der Professur. Hiervon abzugrenzen sind Verwaltungs-, technisches und sonstiges Personal – wobei die Grenze zwischen Mittelbau und Verwaltung im Hinblick auf inhaltliche Aufgabenprofile der Stellen fließend verläuft.

Neben den – auf dem Weg zur Professur notwendigen – Qualifizierungsstellen bestehen zudem eine Reihe von Stellen, die zwar der Dienstbezeichnung nach – etwa wissenschaftliche Mitarbeiterinnen – eindeutig dem Mittelbau zuzuordnen sind, jedoch keine akademische Qualifizierung vorsehen. Dieser Bereich setzt sich aus wissenschaftlichen Dienstleistungen und dem Wissenschaftsmanagement zusammen.[5] Hierzu zählen bspw. Studiengangskoordinatorinnen, Koordinatorinnen großer Forschungsverbünde oder aber Mitarbeiterinnen im Qualitätsmanagement, deren Aufgaben einen beträchtlichen Anteil an Verwaltungstätigkeiten aufweisen. Ein Beispiel aus dem Bereich der Forschung stellen die administrative Begleitung und Abrechnung von Drittmittelprojekten durch die Projektbearbeiterin dar.

Dennoch sind diesem Sammelsurium, dieser heterogenen Gruppe »Mittelbau«, spezifische Problemlagen gemein, auf die wir im Weiteren detaillierter eingehen werden.

BEFRISTUNGSGUILLOTINE UND GEVIERTEILTE MITARBEITERINNEN

Die größte unmittelbare Sorge vieler Mittelbaulerinnen bezüglich ihres beruflichen Werdegangs besteht in der Sicherung eines auskömmlichen Lebensunterhaltes. Im Zentrum steht dabei einerseits die Frage, wie es nach Ablauf der im Vertrag festgesetzten Zeit weitergeht. Nicht selten sind andererseits Situationen, in denen das wirtschaftliche Existenzminimum nicht durch die Erwerbstätigkeit an der Hochschule gesichert werden kann. Eine Leipziger Mittelbaulerin schrieb uns etwa: »Ich bin als Wissenschaftler mit Familie offiziell arm und bekomme den Leipzigpass[6].«* Ein Blick auf die Befristungsquote zeigt, dass an der Universität Leipzig 78,1 Prozent* der Mittelbaulerinnen

5 Vgl. Wissenschaftsrat, Empfehlungen zu Karrierezielen und -wegen an Universitäten, Dresden 2014 (Drucksache 4009–14), S. 9, URL: http://www.wissenschaftsrat.de/download/archiv/4009-14.pdf [eingesehen am 07.01.2016].

6 Der LeipzigPass gewährt Einwohnerinnen Leipzigs mit geringem Einkommen finanzielle Vergünstigungen. Einen Pass erhalten neben Bezügeempfängerinnen auch Arbeitstätige, sofern deren Einkommen das »1½ fache des maßgeblichen Regelsatzes zzgl. des jeweiligen Anteils an den tatsächlichen Unterkunftskosten nicht übersteigt«. Die zugehörige Regelbedarfsstufe etwa für eine alleinstehende oder alleinerziehende Person mit eigenem Haushalt liegt derzeit bei knapp unter 600 Euro; vgl. Stadt Leipzig, Leipzig-Pass, Leipzig 2016, URL: http://www.leipzig.de/jugend-familie-und-soziales/soziale-hilfen/leipzig-pass/ [eingesehen am 07.01.2016].

befristet angestellt sind. Ihre Verträge weisen dabei durchschnittlich eine Laufzeit von 24,1* Monaten auf; lediglich neun Prozent* der Verträge laufen über einen Zeitraum von mehr als drei Jahren. Auf die Frage zu ihren Erwartungen nach Ablauf des aktuellen Vertrages haben 36,8 Prozent* der Leipziger Mittelbaulerinnen angegeben, vermutlich arbeitslos zu werden. Einen unbefristeten Vertrag haben 92,5 Prozent* an der Universität Leipzig und 86,6 Prozent* an einer anderen Hochschule für sehr unwahrscheinlich gehalten. Offen auf diese Situation angesprochen, würden einige Vorgesetzte nur mit Unverständnis reagieren: »6 Arbeitsverhältnisse innerhalb von 9 Monaten! [...] Verwunderung bei Vorgesetzten, wenn man offen über den Ausstieg aus der Wissenschaft [...] nachdenkt und spricht.«*

Befristungen können ganz unterschiedliche Gründe haben – von denen das Wissenschaftszeitvertragsgesetz (WissZeitVG) wohl der prominenteste ist. Demnach ist eine Befristung für das Personal, »das nicht promoviert ist, [...] bis zu einer Dauer von sechs Jahren zulässig, wenn die befristete Beschäftigung zur Förderung der eigenen wissenschaftlichen oder künstlerischen Qualifizierung erfolgt. Nach abgeschlossener Promotion ist eine Befristung bis zu einer Dauer von sechs Jahren, im Bereich der Medizin bis zu einer Dauer von neun Jahren, zulässig, wenn die befristete Beschäftigung zur Förderung der eigenen wissenschaftlichen oder künstlerischen Qualifizierung erfolgt.«[7] Die jüngst im Bundestag verabschiedete Novelle des WissZeitVG sieht zwar die Bindung der Befristung an die Qualifikation ausdrücklich vor. Unklar bleibt allerdings bspw., welchen Anteil die Qualifizierung an der Arbeitszeit haben muss und somit welche Stellen genau von dieser Regelung betroffen sind. Ungenau ist zudem die Befristungsdauer geregelt, die sich an der jeweiligen Qualifizierungsdauer orientieren soll. Derzeit werden Arbeitsverträge für Qualifizierungsstellen in aller Regel nicht über den gesamten, sondern – wie gezeigt – meist nur für einen kurzen Zeitraum abgeschlossen und sind in jedem Fall befristet.

Vor dem Hintergrund, dass die Promotionsdauer in Deutschland durchschnittlich vier bis sechs Jahre[8] beträgt, kann diese Praxis nicht nachvollzogen werden. Selbst Promotionsstipendien als Alternative zu einer Stelle werden meist für Zeiträume von insgesamt zwei Jahren vergeben, mit der Option, diese um ein drittes Jahr zu verlängern. Es ist fraglich, ob die Gesetzesnovelle hier Veränderung bewirken wird. Hinzukommen weitere, aus Haushaltsmitteln finanzierte, befristet Beschäftigte, deren Arbeitsvertrag vorsieht, lediglich einen Teil ihrer Arbeitszeit für die eigene Qualifizierung aufzuwenden. Diese Stellen werden mit der Begründung befristet, dass es keine dauerhafte Zuweisung öffentlicher Mittel gebe. Gleichermaßen begründet werden Befristungen von

7 Deutscher Bundestag, Entwurf eines Ersten Gesetzes zur Änderung des Wissenschaftszeitvertragsgesetzes, Berlin 2015 (Drucksache 18/6489), S. 5, URL: http://dip21.bundestag.de/dip21/btd/18/064/1806489.pdf%20 [eingesehen am 07.01.2016].

8 Vgl. Konsortium Bundesbericht Wissenschaftlicher Nachwuchs (Hg.), Bundesbericht Wissenschaftlicher Nachwuchs 2013. Statistische Daten und Forschungsbefunde zu Promovierenden und Promovierten in Deutschland, Bielefeld 2013, S. 273, URL: http://www.buwin.de/site/assets/files/1002/6004283_web_verlinkt.pdf [eingesehen am 07.01.2016].

Lehrkräften für besondere Aufgaben oder von Angestellten im Bereich des Wissenschaftsmanagements, bei denen keine Qualifizierung vorgesehen ist.

Neben diesen aus dem Grundbudget der Hochschule finanzierten Haushaltsstellen besteht weiterhin die Option, durch das Einwerben von meist öffentlichen, nicht selten aber auch privaten Drittmitteln die Personalausstattung zu ergänzen. Deutschlandweit wird mit 26 Prozent rund ein Viertel des universitären Gesamtbudgets durch Drittmittel bestritten, wie Angaben des Statistischen Bundesamtes für das Jahr 2011 zeigen. Für die Finanzierung wissenschaftlicher Mitarbeiterinnenstellen lag der Anteil der Drittmittelfinanzierung im selben Jahr mit 38 Prozent sogar noch deutlich höher.[9] Da diese, ihrer Natur nach befristeten, Mittel üblicherweise mit einem Ausschreibungsverfahren verbunden sind, interessieren uns vor allem die Übergangsphasen: die Antragsstellung und das Ende der Vertragslaufzeit.

Läuft ein Projekt in absehbarer Zeit aus und sind sowohl Vorgesetzte einverstanden als auch Mitarbeiterinnen an einer Weiterbeschäftigung interessiert, müssen rechtzeitig neue Drittmittel eingeworben werden. Jedoch verfügen nur wenige Lehrstühle über zusätzliche Mittel, um diesen, meist erheblichen, Zeit- und Koordinationsaufwand zu vergüten. Die Antragstellung im häufig zweistufigen Bewerbungsverfahren um Projektmittel des Bundesministeriums für Bildung und Forschung (BMBF) etwa zieht sich immerhin über einen Zeitraum von bis zu zwölf Monaten hin. Zwangsläufig wird dies auf dem Rücken der Mitarbeiterinnen ausgetragen, die nun entweder in unbezahlter Mehrarbeit die Antragstellung übernehmen oder das benötigte Zeitkontingent aus anderen Tätigkeitsbereichen abzweigen und die Antragsstellung auf diese Weise »quersubventionieren«. Wenn dieses zusätzliche Engagement durch die Vorgesetzten dann nicht anerkannt wird, ist die Frustration verständlicherweise groß: »Am meisten niedergeschlagen hat es mich[,] als mein Vorgesetzter in einem persönlichen [Gespräch,] in dem ich über meine starke Arbeitsbelastung und zu viel Stress durch zusätzliche Projekta[k]quise neben der Projektarbeit berichtete, wörtlich zu mir sagte[:] ›Ich habe Sie nie darum gebeten.‹«* Da Projekt- oder Verwaltungsverpflichtungen in aller Regel nicht zurückgestellt werden können, geht solche Mehrarbeit meist zulasten der (Frei-)Zeit für die eigene Qualifikation.

Hinzu kommt, dass Drittmittelprojekte meist nicht nahtlos ineinander übergehen. Die Bewilligung und der Bewilligungszeitpunkt dieser Mittel sind ungewiss. Für die sich hieraus ergebenden Finanzierungslücken der Mitarbeiterinnen existiert nur selten die Option einer Zwischenfinanzierung. Nicht zuletzt können Zu- oder Absagen der Förderträger auch sehr kurzfristig ergehen, wie im folgenden Beispiel: »Mein jetziger Vertrag läuft Ende September

9 Siehe Statistisches Bundesamt, 2011: 26 % des wissenschaftlichen Personals an Hochschulen durch Drittmittel finanziert, Pressemitteilung Nr. 222, 04.07.2013, URL: https://www.destatis.de/DE/PresseService/Presse/Pressemitteilungen/2013/07/PD13_222_213.html [eingesehen am 07.01.2016].

aus. Die Entscheidung über eine (einjährige) Verlängerung fällt Anfang September. Dann habe ich noch 3 Wochen, um mir über Geld Gedanken zu machen, wenn die Verlängerung nicht zu Stande kommt.«* Um die Chance auf eine Anschlussfinanzierung zu erhöhen, empfiehlt sich daher die Beteiligung an möglichst vielen Ausschreibungen – mit der Folge, dass wiederum weniger Zeit für die übrigen Aufgaben innerhalb der vertraglich vereinbarten Arbeitszeit bleibt. Das drohende Ende ihres Anstellungsverhältnisses hängt somit beständig wie ein Schafott über dem Großteil der im Mittelbau Tätigen. Diese Situation belastet 46,5 Prozent* aller Leipziger Mittelbaulerinnen psychisch, 18,8 Prozent* empfinden diese Unsicherheit als sehr starke Belastung.

Zur Frage nach der Vertragsverlängerung an sich tritt die Unsicherheit hinzu, ob aus dieser (Weiter-)Beschäftigung auch künftig der Lebensunterhalt bestritten werden kann. Die Teilung von Vollzeitstellen in mehrere Teilzeitstellen stellt einen weiteren Unsicherheitsfaktor dar, sofern solche Teilzeitbeschäftigungen nicht auf eigenen Wunsch erfolgen. Während dieser Praxis grundsätzlich noch etwas Positives abgewonnen werden könnte – wenn dadurch etwa mehr Doktorandinnen eine Promotionsmöglichkeit geboten würde –, ist die Situation dann problematisch, wenn sie zu ausbeuterischen Praktiken führt. Die Empörung der Betroffenen, etwa im nachstehenden Fall, ist insofern nachvollziehbar: »dass man gefragt wird, ob man als Promovierte/Habilitierende nicht zugunsten einer wissenschaftlichen Hilfskraft noch unter eine 25 %-[Vollzeitäquivalent]-Beschäftigung für 6 Monate gehen möchte (obwohl man die Drittmittel hierfür selbst eingeworben hat …).«

Wir vermuten, dass vor allem die wissenschaftliche *Output*-Maximierung und die Verbesserung des wissenschaftlichen *Standings* der Stellenteilung Vorschub leisten – sowohl bei Haushaltstellen als auch im Drittmittelbereich. Solange sich der Erfolg einer Professorin z. B. an der Anzahl ihrer Publikationen, Zitationen und eingeworbenen Drittmittelprojekte sowie der Menge von ihr betreuter Doktorarbeiten und Habilitationen bemisst, lohnt sich die Einstellung einer möglichst großen Personenanzahl pro Professur. Bei einem in Vollzeitäquivalenten vorgegebenen Stellenbudget lässt sich dies nur über Stellenteilung bewerkstelligen. Üblich sind Stellenanteile von 66 Prozent, fünfzig Prozent und 25 Prozent. Die bezahlte Arbeitszeit ist dann allerdings häufig für Lehrstuhltätigkeiten zu verwenden, nicht jedoch für die eigene Qualifikation: »Meine Institutsleiterin hat mir bei meinem Vorstellungsgespräch am [außeruniversitären Forschungsinstitut] bezüglich meiner 50 %[-]Projektstelle und den erwarteten 40h/Woche gesagt, dass sie weiß, das[s] das Ausbeutung ist[,] aber sie das so will.«* In solchen Fällen müssen sich die Betroffenen dann sagen lassen: »Ihre Promotion ist Privatvergnügen.«*

Bei drittmittelfinanzierten Forschungsprojekten hingegen ist es nicht unüblich, dass sich antragstellende Forschungskonsortien im Ausschreibungsverfahren gegenseitig bezüglich der beantragten Fördersumme zu unterbieten versuchen. In Konkurrenz mit anderen Antragstellerinnen erhofft man sich, auf diese Weise die Förderchancen zu erhöhen. Hinzu kommt, dass Projektträgerinnen und Mittelgeberinnen im Laufe des Auswahlprozesses selbst gezielt Kürzungen bei gleichbleibender Leistungsbeschreibung einfordern, die häufig nur durch eine Reduktion der Personalkosten zu bewerkstelligen sind. In der Folge versprechen Projektbeschreibungen oft einen Leistungsumfang, der mit dem beantragten Personal nicht zu erreichen ist.

Als Ergebnis dieses Prozesses ist es nach ergangener Förderzusage nicht unüblich, die verbleibenden Stellen zu teilen und so bspw. zwei Vollzeitstellen in drei 66-Prozent-Stellen umzuwandeln. Die neu anzustellenden oder zu verlängernden Mitarbeiterinnen werden dann damit konfrontiert, entweder anfallende Mehrarbeit zu akzeptieren oder im Zweifel das Stellenangebot abzulehnen. So berichtete uns eine Promovendin im naturwissenschaftlichen Bereich, in diesem Fall an der Universität Bonn: »Ich habe seit kurzem eine 50 %[-]Stelle in einem drittmittelfinanzierten Forschungsprojekt inne. An meinem ersten Arbeitstag wurde mir mitgeteilt, meine Kernarbeitszeit sei montags bis freitags jeweils zwischen 8 und 19 Uhr.« In anderen Fällen wird diese Erwartungshaltung der Vorgesetzten nicht explizit kommuniziert. Stattdessen wird indirekt Druck ausgeübt, indem Forderungen an die Mitarbeiterin gerichtet werden, die diese in der vertraglich vorgesehenen Zeit unmöglich erfüllen kann.

All diese Mechanismen führen zu einem System der Kettenbefristung; wobei die Arbeitgeberin stets die Möglichkeit zur indirekten Kündigung hat, indem Verträge nicht verlängert werden. Eine kurzfristige Anstellung und der (empfundene) Druck, stets für die Vertragsverlängerung vorsorgen zu müssen, entwerten den Mittelbau zur Verfügungsmasse. Weiterhin verschärft die Praxis der Stellenteilung diese Situation. Entsprechend geben 22 Prozent* der Befragten an der Universität Leipzig an, derzeit ihren Lebensunterhalt nicht aus dem an der Hochschule erzielten Einkommen bestreiten zu können. Kaum verwundern kann daher die Abwanderung von Nachwuchskräften ins Ausland: »Beim Vergleichen von Stipendienbeträgen und Förderungsmöglichkeiten für Doktoranden an deutschsprachigen Hochschulen und aufgrund von Gesprächen mit Kollegen habe ich mich dafür entschieden, so bald wie möglich (zurück) in die Schweiz zu wechseln und meine akademische Karriere dort zu verfolgen. Zur Ausbildung schätze ich deutsche Hochschulen, als Arbeitgeber nicht.«*

Eine Massenabwanderung hiesiger Wissenschaftlerinnen wird wohl nicht zu erwarten sein. Nichtsdestotrotz erscheint ein Verbleib im deutschen Wissenschaftssystem für einige Forscherinnen aufgrund der schwierigen Rahmenbedingungen nicht attraktiv. Sind die aus diesen Umständen resultierenden Unsicherheiten für einen Großteil der Beschäftigten an deutschen Hochschulen sinnvoll und sind sie gewollt?

HUMBOLDT'SCHE GELEHRTE ODER EIERLEGENDE WOLLMILCHSAU?

Die *universitas*, die Gemeinschaft von Lehrenden und Lernenden, versteht sich nach dem oft bemühten Humboldt'schen Ideal als autonom verwaltete Bildungseinrichtung unter der Prämisse der Einheit von Lehre und Forschung. Diesem Ideal fühlte sich auch Max Weber in seinen Ausführungen über die Anforderungen an Gelehrte verpflichtet. Gleichzeitig sind diese beiden Bereiche unmittelbarer Arbeitsschwerpunkt der Hochschulen. Dabei werden vom Mittelbau verstärkt Aufgaben übernommen, die nicht direkt zur Forschung oder Lehre beitragen. Dies betrifft bspw. administrative Tätigkeiten im Rahmen von Forschungsprojekten wie Akquise, Stellenbesetzung oder Rechenschaftslegung gegenüber dem Auftraggeber. Hinzu kommen Beratungs- und Qualitätssicherungsaufgaben in der Lehre sowie weitere Anforderungen. So schätzen die Befragten an der Universität Leipzig ein, dass sie für Verwaltungsaufgaben 19,2 Prozent*, für Akademische Selbstverwaltung 7,9 Prozent* und zur Sicherung der eigenen Weiterbeschäftigung 12,9 Prozent* ihrer Zeit aufwenden würden – also nicht für Lehre, Forschung oder die eigene Qualifikation. Es kann der Eindruck entstehen, dass »die Wissenschaftlerin für die Verwaltung da ist und nicht umgekehrt. Hier werden zu viele Ressourcen auf Seiten des Mittelbaus gebunden.«*

Mitarbeiterkapazitäten werden dabei nicht nur durch das Anfallen der Aufgabe an sich, wie etwa Rechnungslegung, sondern auch durch die zur Aneignung entsprechender Kenntnisse benötigte Einarbeitungszeit gebunden. Die damit einhergehende Wandlung der Anforderungsprofile – weg vom reinen »Gelehrten«, der sich auf Lehre und Forschung beschränkt, hin zur »eierlegenden Wollmilchsau« – wird bei der Planung und Beschreibung von Stellen bislang nur bedingt berücksichtigt. Dies geht wiederum häufig zulasten der eigenen Qualifikation. So ist zwar nach § 71 Sächsisches Hochschulfreiheitsgesetz jeder befristet beschäftigten wissenschaftlichen und künstlerischen Mitarbeiterin ein Drittel ihrer Arbeitszeit zur eigenen wissenschaftlichen Qualifikation zu überlassen. In der Praxis allerdings werden die Prioritäten anders gesetzt, womit eine Gesetzesbeugung einhergeht. Dass trotz geplanter und vorgesehener Dissertation diese nicht zwangsläufig auch zustande kommt, zeigt folgende Äußerung: »Meine Tätigkeit habe ich aufgenommen mit Perspektive auf eine Promotion. Zu einer solchen konkreten Möglichkeit ist es nach einem Jahr jedoch noch nicht gekommen.«*

Die Einheit von Lehre und Forschung wird ebenfalls durch das Missverhältnis zwischen den wahrgenommenen und tatsächlichen Strukturen des Mittelbaus verwässert. Dies lässt zumindest der aktuelle Hochschulentwicklungsplan (HEP) des Freistaates Sachsen vermuten, der den Begriff »Mittelbau« lediglich einmal erwähnt. Unter dem Stichwort »wissenschaftlicher Nachwuchs« hingegen wird auf die Qualifikationsphase und Unterstützung derselben abgestellt. Hier wird somit weiterhin dem bereits oben beschriebenen klassischen Muster von Promotion und Habilitation binnen zwölf Jahren gefolgt, ohne die weiteren notwendigen Ressourcen für Daueraufgaben an Hochschulen zu erfassen. Die Vielzahl weiterer Beschäftigungssituationen, die keine Weiterqualifizierung vorsehen oder gar zulassen, fehlt weitestgehend im sächsischen HEP. Lehrbeauftragte gar bleiben gänzlich unerwähnt (ausgenommen Kunsthochschulen).

Diese Gruppe kann nach Vorgabe des Sächsischen Hochschulfreiheitsgesetzes zur »Ergänzung des Lehrangebots« (§ 66) an Hochschulen eingesetzt werden. Dahinter steht auch die Intention, Studierenden auf diese Weise die Erfahrungen von Vertreterinnen aus der Praxis zugänglich zu machen. Es wird davon ausgegangen, dass diese Personen in erster Linie nebenberuflich an Hochschulen tätig sind. Dementsprechend treten sie in kein Dienstverhältnis ein, sondern agieren als Freiberuflerinnen. In der Folge steht ihnen weder Kranken- noch Urlaubsgeld zu und für ihre Kranken- und Sozialversicherungsbeiträge müssen sie selbst aufkommen. De facto aber sind zahlreiche Lehrbeauftragte hauptberuflich tätig und sichern grundständige Lehre ab.

Hierzu gehören bspw. Sprachlehrbeauftragte, deren Unterricht auch Pflichtveranstaltungen für Sprachstudiengänge umfasst. Dabei werden sie als Honorarkräfte angestellt, weil die Finanzierung dieser Stellen aus Sach- statt Personalmitteln bestritten wird, sodass ihre Vertragslaufzeit in der Regel nicht über die Vorlesungszeit hinausgeht. Zudem werden sie erheblich schlechter vergütet als bspw. Lehrkräfte für besondere Aufgaben,[10] die vergleichbare Funktionen erfüllen: »Ich bin an einem Institut fest angestellt als ›wissenschaftlicher Mitarbeiter für besondere Aufgaben‹, bin also Sprachlehrer [...]. Eine gute Bekannte von mir unterrichtet auch eine Fremdsprache, am Spracheninstitut der Universität. Sie macht im Grunde die gleiche Arbeit wie ich, auch was die Stundenzahl betrifft, allerdings nur auf Honorarbasis und hat nicht die ›Annehmlichkeiten‹, die ich aufgrund meiner festen Stelle genieße: eigener

10 Eine Beispielrechnung der Lehrbeauftragten-Initiative an der Universität Leipzig findet sich unter URL: http://www.lehrbeauftragte-leipzig.de/Fakten%20und%20Zahlen.html [eingesehen am 09.02.2016].

Schreibtisch und Computer, Kopiermöglichkeit, Gehalt auch bei Krankheit und in der vorlesungsfreien Zeit, Sicherheit, ... Es ist ungerecht, dass wir beide die gleiche Arbeit machen, sie aber deutlich weniger verdient. Auch sie hat eine kleine Familie zu ernähren.«* Unterm Strich bedeutet dies, dass ein wesentlicher Teil der bundesweit insgesamt knapp über 90.000[11] Lehrbeauftragten derzeit unter prekären Beschäftigungsverhältnissen arbeitet und gleichzeitig von dieser Gruppe dauerhafte Lehraufgaben übernommen werden.

Zusammenfassend lässt sich feststellen, dass innerhalb der derzeitigen universitären Strukturen die stets proklamierte Einheit von Lehre und Forschung einerseits zunehmend aufgelöst wird und andererseits immer neue Aufgaben hinzutreten, wie die oben angeführten Beispiele zeigen. Der politisch gesetzte gesetzliche Rahmen reagiert auf die wachsende Kluft zwischen Ideal und Wirklichkeit hingegen nur zögerlich und – aus unserer Sicht noch verheerender – bekämpft dabei nur die Symptome, nicht aber die Ursachen. Eine intensive Auseinandersetzung über die Zukunft der Hochschulen und die daraus resultierenden, gesamtheitlich angelegten, notwendigen Strukturveränderungen sucht man derzeit vergebens.

FEHLENDE PERSPEKTIVEN

Aufgrund der Unplanbarkeit akademischer Karrieren stellt sich die Frage nach den Perspektiven für Beschäftigte an deutschen Hochschulen. Welche Möglichkeiten bieten sich den Absolventinnen, Promovendinnen oder Habilitandinnen nach erfolgreichem oder nicht erfolgreichem Abschluss? Akademikerinnen, deren Wunsch ist, Wissenschaft als Beruf zu betreiben und an einer Hochschule zu verbleiben, eröffnen sich zwei wesentliche Karrierewege: der traditionelle Aufstieg zur Professur oder der Verbleib im akademischen Mittelbau auf einer der wenigen unbefristeten Stellen.

Innerhalb der ersten zwölf Jahre bieten sich auch weiterhin mannigfaltige Möglichkeiten, eine befristete Stelle anzutreten – sie sind aber stets mit den oben beschriebenen Risiken verbunden. Ob die Chance zum Sprung auf eine Dauerstelle gelingt, hängt im Wesentlichen davon ab, wie sich das Wissenschaftssystem in den kommenden Jahren tatsächlich wandeln wird. Die Umsetzung der Gesetzesänderungen etwa in Bezug auf die Finanzierung und Besetzung wird vermutlich einige Zeit in Anspruch nehmen, sodass die momentanen Umstände noch eine Weile bestehen bleiben. Bis dahin zumindest bietet sich für Mittelbaulerinnen nur eine geringfügige Aussicht auf eine unbefristete Stelle.

Zudem stellt sich die Frage, welche Perspektiven sich denjenigen eröffnen, deren Karriereziel keine Professur ist. Von den Leipziger Befragten streben lediglich 26,2 Prozent* eine Berufung an, wohingegen sich 15,2 Prozent*

11 Siehe Statistisches Bundesamt, Personal an Hochschulen, S. 145.

außerhalb der Hochschule und 57,6 Prozent* auf einer Mittelbau-Stelle sehen. Der Verbleib im Mittelbau erscheint aus unserer Sicht durchaus sinnvoll, da erst eine starke Basis die Kontinuität vor allem in der Lehre und im Wissenschaftsmanagement ermöglicht. Im Unterschied hierzu, so eine Mitarbeiterin der Universität Leipzig, gleiche das Wissenschaftssystem gegenwärtig »[…] einem Durchlauferhitzer: der betreuende [Professor] und die Universität, bzw. die Drittmittelgeber, investieren viel in die Ausbildung der Doktoranden, diese wiederum investieren viel Zeit, qualifizieren sich in Forschung und Lehre, um dann aufgrund mangelnder Perspektiven die Uni und häufig auch die Wissenschaft zu verlassen, samt ihren Erfahrungen und Qualifikationen. Dann kommt die nächste Reihe Doktoranden und das Ganze beginnt von Neuem. […] Nachhaltig wäre es, guten (Nachwuchs-)WissenschaftlerInnen langfristige Perspektiven zu bieten, um ihre erworbenen Qualifikationen und Erfahrungen der Forschung und Lehre weiterhin zugutekommen zu lassen.«*

Nur mithilfe entsprechender gesetzlicher Rahmenbedingungen und modifizierter Personalstrukturen kann dieser Kreislauf überwunden und können die fortschreitende Überbeanspruchung des Mittelbaus sowie die Abwanderung hervorragender Wissenschaftlerinnen aufgehalten werden. Unter derzeitigen Bedingungen verwundert nicht, wenn eine der Befragten hinsichtlich ihres weiteren beruflichen Werdegangs angibt, dass sie aufgrund »der nicht vorhandenen Möglichkeiten im Mittelbau eine stabile Zukunftsperspektive aufzubauen[, überlege,] nach der Doktorarbeit die Wissenschaft zu verlassen«. Dieser Fall repräsentiert ein grundsätzliches Problem. Auf die Frage, ob sie glauben, dass ihnen im allgemeinen Hochschulbetrieb/Wissenschaftsbetrieb (über die Universität Leipzig hinaus) eine berufliche Perspektive geboten wird, gaben 68,9 Prozent* der Teilnehmerinnen der MULE-Umfrage eine negative Antwort.

Viele Wissenschaftlerinnen erwarten somit, aus der Wissenschaft auszusteigen – gewollt oder ungewollt. Zahlreiche Forscherinnen brechen ihre Promotion ab, da sie unter Druck stehen, Veröffentlichungen zu produzieren, mangelhaft betreut werden oder ein schlechtes Verhältnis zu ihrer Betreuerin haben. Zudem zweifeln sie an ihrer wissenschaftlichen Eignung oder haben Schwierigkeiten, ein Thema zu finden und einzugrenzen.[12] Belastbare Daten zu Abbruchquoten werden bis dato nicht erfasst. Hierzu existieren lediglich Schätzungen, die von Quoten bis hin zu 66 Prozent sprechen. Der aktuelle Bundesbericht zum wissenschaftlichen Nachwuchs (2013) geht von etwa einem Fünftel aus.[13]

Die Frage, welche Optionen nach dem Abbruch der Promotion für die Wissenschaftlerinnen bleiben, beantwortet eine befragte Mittelbaulerin folgendermaßen: »Gleich zwei Kolleginnen meines Bereiches müssen im nächsten halben Jahr gehen, weil sie die 6 Jahre vor/nach der Promotion dann überschritten

12 Vgl. Steffen Jaksztat u. a., Promotionen im Fokus. Promotions- und Arbeitsbedingungen Promovierender im Vergleich, Hannover 2012, S. 51, URL: http://www.dzhw.eu/pdf/pub_fh/fh-201215.pdf [eingesehen am 07.01.2016].

13 Vgl. Konsortium Bundesbericht Wissenschaftlicher Nachwuchs, Wissenschaftlicher Nachwuchs 2013, S. 273.

[haben]. Ihre Perspektiven bzw. die weitere Qualifizierung außerhalb der Universität sind völlig unklar.« Von dieser Perspektivlosigkeit sind besonders Abbrecherinnen aus Fächern betroffen, deren Überschneidungen mit dem freien Arbeitsmarkt verhältnismäßig dünn sind. Ähnlich urteilt eine der Befragten der Universität Leipzig, wenn sie schreibt, dass die »Erwerbsmöglichkeiten und -chancen v. a. für Geistes- und Sozialwissenschaftler nach der Promotion [...] unkalkulierbar und beängstigend«* seien.[14]

So kann es unter Umständen zu einem Bruch mit der Wissenschaft und einer Neuorientierung kommen. Da einerseits eine Ausstiegsstrategie für den geplanten Rückzug aus der Wissenschaft fehlt, andererseits aber keine Konzepte für die langfristige Beschäftigung von Mittelbaulerinnen vorliegen, sehen sich Forschende und Lehrende stets mit der Unplanbarkeit ihrer Karriere konfrontiert. Mit Blick auf Max Webers Vortrag freilich ist dieses Phänomen wohl für Wissenschaftlerinnen ein essenzieller Bestandteil ihres Berufsbildes, denn bereits vor beinahe hundert Jahren galt schon: »[...] es ist außerordentlich gewagt für einen jungen Gelehrten, der keinerlei Vermögen hat, überhaupt den Bedingungen der akademischen Laufbahn sich auszusetzen. Er muß es mindestens eine Anzahl Jahre aushalten können, ohne irgendwie zu wissen, ob er nachher die Chance hat, einzurücken in eine Stellung, die für den Unterhalt ausreicht.«[15]

Gerade Professorinnen sowie diejenigen, die zu den eher Privilegierten innerhalb des Mittelbaus zählen, sind sich des Ausmaßes des Prekariats anderer häufig gar nicht bewusst. Der aus dieser Unkenntnis heraus geäußerte Vorwurf, dass es sich um Jammern auf hohem Niveau handele, wurde auch in der MULE-Umfrage geäußert. »Ich bin ziemlich genervt vom Gejammere des sogenannten Mittelbaus in Leipzig. Jeder sucht sich seinen Job selbst aus. [...] Ich habe den Eindruck, dass sich in Leipzig zu viele [ü]ber viel Arbeit beklagen.« Oftmals wird an dieser Stelle ebenso auf die fehlende Motivation für den Beruf – auch im Sinne einer Berufung – verwiesen. So sei der Weg zur Professur, im Hinblick auf die dann erheblich besseren Rahmenbedingungen, auch ein Prozess der Auslese und des Aushaltens.

Die Unsicherheiten und Hürden damit zu rechtfertigen, dass am Ende eine gesicherte Anstellung warte, ist vor dem Hintergrund der beschriebenen Realitäten zynisch. Insbesondere wenn Wissenschaftlerinnen bereit sind, trotz prekärer Beschäftigungsverhältnisse weiter eine Hochschulkarriere zu verfolgen, ist der Verweis auf das Fehlen intrinsischer Motivation kaum nachvollziehbar, wie etwa in diesem Fall: »Ohne meinen Partner, der mir Bibliothekszugang und die benötigte Technik (Software) zur Verfügung stellt, könnte ich die an mich gestellten Aufgabe[n] nicht bewältigen. Von Seiten der Uni/Fakultät [oder des] Institutes wird mir nicht einmal simpelstes Büromaterial, geschweige denn

14 Ein Indiz dafür mag sein, dass der Anteil der Absolventen, die bereits nach ihrem Studienabschluss an der Hochschule verbleiben, in den Geistes- und Sozialwissenschaften mit 44 Prozent am höchsten ist, während es bspw. im Bereich der Ingenieurswissenschaften nur 18 Prozent der Absolventen in die Wissenschaft zieht; vgl. ebd., S. 290.

15 Weber, S. 4.

ein Arbeitsplatz im Wortsinne gestellt. Nach erfolgreicher Publikation [wird] man sich aber sicherlich mit den Lorbeere[n] [im] ›Forschungsbericht‹ schmücken. Es ist ernüchternd. Allerdings: Arbeiten an der [Universität] macht mir 100mal mehr Freude als alle anderen bisherigen Jobs in der freien Wirtschaft.«

Mit Bezug auf Max Webers eingangs vorgestellte Beschreibung stellen wir insgesamt fest, dass die deutsche Hochschullandschaft – rein äußerlich – aktuell Strukturen verpflichtet ist, wie sie zu Beginn des 20. Jahrhunderts schon einmal bestanden haben. Dabei entsteht der Eindruck, dass sich Innovation in der Forschung auf die Forschungsergebnisse und Lehrinhalte an sich, jedoch nicht zugleich auf die Rahmenbedingungen für Forschung und Lehre erstreckt. Befristete Verträge, geteilte Stellen ebenso wie prekäre Beschäftigungen und ein hoher Anteil administrativer Aufgaben an der Arbeitszeit sind keine Seltenheit an deutschen Hochschulen. Für weite Teile des Mittelbaus existieren neben der Berufung auf eine (Junior-)Professur nur wenige langfristige Anstellungsoptionen – obwohl ein nicht unwesentlicher Anteil der Beschäftigten in der Wissenschaft bleiben möchte.

Wir könnten noch viele Seiten füllen und die Liste der Baustellen weiter fortsetzen. Doch bereits die Betrachtung der hier behandelten Bereiche zeigt deutlich, dass die bestehenden Bemühungen zur Verbesserung der Situation, wie etwa die Novellierung des WissZeitVG, nicht weit genug gehen, sondern nur an der Oberfläche kratzen. Sowohl die Heterogenität des Mittelbaus als auch die Komplexität des Wissenschaftssystems und die Kluft zwischen Ideal und Wirklichkeit an deutschen Hochschulen machen es unserer Meinung nach erforderlich, intensiv und grundlegend über den zukünftigen Weg der Wissenschaft zu debattieren.

Als ersten Schritt halten wir zunächst eine gesichertere Datenbasis zur Beschäftigungssituation des Mittelbaus für unerlässlich. Erst nach der Erhebung und Auswertung entsprechender Daten können informierte Entscheidungen zur Zukunft der Hochschulen getroffen werden. Im Zuge der Erfassung und Konzeptionierung ist jedoch zwingend erforderlich, auch mit den Betroffenen – dem Mittelbau – zu sprechen.

Unserer Ansicht nach ist es notwendig, das System prekärer Arbeit ebenso wie den dahinter stehenden Glauben, auf diese Weise Exzellenz hervorzubringen, zu überwinden. Erste Schritte in die richtige Richtung bestehen in der Erstellung und Umsetzung von Personalentwicklungskonzepten sowie im Abschluss von Dienstvereinbarungen, welche die Rechte und Pflichten der Arbeitnehmer und -geber verbindlich regeln. Die zentrale Funktion des Mittelbaus in Lehre und Forschung muss anerkannt und in klaren Regelungen festgeschrieben werden.

Tom Pierre Pürschel, geb. 1984, ist an der Universität Leipzig als Lehrbeauftragter am Religionswissenschaftlichen Institut angestellt und engagiert sich als ehrenamtlicher Sprecher der Mittelbauinitiative Universität Leipzig (MULE). Zusätzlich betätigt er sich als freischaffender Historiker. Seinen Magisterabschluss in Mittlerer und Neuer Geschichte sowie Religionswissenschaft erwarb er ebenfalls an der Universität Leipzig.

Jana Rüger, geb. 1984, ist wissenschaftliche Mitarbeiterin am Institut für Infrastruktur und Ressourcenmanagement (IIRM) der Universität Leipzig. Im Fokus ihrer Forschungstätigkeit stehen die Gestaltung institutioneller Rahmenbedingungen sozial-ökologisch-technischer Systeme und ökonomischer Instrumente der Umweltpolitik sowie die Untersuchung wirtschaftlicher Aspekte wasserwirtschaftlicher Infrastrukturen. Daneben engagiert sie sich ehrenamtlich als Sprecherin der Mittelbauinitiative Universität Leipzig (MULE).

INDES
ZEITSCHRIFT FÜR POLITIK UND GESELLSCHAFT

Herausgegeben von Prof. Dr. Franz Walter, Institut für Demokratieforschung der Georg-August-Universität Göttingen.

Redaktion:
Dr. Felix Butzlaff, Dr. Lars Geiges, Julia Kiegeland, Leona Koch, Danny Michelsen, Dr. Robert Lorenz, Michael Lühmann, Dr. Torben Lütjen, Marika Przybilla.

Konzeption dieser Ausgabe: Michael Lühmann

Redaktionsleitung:
Dr. Matthias Micus (verantw. i. S. des niedersächs. Pressegesetzes).

Redaktionsanschrift:
Redaktion INDES
c/o Göttinger Institut für Demokratieforschung
Weender Landstraße 14, 37073 Göttingen,
redaktion@indes-online.de
Online-Auftritt:
www.indes-online.de

Anfragen und Manuskriptangebote schicken Sie bitte an diese Adresse, möglichst per E-Mail. – Die Rücksendung oder Besprechung unverlangt eingesandter Bücher kann nicht gewährleistet werden.

INDES erscheint viermal jährlich. Bestellung durch jede Buchhandlung oder beim Verlag. Jahresbezugspreis € 71,– D / € 73,– A / SFr 88,90; ermäßigter Preis für Studierende/Auszubildende (gegen Bescheinigung, befristet auf drei Jahre) € 41,80 D / € 43,– A / SFr 52,90; Einzelheftpreis € 20,– D / € 20,60 A / SFr 27,50. Inst.-Preis € 133,– D / € 136,80 A / SFr 163,–. Jeweils zzgl. Versandkosten. Preisänderungen vorbehalten. Die Bezugsdauer verlängert sich jeweils um ein Jahr, wenn nicht eine Abbestellung bis zum 1.10. erfolgt.

Verlag:
Vandenhoeck & Ruprecht GmbH & Co. KG,
Theaterstr. 13, D-37073 Göttingen.

Anzeigenverkauf: Ulrike Vockenberg
E-Mail: v-r-journals@hgv-online.de (für Bestellungen und Abonnementverwaltung) oder abo@indes-online.de

ISBN 978-3-525-80015-7

ISSN 2191-995X

Gestaltung, Satz und Lithografie:
SchwabScantechnik, Göttingen

Druck: KESSLER Druck + Medien GmbH & Co. KG, Michael-Schäffer-Str. 1, D-86399 Bobingen

Printed in Germany

BEBILDERUNG

Fritz Eggenwirth studiert Visuelle Kommunikation an der Kunsthochschule in Kassel. Seine Schwerpunkte liegen in der Illustration und der Fotografie. Ein Überblick über sein Schaffen findet sich auf seiner Tumblrseite.

www.fritz-eggenwirth.tumblr.com
eggenwirth.fritz@gmail.com

Foto Eggenwirth: Edgar Schero
www.edgarschero.tumblr.com

Autorenfoto Claus Leggewie: Fotograf: Volker Wiciok,
Bildrechte: Kulturwissenschaftliches Institut Essen (KWI)

Anselm Doering-Manteuffel / Jörn Leonhard (Hg.)

Liberalismus im 20. Jahrhundert

STIFTUNG BUNDESPRÄSIDENT-THEODOR-HEUSS-HAUS
WISSENSCHAFTLICHE REIHE – BAND 12

Im 20. Jahrhundert, dem Zeitalter ideologischer Extreme, stand der Liberalismus mehrfach vor der Herausforderung, seine Grundprinzipien an veränderte politische, gesellschaftliche und wirtschaftliche Rahmenbedingungen anzupassen. Der Kampf um die Geltung liberaler Prinzipien bewegte sich vielfach in einer paradox anmutenden Parallelität zum Bedeutungs- und Funktionsverlust des organisierten Liberalismus in Parteien und Parlamenten. Doch wie reagierten die Liberalen in den Gesellschaften Europas und Nordamerikas auf die ideologischen, ökonomischen und sozialen Krisenmomente des Jahrhunderts? Die verschiedenen nationalen Variationen verbieten es, ungeprüft von „dem Liberalismus“ zu sprechen. Vielmehr gilt es, die länderübergreifenden Gemeinsamkeiten liberaler Konzepte und Bewegungen herauszuarbeiten, bevor die Eigenheiten des liberalen Weltbilds beschrieben werden können. Die Beiträge internationaler Forscher in diesem Band diskutieren das Problem aus der einzelstaatlichen und transnationalen Perspektive. Sie bestimmen den historischen Ort des Liberalismus im wechselvollen 20. Jahrhundert genauer, indem Kongruenzen und Divergenzen einer prägenden Leitidee der Moderne aufgedeckt werden.

347 Seiten.
€ 39,–
978-3-515-11072-3 GEB.
978-3-515-11074-7 E-BOOK

Othmar Plöckinger (Hg.)

Quellen und Dokumente zur Geschichte von „Mein Kampf“ 1924–1945

BEITRÄGE ZUR KOMMUNIKATIONSGESCHICHTE – BAND 28

2016
695 Seiten mit
171 Dokumentabschriften.
€ 99,–
978-3-515-11164-5 GEBUNDEN
978-3-515-11167-6 E-BOOK

Clemens Wischermann / Katja Patzel-Mattern / Martin Lutz / Thilo Jungkind (Hg.)

Studienbuch institutionelle Wirtschafts- und Unternehmensgeschichte

PERSPEKTIVEN DER WIRTSCHAFTSGESCHICHTE – BAND 6

2015
292 Seiten mit 3 Abbildungen.
€ 26,–
978-3-515-11122-5 KARTONIERT
978-3-515-11123-2 E-BOOK

Franz Steiner Verlag

Hier bestellen:
www.steiner-verlag.de